"十四五"职业教育国家规划教材

"十三五"职业教育国家规划教材

国家文化产业资金支持媒体融合重大项目

21世纪新概念教材："换代型"系列

高职高专教育市场营销专业教材新系

广告原理与实务

GUANGGAO YUANLI YU SHIWU

赵兴元 仲晓密 编著

（第七版）

东北财经大学出版社
Dongbei University of Finance & Economics Press
大连

图书在版编目（CIP）数据

广告原理与实务 / 赵兴元，仲晓密编著. —7版. —大连：东北财经大学出版社，2023.2（2023.12重印）
（高职高专教育市场营销专业教材新系）
ISBN 978-7-5654-4744-0

Ⅰ.广… Ⅱ.①赵… ②仲… Ⅲ.广告学-高等职业教育-教材 Ⅳ.F713.80

中国版本图书馆 CIP 数据核字（2022）第 251641 号

东北财经大学出版社出版
（大连市黑石礁尖山街217号 邮政编码 116025）
网 址：http://www.dufep.cn
读者信箱：dufep@dufe.edu.cn
大连永盛印业有限公司印刷 东北财经大学出版社发行
幅面尺寸：185mm×260mm 字数：348千字 印张：16.75
2023年2月第7版 2023年12月第3次印刷
责任编辑：许景行 龚小晖 责任校对：迎 心
封面设计：张智波 版式设计：原 皓
定价：42.00元

教学支持 售后服务 联系电话：（0411）84710309

如有印装质量问题，请联系营销部：（0411）84710711

总 序

随着“科教兴国”战略的实施，面对21世纪社会经济发展对人才的需要，党中央、国务院决定扩大高等教育规模，通过多种形式积极发展高等教育，使我国高等教育的毛入学率至2015年达到36%左右，实现由“精英型”高等教育向大众化高等教育的转变。高职高专是我国高等教育的重要组成部分，为培养拥护党的基本路线，适应生产、建设、管理、服务第一线需要，德、智、体、美全面发展的高等技术应用型专门人才，学生应在具有必备的基础理论和专门知识的基础上，重点掌握从事本专业领域实际工作的基本能力和基本技能，具有良好的职业道德和敬业精神。大力发展高等职业教育，培养大量的高等技术应用型专门人才，是实现高等教育大众化目标的必然选择。

高职高专教育要完成培养高等技术应用型专门人才这一根本任务，迫切需要解决的问题之一是教材问题，因为目前高职高专院校使用的教材基本上是本科教材、原专科教材和成人高校教材。与高职高专教育新的培养目标相适应的新教材建设，从严格意义上讲，还是一块未开垦的“处女地”。切实做好占整个高等教育在校生规模60%以上的高职高专教育教材的建设已迫在眉睫。

《中华人民共和国国民经济和社会发展“九五”计划和2010年远景目标纲要》明确指出，国有企业要按照市场需求组织生产，“搞好市场营销，提高经济效益”，要积极发展“代理制、连锁经营等新的营销方式”，“建立科研、开发、生产、营销紧密结合的机制”。1999年8月12日，江泽民总书记在东北和华北地区国有企业改革和发展座谈会上所做的题为“坚定信心，深化改革，开创国有企业发展的新局面”的讲话中指出：“加强企业发展战略的管理，关键是要根据不断变化的市场要求，抓住发展战略、技术创新战略、市场营销战略这些重要环节。”习近平总书记在二十届中共中央政治局第二次集体学习时强调，“构建新发展格局，迫切需要加快建设高效规范、公平竞争、充分开放的全国统一大市场，建立全国统一的市场制度规则，促进商品要素资源在更大范围内畅通流动”。这就把市场营销战略和建设全国统一大市场提升到了与发展战略、技术创新战略及发展新格局并驾齐驱的位置上。社会主义市场经济发展的客观需要和党中央、国务院对市场营销工作的重视，表明市场营销专门人才存在着广阔的市场需求潜力，预示着高职高专教育的市场营销专业将有强劲的发展态势。

有鉴于此，在21世纪初，以具有开设市场营销专业的历史经验和师资、规模优势的上海商业职业技术学院、山东商业职业技术学院、安徽商贸职业技术学院、无锡商业职业技术学院、浙江商业职业技术学院、温州职业技术学院、浙江工商职业技术学院和广东农工商职业技术学院等为主体的全国商业高职高专院校，按照教育部关于高职高专教育“专业课程等依据教学大纲组织自编教材”的精神，提议编写高职高专教育市场营销专业课程教材。

根据高职高专市场营销专业教学计划和培养目标的要求，列入编写初版的教材有《市场营销学》《现代企业经营管理》《广告原理与实务》《公共关系原理与实务》《现代推销理论与实务》《市场营销策划》《价格理论与实务》《国际贸易理论与实务》《市场调查与预测》《商务谈判》《现代营销礼仪》《电子商务与网络营销》《消费者行为学》《商品学概论》共14本。

这些教材自初版起便具有如下特点：

（1）依据高职高专教育的培养宗旨和人才培养模式的基本特征，围绕市场营销职业岗位群的要求，坚持以提高学生整体素质为基础，以培养学生市场营销综合能力特别是创新能力和实践能力为主线，兼顾学生的后续发展需要，确立专业课程新体系和教材内容新体系。各门课程的教材在基本理论和基础知识的选择上以应用为目的，以“必需、够用”为度，服从培养能力的需要，突出针对性和实用性。

（2）着力于学生市场营销能力的培养，但不是与中等职业教育相同的一些单项技能，而是综合运用营销理论分析、解决营销实际问题的能力。因此，“必需、够用”的基本理论也必须理论概念清楚、知识完整准确、重点突出，有一定的深度和难度，使其与中等职业教育教材相区别。

（3）坚持实用性与前瞻性的统一。高职高专教育属于大众化教育，旨在培养适应我国社会主义市场经济体制下新型企业市场营销岗位第一线需要、具有市场营销综合能力的高等技术应用型专门人才。学生毕业后，绝大多数要进入营销岗位就业或者自己去创业，因此教材内容必须强调实用性和针对性。同时，兼顾市场营销职业岗位群发展和学生的后续发展需要，教材编写必须坚持前瞻性原则，在内容上要新，做到充分吸收本学科海内外最新教科书、最新科研成果和最新营销实践经验、举措和案例，并把这些新内容与高职高专教育教学要求及学生的接受能力结合起来，以强化教材的科学性、先进性和适应性。

（4）自觉摆脱“传统专科教育的学科型教育和专科教育教材为本科教育教材的压缩”的框框，摈弃“传统教材以理论知识为核心，以原理、范畴、概念分类为主线，以从理论到理论的阐述为章节结构”的惯性做法，在重点、扼要、完整地论述“必需、够用”的基本理论知识的同时，增加图、表、典型案例、专栏、补充阅读资料等栏目的内容比例，设置课堂讨论题、自测题、实训题和复习思考题，以强化理论与实际的结合、学习知识与开发智力的结合、动脑思考与动手操作的结合，真正体现高等职业教育的特色。

光阴荏苒。到2014年，东财版“21世纪新概念教材：换代型系列·高职高专教育市场营销专业教材新系”大部分已出第四版，印刷24次左右。其中：有8种入选“普通高等教育‘十一五’国家级规划教材”，有6种入选“‘十二五’职业教育国家规划教材”，3种成为“国家级精品课程教材”，1种入选“教育部普通高等教育精品教材”，多种被评为全国、行业或省级畅销书，深受广大高职院校师生的喜爱与欢迎。

为了将《国家中长期教育改革和发展规划纲要（2010—2020年）》中提出的“着力提高人才培养水平”“坚持育人为本，德育为先”“强化能力培养，创新人才培养模式”“着重培育学生的主动精神和创造性思维”等新时期教育要求进一步落到实处，完成“十二五”时期起我国高等职业教育新型人才培养的阶段性目标，市场营销专业教材必须与时俱进，体现国内外先进的专业技术水平、教育教学理念和课改新趋势，实现课程教材建设的模式转换。为此，我们于2013年年底启动了对原版教材的全面修订。

改版的教材在以下方面沿着“21世纪新概念教材：换代型系列”的方向继续前行：

（1）同步提升了高职高专职业教育经管类专业的人才培养目标定位。借鉴发达国家高等职业教育关于“职业教育与学术教育有机结合”的课改经验，“克服高职各类专业的同质化倾向”，将高职高专职业教育经管类人才培养目标由先前的“教高〔2006〕16号”（培养“面向生产、建设、服务和管理第一线高素质技能型专门人才”），经过“教职成〔2011〕9号”、“教高〔2012〕4号”和国发〔2014〕19号等文件的一般定位（培养“高端技能型人才”、“应用技术型人才”乃至“技术技能型人才”），提升到“职业知识”、“职业能力”与“职业道德”并重的“高等复合应用型”人才培养目标上来；同时，对照《国家中长期教育改革和发展规划纲要（2010—2020年）》关于“创新人才培养模式”“着重培育学生的主动精神和创造性思维”等新时期教育要求，将“问题思维”和“创新意识”的培养纳入新版教材的人才赋型机制中。

（2）兼顾了“衔接”和“层次区别与提升”。在教学重点、课程内容、能力结构等方面，既细化了高职教材与中职教材的有机衔接，也研究和探索了前者不同于后者的层次区别与提升。

（3）兼顾了“工学结合型”教育所要求的“双证沟通”与“互补”。在把国家职业资格标准融入专业课程内容与标准的同时，一方面着眼于高等职业学历教育与职业培训的重要区别，强化了对学生“职业学力”的全面建构；另一方面通过同步反映行业领域、国内外高职教育教学及课程改革新发展、新标准、新成果，弥补国家职业资格标准的相对滞后性。

（4）兼顾了“理论”、“实务”、“案例”和“实训”等教学与训练环节。与只侧重“实务”的中职教材不同，修订版教材依照“原理先行、实务跟进、案例同步、实训到位”的原则，循序渐进地展开高职教材内容。

（5）扩展了“职业学力”建构的基本内涵。将学生“职业学力”基本内涵的建构，由先前的“职业知识”和“职业能力”两者并重，扩展到“职业知识”、“职业能力”和“职业道德”三者并重，致力于建构以“健全职业人格”为更高整合框架的教材赋型机制。

（6）兼顾了各种教学方法。将“学导式教学法”“案例教学法”“问题教学法”“讨论教学法”“项目教学法”“工作导向教学法”等诸多先进教学方法具体运用于专业课程各种教学活动、功能性专栏和课后训练的教材设计中。

（7）联合国教科文组织的研究表明：进入21世纪，不少学科知识更新周期已缩短至2～3年。这意味着在高职院校学习的相当多知识在毕业后已经过时。为应对日益加速的“知识流变性”，自第五版起，本系列教材将“自主学习”训练视为与“实训操练”同等重要的能力训练：在奇数各章“学习目标”的“职业能力”中用“自主学习”子目标替换第四版“实训操练”项，并相应调整了其章后“基本训练”中“能力题”的子题型。

（8）为阶段性落实《教育部关于进一步推进职业教育信息化发展的指导意见》（教职成〔2017〕4号）和“推进教育教学与信息技术深度融合”《教育部高教司2018年工作要点》等文件要求，自2018年起，本系列再版教材增加了二维码教学资源，解决了传统教材所缺少的“互联网+”移动学习问题，即纸质教材与二维码数字资源融合的问题。

（9）自2020年起，全面落实《国务院关于印发国家职业教育改革实施方案的通知》（国发〔2019〕4号）、《教育部 财政部关于实施中国特色高水平高职学校和专业建设计划的意见》（教职成〔2019〕5号）、《职业院校教材管理办法》和《职业教育提质培优行动计划（2020—2023年）》等文件要求与精神，在落实立德树人根本任务方面，进一步创新思想政治教育模式，将各章“学习目标”中的“职业道德”子目标、正文中的“职业道德与企业伦理”专栏和章后“基本训练”中的“善恶研判”题型，一并升级为“课程思政”，将树立社会主义核心价值观要求融入专业课教材。

（10）自2022年起，加快推进党的二十大精神进教材、进课堂、进头脑，将研究和落实“立德树人，培养德技并修的大国工匠和高素质技能人才”的“人才强国战略”作为新时期教材改革的根本任务。

教材改革与创新是一项系统工程，旨在培养“高等复合应用型人才”的高职高专教育经管类专业教材的改革与创新更是如此。我们试图在深入调查研究、系统总结国内外教材建设先进经验的基础上，与时俱进地不断推出具有我国高等职业教育特色、优化配套的市场营销专业的新型教材。

期待广大专家、学者和读者们继续给我们以宝贵的意见与支持，使本系列教材通过阶段性修订，与我国新时期高等职业教育教学及课程改革发展始终保持同步。

“高职高专教育市场营销专业教材新系”项目组

第七版前言

全球百年未有之大变局正在持续深化，2022年2月爆发的俄乌危机更将引发大国关系新一轮的大调整，国际格局必然发生极大变化。

新一轮科技革命正在逐步展开。量子计算与量子通信前景无限，互联网站上5G、6G平台也在深度孕育，元宇宙已经从戏言演变成新苗头，还会逐步变成大产业；区块链+正在重构未来商业场景，不仅改变了传统商业的底层技术，也改变了传统商业的根基，使得传统商业建构在高度信任的基础上；人工智能开始渗透到方方面面，人们已开始重视其负面影响；生物工程对人类的现在与未来会产生许多可喜的与可怕的变化；深空探索与深海探索早已超出神话中的想象，有可能回答世界的起源等世纪之问；至于与广告密切相关的商业领域，人们已经看到许许多多新的模式。

中国，是所有发展变化中最积极的因素，正处在两个一百年交汇期的转折点。2022年下半年召开的中国共产党第二十次全国代表大会已描绘出奔向第二个百年的路线图。现实基础是：2020年中国全部脱贫，2021年人均GDP为80 976元，比上年增长8.0%，按年平均汇率折算达12 551美元，超过世界人均GDP水平。虽然我国目前仍处于中等偏上收入国家行列，人均GDP刚接近高收入国家下限标准，与人均GDP 3万美元以上的发达经济体相比还有较大差距，但2019年中等收入群体已有4亿人，国家又在实施扩大中等收入群体的行动计划，更加着力于持续提高低收入群体的收入，积极有为地促进共同富裕。中国的大市场已经是全球最大的单一市场，同时，中国已超过美国在世界贸易中所占的份额，成为世界上最大的贸易国。

这样的经济基础，必然呼唤相应的上层建筑，呼唤相应的理论创新，其中，自然包括广告理论的创新。同时，技术手段的丰富也为广告的发展提供了创新的物质基础。

对于教材修订而言，近年来有两方面的变化需要同步跟进：

一方面，中国的广告实践进步很大，广告的审美标准不断提高，公益广告占比明显增加，部分商业广告也以公益的形式出现，4K与8K高清与超高清电视广告越来越多。广告，不仅有商业属性，更有文化属性、社会属性，故其审美标准一定要与时俱进，不能辜负我们伟大的时代，不能辜负社会，不能辜负受众。

另一方面，中国高职院校全面落实《国家职业教育改革实施方案》（国发〔2019〕4号）、《教育部　财政部关于实施中国特色高水平高职学校和专业建设计划的意见》（教职成〔2019〕5号）、《职业院校教材管理办法》（教材〔2019〕3号）和《职业教育提质培优行动计划（2020—2023年）》（教职成〔2020〕7号）等文件要求与精神，特别是落实《中共中央关于认真学习宣传贯彻党的二十大精神的决定》中关于把学习党的二十大精神“作为学校思想政治教育和课堂教学的重要内容，组织开展对相关教材修订工作，推动二十大精神进教材、进课堂、进头脑”的要求，在高等职业教育理念、立德树人根本任务、创新思想政治教育模式等方面，对教材建设提出了新要求。

在上述背景下，作者对《广告原理与实务》（第六版）进行了修订。本书第七版更新主要如下：

（1）贯彻落实二十大和二十届一中全会精神，推进二十大精神进教材、进课堂、进头脑。本书作者邀请辽宁经济职业技术学院思政副教授都业红老师结合各章具体内容增加了宣传二十大精神的8项同步链接。

（2）创新思想政治教育模式，将各章“学习目标”中的“职业道德”子目标、正文中的“职业道德与企业伦理”专栏和章后“基本训练”中的“善恶研判”题型，一并升级为“课程思政”。

（3）体现“将新技术、新工艺、新规范、典型生产案例及时纳入教学内容”的要求，将社会主义核心价值观、工匠精神等融入案例和微课中，引导学生树立正确的世界观、人生观和价值观。

（4）为了与纸质教材教学内容互补，新版增加2个动画、9个微课资源，使二维码教学资源达到32处。

（5）优化各章“基本训练”的题型设置，将第六版原第2、4、6、8章的“自主学习”更换为“实训操练”，从而兼顾了奇数章的“通能训练”与偶数章的“专能训练”。

本次修订由辽宁经济职业技术学院赵兴元教授与仲晓密副教授共同完成。其中，赵兴元提出修订总体方案，并负责审核全书；仲晓密负责各章以及全部案例与附录的修订；都业红老师为全书增加了大量的思政元素。

本书第七版二维码资源中的23个微课全部由仲晓密副教授策划。其中：微课1-1、1-3、2-2、2-4、3-2、3-3、3-5、4-2、4-3、5-2和7-1等11个视频文件经其投资制作方——辽宁经济职业技术学院授权使用；其他视频资源由仲晓密制作。

在此，感谢在本书先前各版中做出贡献的各位老师，感谢为本书每次修订进行指导的东北财经大学出版社许景行编审。

本版修订内容较多，恐有疏漏，敬请专家与读者不吝指出，在此一并致谢。

作　者

2022年12月

2023年7月修订

第六版前言

回顾我们新中国走过的70年历程，沧桑巨变，人民群众获得感空前高涨，展开前程更有无限豪迈。中国进入新时代，进入五千年文明史从未出现过的新时代。

我们国内外大环境正在发生一系列深刻而持久的变化，国内外市场也随之发生一系列深刻而持久的变化。鉴于国内外市场的变化，我们需要着眼现实，审视世界，放眼未来；对于市场营销专业的教育工作者来说，还需要回归职业教育，回归市场营销，回归新修订的本书第六版。

着眼现实，中国已经从以量的增长为主的发展阶段转移到以质的提高为主的高质量发展阶段，供给侧结构性改革与发展如火如荼。2017年，科技创新对经济增长的贡献率达到57.5%；同时，绿色发展从争论到形成“绿水青山就是金山银山”的共识，母亲河长江沿岸14个省市共抓大保护，不搞大开发；一个个彪炳史册的大项目、大工程陆续建成，尤其可喜的是2018年又有125个贫困县通过脱贫验收，1 000万农村贫困人口摆脱贫困。总之，一切以民生优先，40年改革开放结出了丰硕的果实。

着眼现实的市场，绿色营销、诚信营销渐成主流，广告界也在荡涤污垢，弄虚作假的广告成为过街老鼠，真诚以待已经占领绝大部分阵地。

放眼世界，西方国家经济下行，各国相互之间裂痕加深，内部矛盾加剧。美国作为超级大国，在特朗普执政以后，已经数度“退群”，或真或假出现收缩之势，两党恶斗时缓时急，导致政府数度“关门”，蛮横挑起的贸易战远远不如预想，大规模减税刺激下的经济繁荣眼看要成为“明日黄花”，金融市场剧烈动荡。

放眼贸易战中的中国经济，虽然下行压力加大，但发展的机遇犹在，新旧动能的转换有条不紊。2018年，中国经济运行在合理区间，对外贸易增长超过预期，包括大规模集成电路在内的供给短板因此而大规模紧急补足。例如，华为公司2019年年初推出的7纳米芯片“鲲鹏920”在性能与能耗方面均具有优势；虽然这是“十年磨一剑”的成果，美国的限供无疑起到加速作用。可以预期，10年内，中国的集成电路高水平供给将不成问题。

放眼未来，西方国家集体性衰落、发展中国家集体性崛起的趋势日益明显，新兴市场终将主导全球，其中，中国的崛起尤其引人注目。2019年，中国的中等收入群体将达到4亿人，中国的市场规模将超过美国。由于美国保持市场规模世界第一的地位超过百年，市场营销实践丰富，故传统的市场营销理论大多源自美国。未来，伴随着中国市场规模跃居世界第一，中国的电商独步全球，中国的电子支付规模遥遥领先，中国的市场营销实践日益丰富，广告规模巨大，形式不断推陈出新，中国的互联网、大数据、云计算技术迅速普及，中国的人工智能与美国各擅其长，而人工智能的发展必然带来无与伦比的深刻变革，在此基础上，中国的市场营销理论创新可以预期，中国的市场营销与广告从业人员以及理论工作者都应该为此做出自己的贡献。

回归职业教育，国家要求“着力提高人才培养水平”“坚持育人为本，德育为先”“强化能力培养，创新人才培养模式”“着重培育学生的主动精神和创造性思维”，我们市场营销与广告方面的专业教师有责任把新时期对教育的这些要求落到实处；回归市场营销，我们的教材必须与时俱进，故在新修订的本书第六版中，我们力求同步体现“体验经济时代”和“互联网时代”企业界营销活动发生的巨大变化、国内外先进的专业技术水平、教育教学理念和课改新趋势等，进一步实现课程教材建设的教学内容与模式转换。本版修订还同步反映“体验经济时代”和“互联网时代”市场营销理论与实践的新发展，并将诸多新发展提炼和聚焦于本版修订中。

在此，感谢在前五版的写作与修订中做出贡献的各位编著者，感谢为本书每次修订进行指导的东北财经大学出版社许景行教授。本次修订由辽宁经济职业技术学院赵兴元与仲晓密共同完成。其中，赵兴元提出修订总体方案，并负责1、2章的修订，仲晓密负责第3、4、5、6、7、8章以及全部案例与附录的修订。第六版还加入了8个思维导图和19个小微课，丰富了信息化教学手段，方便教师和学生线上线下混合式教学使用。

由于本版修订的内容多，部分内容尚有尝试之意，错误与遗漏在所难免，敬请专家与读者不吝指出，在此一并致谢。

作　者

2019年1月

第五版前言

为贯彻落实党的十八大精神，培养新时期经济转型所需要的“创新型”高等职业人才，将《国家中长期教育改革和发展规划纲要（2010—2020年）》中提出的“坚持育人为本，德育为先”“强化能力培养，创新人才培养模式”等新时期要求进一步落到实处，使专业教材能够与时俱进地体现国内外先进的专业技术水平、教育教学理念和课改新趋势，着眼“十三五”高等职业教育新型人才培养的阶段性目标，本书第五版根据中国高等院校市场学研究会规划教材编写组的修订要求和东北财经大学出版社“21世纪新概念教材：‘换代型’系列·高职高专教育市场营销专业教材新系”第五版的“修订方案”推出。

第五版教材与第四版的不同之处主要表现在以下几个方面：

1.同步提升了高职高专职业教育经管类专业的人才培养目标定位。借鉴发达国家高等职业教育关于“职业教育与学术教育有机结合”的课改经验，克服高职高专各类专业的同质化倾向，将高职高专职业教育经管类人才培养目标由先前的“教职成〔2011〕9号”、“教高〔2012〕4号”和“国发〔2014〕19号”等文件的一般定位（培养“高端技能型人才”、“应用技术型人才”乃至“技术技能型人才”），提升到“职业知识”、“职业能力”与“职业道德”并重的“高等复合应用型”人才的培养目标上来；同时，对照《国家中长期教育改革和发展规划纲要（2010—2020年）》关于“创新人才培养模式”“着重培育学生的主动精神和创造性思维”等新时期教育要求，将“问题思维”和“创新意识”培养纳入新版教材的人才赋型机制中。

2.兼顾了高职与中职教材的衔接、区别与层次提升。在教学重点、课程内容、学力结构等方面，既细化了高职教材与中职教材的有机衔接，也研究和探索了层次提升。

3.兼顾了“工学结合型”教育所要求的“双证沟通”与“互补”。

4.兼顾了“理论”、“实务”、“案例”和“实训”各教学与训练环节。

5.扩展了“职业学力”建构的基本内涵。将学生“职业学力”基本内涵的建构，由先前的“职业知识”和“职业能力”两者并重，扩展到“职业知识”、“职业能力”和“职业道德”三者并重，致力于建构以“健全职业人格”为更高整合框架的教材赋型机制。

6.兼顾了各种教学方法。将“学导式教学法”“案例教学法”“问题教学法”“讨论教学法”“项目教学法”“工作导向教学法”等诸多先进教学方法具体运用于专业课程各种教学活动、功能性专栏和课后训练的教材设计中。

7.第五版各章章首“学习目标”的“职业知识”、“职业能力”与“职业道德”等子目标同章内正文教学内容及多样化的功能性栏目设置，以及章后基本训

目 录

第1章 广告概述

◆ 学习目标

通过本章学习，应该达到以下目标：

职业知识：学习和把握广告的定义，广告的基本特征、分类，以及广告在传播过程中的基本作用和广告发展的过程等理论与实务知识；能用其指导或规范本章认知活动和技能活动，正确解答“基本训练”中“知识训练”各题型的问题。

职业能力：运用本章知识研究相关案例，培养在特定业务情境中分析问题与决策设计的能力；通过搜集、整理与综合“广告学的发展过程及展望”的前沿知识，撰写、讨论与交流《“广告学的发展过程及展望”最新文献综述》，培养“广告概述”中“自主学习”的通用能力。

课程思政：结合本章教学内容，依照“课程思政”的要求或标准，对相关案例中的企业及其从业人员行为进行思政研判，培养高尚的道德情操，树立社会主义核心价值观。

学习微平台

思维导图1-1

【引例】

冬奥会为广告业带来机遇

背景与情境： 2022年2月，第24届冬季奥林匹克运动会在北京举办。为了宣传冬奥会、办好冬奥会，带动我国冰雪运动发展，组委会发布了一系列宣传广告。

这些广告与常见的商业广告不同，它们不以经济利益为目的，更多的是传播奥运精神，让更多的人了解冰雪运动，继而加入到冬季运动中来，强健体魄，丰富业余生活，如冬奥吉祥物冰墩墩的官方宣传片，通过冰墩墩展示各种冰上运动项目，速度滑冰、花样滑冰、冰球等，随着惹人喜爱的冰墩墩的上下飞舞，让人不由自主地对冰雪产生向往，极大地激发了全民对冰雪运动的热情，使之成为一种新风尚。

其实，从2015年我国取得冬奥会主办权以来，各类利用冬奥会进行品牌宣传的广告片就络绎不绝。尤其是冬奥会的赞助商们，陆续制作了大批优质广告，让人过目不忘。比如，红旗汽车、伊利、银联、安踏、君乐宝、安联保险、快手、中国银行手机银行等等。其中，安踏在一条广告中，用数据说话，“已经累计为28支国家队提供奥运装备，打造7届冠军领奖服”等等，说服力极强，尤其是奥运健儿们身着安踏运动服参赛和接受采访等，各种单品不断增加曝光率，让安踏产品销量一再创新高，成为冬奥会最大的隐形赢家。

1.1 什么是广告

现代社会中，广告充斥着人们日常生活的方方面面，已经成为社会生活不可缺少的一个组成部分。它带给社会各个阶层的人们异常丰富的、形式多样的各类信息，有力地冲击着我们的眼睛、耳朵、大脑，甚至直达心灵的深处。“你可以爱我，你可以恨我，却不能不理我”——这是广告的自白。人们无法估量广告的影响力，它让人欢喜让人忧。

1.1.1 广告溯源

随着社会生产力的逐渐发展，出现了商品生产和商品交换，广告也就随之得到了发展，广告的概念也在不断地改变与深化。《周易·系辞》记载，远在神农时代，就有“日中为市，致天下之民，聚天下之货，交易而退，各得其所”的场面。而据《周礼》记载，当时凡做交易都要“告于示”。世界文明古国古埃及、古巴比伦、古希腊、古印度、古罗马和古中国，都较早出现了与商品生产和商品交换相关的广告活动。中国古代商业中独具特色的匾额、楹联等文字展示，唐诗宋词中的茶、酒、名胜风景传播等活动也体现了中国古代广告活动的民族风格。

但“广告”作为一个外来词在中文里出现，是近代的事情，含有“广泛地宣告”的意思。当初多用“告白”来指今天的“广告”。民国初年的月份牌广告就曾经在中国近代广告史画上了浓墨重彩的一笔，其绘画技艺和艺术水平都达到了前所未有的高度，让广告在招揽顾客的同时也具备了欣赏功能。

有学者认为“广告（advertising）”源于拉丁文adverture，有吸引人心、注意或诱导的意思。在1300年到1475年期间，才演变为英语的advertise一词，其含义为“一个人注意到某种事情”，后来又演变为“引起别人注意，通知别人某件事”。直到17世纪末18世纪初，英国开始大规模商业活动时，“广告”一词才开始被广泛使用。日本首次将advertising译成“广告”约在明治五年（1872年），从“广告”一词的应用来看，中国、日本等东方国家对现代广告的认知要晚于西方国家。

1.1.2 历史上有代表性的广告概念

1890年以前，西方社会对广告较普遍认同的一种定义是，广告是有关商品或服务的新闻（news about product or service）。

1894年，Albert Lasher（美国现代广告之父）认为，广告是印刷形态的推销手段（salesmanship in print，driven by a reason why）。这个定义含有“在推销中的劝服”的意思。

1948年，美国营销协会的定义委员会（the Committee on Definitions of the American Marketing Association）形成了一个有较大影响的广告定义：广告是由可确认的广告主，以任何方式付款，对其观念、商品或服务所做的非人员性的陈述与推广。

美国广告主协会对广告的定义是，广告是付费的大众传播，其最终目的为传递情报，改变人们对广告商品之态度，诱发其行动而使广告主得到利益。

《简明不列颠百科全书》对广告的定义是，广告是传播信息的一种方式，其目的在于推销商品、劳务，影响舆论，博得政治支持，推进一种事业或引起刊登广告者所希望引起的其他反应。广告信息通过各种宣传工具，其中包括报纸、杂志、电视、广播、招贴海报及直邮等，传递给它想要吸引的观众或听众。广告不同于其他传递信息的形式，它必须由登广告者付给传播信息的媒体一定的报酬。

上述这些广告定义都是特定历史时期的产物，为我们提供了对广告的不同角度的思考。这些定义既有其合理性，也有其不足的一面，基本上是从狭义广告的角度来说明的，仅能反映出广告某一方面的属性，不能完整而科学地反映出广告的本质属性。

1.1.3 广告的含义

学习微平台

微课 1-1
什么是广告

当今社会，人们对广告往往有不同的理解和认识：社会学家把广告视为一种社会表象或伦理表象；经济学家把广告看作一种产业或经济现实；新闻人可能将广告定义为一种大众传播或公关过程；企业家们把广告当成营销手段；而相当一部分消费者很可能将其看成讨厌的垃圾。一般来说，广告有广义与狭义之分。现代广告的广义概念是与信息社会紧密相连的一个历史范畴，它是维持与促进现代社会生存与发展的一种大众性的信息传播工具和手段。广义的广告，包括经济广告与非经济广告。经济广告又称商业广告，它所登载的是有关促进商品或劳务销售的经济信息，尽管内容多样，表现手法不一，但都是为经济利益服务的。非经济广告，是指除了经济广告以外的各种广告，如各社会团体的公告、启事、声明，寻人启事，征婚启事等（见表1-1）。

表1-1 **广告的概念**

广告概念的类别		举　例
广义的广告	商业广告（经济广告）	企业的有关广告，如可口可乐广告
	非商业广告（非营利性的广告）	公益广告、政治宣传广告、政府公告、征婚广告等
狭义的广告	特指商业广告（经济广告）	

现代广告，人们普遍接受的概念是指一种由广告主付出某种代价的，通过传播媒介将经过科学提炼和艺术加工的特定信息传达给目标受众，为改变或强化人们观念和行为的、公开的、非面对面的信息传播活动。

这个定义是以大众传播理论为基础，从广义广告的角度进行的概括。它包括了几个方面的内涵，反映了现代广告的主要特征：

（1）强调了广告的本质特征是一种以公开的、非面对面的方式传达特定信息给目标受众的信息传播活动，而且这种特定信息是付出了某种代价的特定信息。广告必须有明确的广告主或称广告客户，它是广告行为的主体，是广告行为的法律负责人。这是广告与新闻等其他信息传播活动的不同之处。

（2）明确了广告是一种通过科学策划和艺术创造将信息符号高度形象化的、带有科学性和艺术性特征的信息传播活动。

（3）指出了传播媒介的重要作用。现代广告是非个人的传播行为，一定要借助于某种传播媒介才能向非特定的目标受众广泛传达信息。这决定了它是一种公开而非秘密的信息传播活动，也就决定了传播者必须置身于公众和社会的公开监督之下。

（4）说明了广告是为了实现传播者的目标而带有较强自我展现特征的说服性信息传播活动，通过改变或强化人们的观念和行为，来达到其特定的传播效果。这里，观念指的是思想、政治、文化等意识形态方面的信息，行为则包括了商品、服务、生活等消费形态方面的信息，从而概括了广义的广告内容。

【小思考1-1】

经典的广告口号有超乎寻常的生命力，多年来许多广告口号甚至超越其宣传的产品，成为我们流行文化的一部分。试试看，你能认出下面这些广告语是什么公司宣传的什么产品吗？

①人类失去联想，世界将会怎样？②牙好，胃口就好，身体倍儿棒，吃嘛嘛

香。③地球人都知道。④关键时刻怎能感冒？⑤不看不知道，世界真奇妙！⑥沟通从心开始。⑦真诚到永远！⑧我的眼里只有你。

理解要点： 联想电脑、蓝天六必治牙膏、北极绒保暖内衣、海王感冒药、正大综艺节目、中国移动通信、海尔企业、娃哈哈纯净水。

1.1.4 大众传播与广告的构成要素

广告作为一种特殊的大众传播形式而存在。传播就是把想法和观念从一个人传递给另一个人的行为，写信、交谈、打手势、移动身体甚至眨眼睛都是人类的传播行为。从我们的第一声啼哭开始，生存就要依赖我们告诉、劝服、吸引别人注意的能力。当然，现实生活中的传播形式更是多种多样。学者常把交流分为：人的内向传播、人际传播和大众传播。每一种传播形式都以不同的方式涉及并影响不同的人。如果你在超市里选购食品，默默地问自己要什么牌子的色拉油，这是你一个人内在的自我交流，即内向传播；人们通常使用视觉、听觉、嗅觉、触觉和味觉这五种感官与他人交流，这种人与人之间的直接经验分享就是人际传播。大众传播（mass communication）是指通过一种或多种传递装置（媒体），从一个人或一组人向广大受众或市场进行的传播。

【小资料 1-1】

发展时间表：从今天到公元前3500年的传播革命。

今天：电子信息传递是所有媒介的标准。

公元1951年：数字计算机被用来处理、储存和恢复信息（第三次信息传播革命）。

公元1455年：约翰尼斯·古登堡发明活字印刷，并印制《圣经》。

公元1255年：中国人发明铜字印刷。

公元1041—1048年：毕昇首先发明活字印刷。

公元100年：中国人发明人造纸。

公元前300年：希腊人改进羊皮纸。

公元前2500年：埃及人发明沙草纸（第二次信息传播革命）。

公元前3500年：发明了表音文字（第一次信息传播革命）。

资料来源　贝尔吉．媒介与冲击：大众媒介概论［M］．赵敬松，译．4版．大连：东北财经大学出版社，2000.

从大众传播的观点出发，广告信息传播过程中的广告构成要素主要包括：广告信源、广告信息、广告媒介、广告信宿等要素。广告信源就是出资人（通常是工商企业）；广告信息就是广告本身；广告媒介就是可供选择的各种媒体；广告信宿即为广告的目标受众，也就是广告信息所要到达的对象和目的地。但这样描述对广告或其他有偿的营销传播来说过于简单，它不能把广告创意等因素考虑进去，也不能体现技术发展带来的更为复杂的问题，如互动媒介的到来，使受众可以自己操纵电脑或电视选择他们所需要的信息，进而参与传播活动。以广告活动的参与者为出发点，广告构成要素主要有广告主、广告经营者练的“知识训练”、“能力训练”与“善恶研判”三者相互对应。

8.为应对日益加速的“知识流变性”，第五版教材将“自主学习”作为与“实训操练”同等重要的能力训练，分别将其设置于奇数章和偶数章“学习目标”的“能力目标”和“基本训练”的“能力训练”中。

9.资料更新。2015年4月24日，第十二届全国人大常委会第十四次会议通过《中华人民共和国广告法》（以下简称《广告法》）的修订，该法自2015年9月1日起施行。修订后的《广告法》，由原来的49条扩充到75条，内容变化很大。这是中国市场经济发展及依法治国精神的重要体现，也为广告理论与实务提供了新的有力依据，对未来中国广告事业的发展是巨大的利好。为此，原相关教材必须做出相应的修改。本书第五版所有文字内容与案例均按修订后的《广告法》以及上述三条原则予以审视，凡不符合处一律予以修订或者删除，或者以新的内容代替——是谓求新；凡可有可无的文字均予精简删除，包括各章“引例”、“同步案例”和章后“基本训练”中的“案例分析”的部分文字——是谓求精；所有不雅的广告案例都予以剔除，也告诫读者与所有广告从业者，不能让那些粗俗的广告语言、形象等玷污社会氛围，毒害受众，尤其是广大学生读者——是谓求雅。

10.更新第五版主教材书后的“主要参考书目”，重点补充近三年的书目。

11.同步更新了第五版的网络教学资源包。使用本教材的教师可登录东北财经大学出版社网站（www.dufep.cn）查询和下载这些教学资源（PPT电子教学课件和“‘基本训练’参考答案与提示”）。

感谢在前四版的写作与修订中做出贡献的各位编著者，感谢为本书每次修订进行指导的东北财经大学出版社许景行教授。本次修订由辽宁经济职业技术学院赵兴元教授与仲晓密老师共同完成。其中，赵兴元教授提出修订总体方案，并负责第1、2、3章的修订，仲晓密老师负责第4、5、6、7、8章以及综合案例与附录的修订。

由于中国市场经济仍然在高速发展，中国广告事业必然会相应地充实并提高，本书也仍将保持每三四年修订一次的节奏，继续完善，故再次恳请各位老师、同学及学界、业界同仁提出意见与建议，我们一定认真汲取，努力提高，并把求新、求精与求雅的原则贯彻到底！

编著者

2016年1月

（广告代理商）、广告发布者（广告媒介）、广告的目标受众、广告文本等，其中广告主、广告经营者、广告发布者是广告运作的主体。广告的传播过程如图1-1所示。

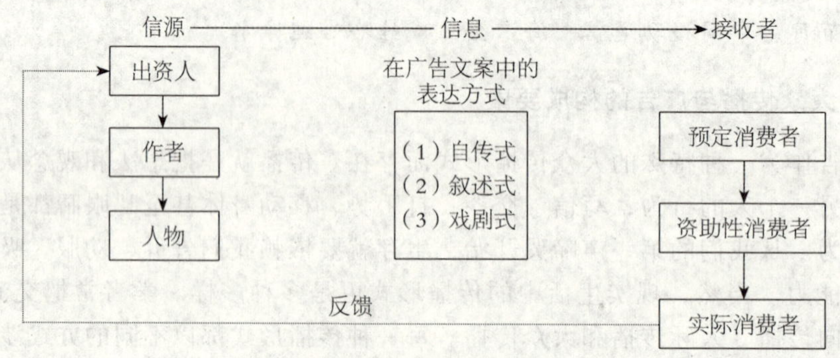

图1-1 广告的传播过程

1）信源：出资人、作者和人物

在广告活动中，出资人（sponsor，即广告主）要对其具名的传播过程负法律责任，并确实有信息要传递给实际的消费者。如图1-1所示，这一过程是漫长的循环路径。开始，出资人通常并不制作信息，由广告代理公司或其他专家担此要务，即传播活动的作者（author），实际上可能是文案人员、美术师或广告公司里的创作群体。他们收取代理费，为出资人创作广告，在广告文案和信息的构成中扮演着重要的角色，却不为接收者所知。

同时，广告文案又包含着一些真正的（也可能是虚拟的）代言人——人物，他们赋予广告某种声音或基调。对接收者来说，这些代表着出资人的人物是信息中心源，但人物的讲话又是由广告的作者创作的，其目的是为文案服务，只存在于广告的虚拟世界中，不属于现实世界。

【同步案例1-1】

陈可辛和李娜联手打造《做自己》

学习微平台

微课1-2
广告的出资人、作者和人物

背景与情境：李娜是我国著名的网球运动员，2014年9月，宣布退役。同年12月15日，李娜被英国《金融时报》评选为2014年年度女性人物；12月23日，李娜入围“2014年CCTV体坛风云人物年度评选”的年度最佳女运动员。

当中国银行聘请陈可辛导演为新推出的女性专属银行卡拍摄广告时，广告团队就将眼光放到了个性十足的李娜身上。李娜退役后，开办了自己的网球学校，和打球不同，办学校遇到了很多之前没有遇到的困难，她想到了去世的父亲和父亲当时鼓励自己的话：“做自己，就会最好看。”这与中国银行女性专属银行卡推出的初衷非常契合，所以，由李娜代言此卡最合适不过。文案最后出现的“勇敢跟随内心，绽放精彩自我。中行随心女人卡，何不邂逅全新的自己？”更是篇末点题，让这则广告文案散发积极向上、努力奋斗的正能量。

资料来源 作者根据相关视频广告编写。

问题：在这则广告里，出资人、作者和人物分别是谁？

分析提示：中国银行作为出资人，聘请陈可辛导演，根据网球世界冠军李娜的经历创作了广告文案。

2）信息：自传式、叙述式、戏剧式

广告是对现实生活艺术性的表达或模仿，创意人员能够运用多种多样的表现形式。一般而言，我们将广告信息的表达分为自传式、叙述式和戏剧式三种形式。自传式采用第一人称“我”表达讲话人的观点，向“你”这个虚设的、倾听“我”个人经历的接收者讲述“我”的故事，许多名人广告采用的就是这种表达形式；叙述式采用第三人称，向接收者讲述他人的故事，能表达丰富的信息和较高的品质，给人一种公平客观的感受；而在戏剧式中，广告角色干脆直接在虚设的接收者面前进行表演，将信息与故事情节交织在一起，让接收者与故事情节产生联系，由此体验信息而不是单纯地听或者看信息。

对广告信息的作者而言，他们面临的最重要的决策之一就是选择哪种信息表达形式能更有效地获得目标受众的积极反馈。他们必须考虑是什么情感、态度及动机因素驱动目标顾客，然后运用丰富的技巧来编排组合相应的人物、信息和形象，在适宜的媒介上发布信息。创意表达还是一个诱人的职业，我们将在后面的章节中进一步地讨论相关问题。

3）接收者：预定的、资助性的和实际的消费者

应该说每一条广告都有假定的接收者，我们称之为预定消费者（implied consumer)。广告人物对他们讲话、表达情感、传递信息，并把他们想象得很理想，认为他们完全符合广告文案的要求。实际上预定消费者并不真实，他们只是广告这出大戏的组成部分，广告的接收者具有多面性，他们包括资助性消费者和实际消费者，以及前面提到的预定消费者。

如果我们跳出广告表现的圈子，就会看到最早的广告受众实际上是广告主，即出资方的一群决策者，他们是广告决策的守门员，我们称之为资助性消费者(sponsorial consumer)，是他们决定广告是否可以发布。所以，广告首先要劝服的不是某位真实的消费者，而是出资方的决策者——经理或主管，他们有权决定是否为广告活动提供资金。

实际消费者（actual consumer）即现实生活中的广告目标受众，相当于口头传播中的听者。广告主出资发布的信息最终就是针对他们的，但他们在思维和行为方式上与资助性消费者想象中的预定消费者大为不同。广告主最害怕的就是他花费不菲传达的信息被实际消费者误解，因此，广告主及其创意小组必须了解实际消费者是如何选择、如何理解信息的。今天，研究者们知道，广告中的词汇和景物对理解信息只起部分作用，媒介本身也起作用，换句话说，媒介本身也是一种信息。当今世界科技飞速发展，各种大众媒介、可寻址媒介和互动媒介都可用来传播广告主的信息，而且电子大众媒介使得各种媒体之间的界限越来越模糊，你可以在电脑上看到文案，也可以在电视上进行视频点播，可以将某一画面打印下来，也可以手持终端阅读新闻。人们不曾在传统的模式中直接说明这些新的传播模式，这会怎样影响人们接受和理解广告信息的方式还是一个新的课题。

此外，接收者本身的特性更为重要，他们的态度、感知、个性、自我评价以及文化程度都会影响其对信息的接收和反馈以及其作为消费者在市场中所采取的行动。但这只是众多因素中的一部分，广告主可能无暇了解这么多，即使有所了解，这些社会的、心理的、人文的因素也是不断变化的。

现实生活中还有“噪声”（noise），即非本广告主传播的信息。每一个广告主传播的信息都必须与其他商业信息竞争，它们可能多达成千上万条，一起向受众涌来。广告主的感受有点像在喧闹的马路上与对面的人打招呼，只有等消费者做出了反应，信源才能明确知道信息是否被对方接收，以及是如何被接收的。所以有人提出了“注意力经济”的说法。

【小资料1-2】

受众与消费者

受众与消费者是两个既有联系又有区别的概念。受众是相对于广告传播而言的；消费者则是相对于市场活动、广告活动而言的。受众在接收到广告信息后采取了消费行为，才成为消费者。

资料来源　陈培爱. 广告学概论［M］. 北京：首都经济贸易大学出版社，2004.

4）反馈与互动

反馈是整个传播过程中极其重要的环节，只有通过反馈才能完成沟通的循环过程，并确认信息是否被对方接收。反馈同样采用“信源-信息-接收者”的传递模式，但方向相反，即从接收者传向信源。广告的反馈有多种表现形式：兑换优惠券、电话查询、光顾商店、询问详情、销售增长或对调查做出反应等。如果某一广告的反响过低，就说明其传播过程中的某一环节有问题，我们就要查询：产品是否对路？信息是否清晰？我们使用的媒介是否恰当？只有通过恰当的反馈，我们才能回答这些问题。

过去，消费者的反馈几乎不可能顺着与原始信息相同的渠道原路返回，但今天的科技已改变了广告接收者冷冰冰的被动地位，他们甚至成为主动的决策者，有能力掌握自己要接收的传播活动，选择自己所需的产品信息。随着互动媒体的发展，人们甚至可以利用初始信息发送人的渠道立即将反馈送回信源。许多工商企业据此发展出关系营销，即依托信息技术建立起顾客反馈的数据库，从而有可能把握消费者未来的需求。

【小资料1-3】

“懒惰”与“聪明”的传播

电视是一个“懒惰”的装置，它只能传送节目。你可以调换频道接收不同的节目，但你不能把你的喜好立即告诉节目播出人，你是一个被动的节目接收者（一个“沙发上的土豆儿”），这就是单向传播。与电视相比，电话就聪明多了，当你使用电话交谈时，电话另一端的人能够倾听，并立刻做出反应。在电话会议的情况下，可能同时有好几个人一同讨论。电话接收并传递信息，使你能做出反应，因而电话是互动的，它是一种双向传播。

互动式（interactive）是指接收信息同时也能传递信息的功能。为了迅速传递信息，电话传播使用了数字化信息系统。当我们说话时，电话系统就进行编码，把声音转化成由0和1组成的一系列数字传送出去，在另一端再进行解码把声音还原出来。这种储存与传递资料的方式称为数字化（digital）。同电话传播一样，计算机也使用数字化信息，也是互动的。文字、图像和声音以二进制方式被转化、储存。这些二进制数码能很容易地被转化，用于双向交流。与电视、电话不同，电脑能储存信息以备将来之用。这一功能使电脑不同于广播、有线电视和电话传播，用一位专家的话来说，“在信息经济中，几乎所有的相关行为都来自计算机业而不是电视业，最好的机遇均来自计算机网络能力指数的上升”。最近人们又开始尝试“聪明”的机顶盒，它就好像一个转换站，把你的服务指令与电视机或电脑上的传递系统连接起来，以确保你既能收到节目，又能跟踪提供的服务，发回用户的信息。无论如何，技术将使传播装置更“聪明”，不仅能双向传输，而且能够记忆甚至进行逻辑判断。

资料来源　贝尔吉．媒介与冲击：大众媒介概论［M］．赵敬松，译．4版．大连：东北财经大学出版社，2000.

1.2　广告的分类

根据不同的需要和标准，广告可以划分为不同的类别，如按照广告的最终目的，可分为商业广告和非商业广告；又如根据广告产品的生命周期划分，可分为产品导入期广告、产品成长期广告、产品成熟期广告、产品衰退期广告；再如按照广告内容所涉及的领域，可分为经济广告、文化广告、社会广告等。不同的标准和角度有不同的分类方法，对广告类别的划分并没有绝对的界限，主要是为了提供一个切入的角度，以便更好地发挥广告的功能，更有效地制定广告策略，从而正确地选择和使用广告媒介。

1.2.1　按照广告诉求方式分类

广告的诉求方式就是广告的表现策略，即解决广告的表达方式——“怎么说”的问题。它是广告所要传达的重点，包含着“对谁说”和“说什么”两个方面的内容。借用适当的广告表达方式可以激发消费者的潜在需要，促使其产生相应的行为，以取得广告主所预期的效果。按广告诉求方式分类，广告可以分为理性诉求广告和感性诉求广告两大类。

（1）理性诉求广告，通常采用摆事实、讲道理的方式，通过向广告受众提供信息，展示或介绍有关的广告物，有理有据地论证接收该广告信息能带给他们的好处，使受众理性思考、权衡利弊后能被说服，而最终采取行动。家庭耐用品广告、房地产广告较多采用理性诉求方式。

（2）感性诉求广告，采用感性的表现形式，以人们的喜、怒、哀、乐等情绪以及亲情、友情、爱情和道德感、群体感等情感为基础，对受众诉之以情、动之以情，激发人们对真、善、美的向往并使之移情于广告物，从而使广告物在受众的心中占有一席之地，让受众对广告物产生好感，最终产生相应的行为变化。日用品广告、食品广告、公益广告等常采用这种感性诉求方式。

1.2.2 按照广告媒介的使用分类

按广告媒介的物理性质进行分类是较常使用的一种广告分类方法。使用不同的媒介，广告就具有不同的特点。在实践中，选用何种媒介作为广告载体是制定广告媒介策略所要考虑的一个核心内容。传统的媒介划分是将传播性质、传播方式较接近的广告媒介归为一类。因此，按广告媒介的使用分类，广告可以分为以下七类（见表1-2）：

表1-2 广告媒介的使用分类

序号	类型	载体
1	印刷媒介广告（也称为平面媒体广告）	报纸、杂志、招贴、海报、宣传单、外包装
2	电子媒介广告	广播、电视、电影等
3	户外媒介广告	路牌、交通工具、霓虹灯等，以及热气球、飞艇甚至云层等
4	直邮广告（简称DM）	传单、商品目录、订购单、产品信息等
5	销售现场广告（又称售点广告或POP）	橱窗展示、商品陈列、模特表演、彩旗、条幅、展板等
6	数字互联媒介广告	互联网
7	其他媒介广告	新闻发布会、体育活动、年历、各种文娱活动等

以上这几种根据媒介的使用来划分广告的方法较为传统。当今是整合营销的时代，是通过整合营销传播观点。针对目标受众的活动区域和范围，广告可以分为：家中媒介广告，如报纸、电视、杂志、直邮等媒介形式的广告；途中媒介广告，如路牌、交通、霓虹灯等媒介形式的广告；购买地点媒介广告等。

1.2.3 按照广告的最终目的分类

制订广告计划的前提是必须明确广告目的，这样才能做到有的放矢。根据广告目的确定广告的内容和广告投放时机、广告所要采用的形式和媒介，可以将广告分为产品广告、企业广告、品牌广告、观念广告等类别。

（1）产品广告，又称商品广告，是以促进产品的销售为目的，通过向目标受众介绍有关商品信息，突出商品的特性，以引起目标受众和潜在消费者的关注，力求产生直接和即时的广告效果，在他们的心目中留下美好的产品印象，从而为提高产品的市场占有率，最终实现企业的目标埋下伏笔。

（2）企业广告，又称企业形象广告，是以树立企业形象，宣传企业理念，提高企业知名度为直接目的的广告。虽然企业广告的最终目的是获取利润，但它一般着眼于长远的营销目标和效果，侧重于传播企业的信念、宗旨或是企业的历史、发展状况、经营情况等信息，以改善和促进企业与公众的关系，增进企业的知名度和美誉度。它对产品的销售可能不会有立竿见影的效果，但由于企业声望的提高，使企业在公众心目中留下较美好的印象，对加速企业的发展具有其他类别的广告所不可比拟的优势，是一种战略意义上的广告。企业广告具体还可以分为企业声誉广告、售后服务广告等类别。

（3）品牌广告，是以树立产品的品牌形象，提高品牌的市场占有率为直接目的，突出传播品牌的个性以塑造品牌的良好形象。品牌广告不直接介绍产品，而是以品牌作为传播的重心，从而为铺设经销渠道、促进该品牌下的产品的销售起到很好的配合作用。例如，中国联通公司发布的“让一切自由连通”广告，体现了丰富的品牌内涵。不仅限于产品功能，还表现在情感和文化方面，体现了企业致力于通过现代通信与信息服务，以满足人们渴望“社交与归属、尊重与平等”的情感需求，和致力于人类和谐的社会责任感和追求。

（4）观念广告，即企业对影响到自身生存与发展的，并且也与公众的根本利益息息相关的问题发表看法，以引起公众和舆论的关注，最终达到影响政府立法或制定有利于本行业发展的政策与法规的目的，或者是指以建立、改变某种消费观念和消费习惯为目的的广告。观念广告有助于企业获得长远利益。

1.2.4 按照广告传播区域分类

根据营销目标和市场区域的不同，广告传播的范围也有很大的不同。按照广告媒介的信息传播区域，广告可以分为国际性广告、全国性广告和地区性广告等几类。

（1）国际性广告，又称为全球性广告，是广告主为实现国际营销目标，通过跨国传播媒介或者国外目标市场的传播媒介策划实施的广告活动。它在媒介选择和广告的制作技巧上都较能针对目标市场的受众心理特点和需求，是争取国外消费者、使产品迅速进入国际市场和开拓国际市场必不可少的手段。

（2）全国性广告，即面向全国受众而选择全国性的大众传播媒介的广告。这种广告的覆盖区域大，受众人数多，影响范围广，广告媒介费用高，较适用于地区差异小、通用性强、销量大的产品。因全国性广告的受众地域跨度大，广告应注意不同地区受众的接收特点。

（3）地区性广告，其多是为配合企业的市场营销策略而限定在某一地区传播的广告，可分为地方性广告和区域性广告。地方性广告又称零售广告，是为了配合密集型市场营销策略的实施，广告多采用地方报纸、电台、电视台、路牌等传播媒介，来促使受众使用或购买其产品，常见于生活消费品的广告，以联合广告的形式，由企业和零售商共同分担广告费用，其广告主一般为零售业、地产物业、服装业、地方工业等地方性企业。区域性广告是限定在国内一定区域（如华南区、华北区）或是在某个省份开展的广告活动。发布区域性广告的产品往往是

（3）市场营销。

工商管理专业的学生会学到与上述职能相关的几门课程，广告实际上属于营销范畴，是其中的一个特殊领域。其他营销领域还包括市场调查、分销和销售等。营销作为一种商业职能，其首要任务就是实现收益，使产品完成从企业到现实市场的“惊险一跳”。

1.3.1 什么是营销

营销是一个历史范畴，它伴随着市场经济的发展而不断演化，但这一概念的基础始终是产品的供需。目前公认的看法是：**市场营销**是个人或组织对思想（或主意、计策）、货物和服务的设计、定价、促销和分销的规划与实施过程，以实现个人或组织的目标交换。在交换双方中，如果一方比另一方更主动、更积极地寻求交换，则前者成为市场营销者，后者成为潜在顾客（AMA，1985）。

如上所述，营销是一个战略过程，有一连串顺序发生的、经过策划的市场活动，包括开发产品、定出适当的价格、通过分销渠道使消费者有机会获得产品以及通过促销活动推广产品。市场营销的核心是交换，用产品交换消费者手中的资源，广告是最能发挥告知、劝服和提醒消费者或市场作用的大众促销手段，其他促销手段包括营业推广、公共关系及人员推销等，综合运用这些手段可以使企业的商品或服务实现满足顾客或市场的价值。今天，许多非营利组织也利用营销过程来开发和提升自己的服务，以满足自己的支持者和成员的需求。

1.3.2 广告与营销过程

广告有助于企业实现自己的营销目标，其他营销活动如市场调查、销售和分销活动也同样会起作用。企业或其他机构必须根据自己特定的营销战略采取相应的广告活动，营销战略决定了广告的目标受众、发布范围、媒介以及任务，这些因素还会决定广告将采取什么技巧。

营销活动有其目标市场——人口中特定的一部分人，广告也针对特定的一群人——目标受众（target audience），如大多数化妆品广告只针对年轻的女性。目标受众主要分为两大类：消费者和工商业企业。

1）消费者市场

日常生活中我们通过电视、广播和报纸等大众媒介所看到的大部分广告都属于消费者广告（consumer advertising），这类广告一般由产品或服务的生产厂家出资制作，针对有需求的消费者。消费者广告还包括非商业性的公益广告。消费者是活生生的人，广告主必须了解他们的行为和思维方式，他们为什么购买，购买什么以及如何购买等。广告主对人们的购买行为了解得越多，就越有办法刺激其购买欲望，你也可以从与消费者行为有关的课程中学到相关的知识。

2）工商业市场

工商业广告（business advertising）的目标受众是代表企业的决策人，由他们来决定是否购买该产品或服务用于再生产。这类广告一般刊登在专业刊物上，很少使用大众媒介，又被称为企业对企业广告（BTB advertising），但有些企业对企业广告也会出现在大众媒体上，如英特尔公司的芯片广告、铝型材广告等。

如果仔细划分，工商业广告有贸易广告、专业广告和农业广告三种不同的类型。贸易广告（trade advertising）的对象是中间商，包括批发商、经销商和零售商，广告主希望中间商们能更多地分销自己的产品。专业广告（professional advertising）主要针对教师、会计师、医生、建筑师、工程师和律师等专业人士，这类广告多数刊登在专业社团出版的正式出版物上。专业广告有三个主要目的：劝服专业人员向自己的顾客推介某一产品（或服务）；购置工作所需的设备或物资；个人使用某一产品。农业广告（agricultural advertising）用来促销农资产品或服务，如种子、农药、化肥和饲料等，其对象是农村家庭或从事农业生产的企业。农业广告一般会告诉农民其产品将如何提高效率、降低风险和增加收入。

工商业广告的对象大多受过专门训练，知识丰富、成熟精明，在做出购买决策前，他们会详细了解有关的技术信息，从事工商业广告的人员应比从事消费者广告的同行具备更丰富的产品专业知识和工作经验。

【小思考1-2】

问题： 中央电视台的广告标王（最舍得花钱抢占《新闻联播》黄金时段的广告主）曾经是秦池酒、爱多VCD，你知道为什么吗？

理解要点： 它们都是面对消费者的广告。

1.3.3 营销战略与广告

学习微平台

微课1-3
广告与营销

广告从属于营销战略，当企业选定了目标市场，就应考虑相应的战略，营销战略由产品概念、定价、分销和沟通（或促销）这些特定的因素组合而成，各个战略因素对广告活动都会产生影响。

1）产品因素

有经验的广告人会针对每一个具体产品类别采取不同的广告形式。千家万户都需要的洗澡用品会采用消费者商品广告，保险公司或航空公司要采用服务广告，而科技产品制造商则会采用高科技广告。

2）价格因素

企业的价格策略也会影响广告的风格，不参与价格竞争的企业靠形象广告（image advertising）来创造企业的特定感觉或品牌个性；注重价格竞争时，可采用减价广告、清仓广告或特价广告，既给人以低价的印象，又能增加顾客数量。

3）分销因素

通常分销因素会影响广告的地域特点。只在狭小贸易区域销售商品的零售商或小企业一般只在地方媒介或小招贴上发布地方性广告；在地方媒介采用区域性广告或在全国性媒介地区版上发布广告的企业通常在某一大区域或两三个省区销售产品；在国内几个地区出售产品并利用主要大众媒介的企业所做的当然是全国性广告。许多大企业到国外市场促销产品，针对不同的国家和民族制作不同的广告信息，这是国际广告。而像可口可乐、宝洁等跨国集团则利用全球性广告，在世界各地使用统一信息来制作和投放广告。

4）沟通因素

对于营销战略的最后一个因素，人们更习惯于使用促销这个字眼，但促销的本质就是**营销沟通**（marketing communications），它要求企业为了实现既定的市场目标和战略，控制其在市场上的形象，设计并传播有关的外观、特色、购买条件以及产品给目标顾客带来的利益等方面的信息。企业会根据促销的需要，适当选择和综合运用广告、人员推销、营业推广、公关宣传这些重要的营销沟通工具，具有沟通性质的促销工具还包括辅助材料（目录、说明书、影片等）、劝诱工具（竞赛、赠品券、赠送样品、彩券）等，每一种营销沟通工具都会为卖主提供特定的机会和利益。例如，安利（Amway）公司主要侧重于人员推销的方式，通过业务代表面对面与顾客直接打交道的方式促销其各类产品，而较少使用广告进行促销，当然这套促销体系的成本也是高昂的。

广告在促销中能起到建立知晓、理解、有效提醒、提供线索、证明有效和再度保证等十分重要的职能，特别是广告本身所具备的创意在树立品牌形象、彰显个性、表达象征意义和传递利益方面，是其他营销沟通工具很难做到的。当然，广告的可信任性较差，有时会引起人们的逆反心理。

企业的促销广告不全是促销产品或服务的产品广告，有时也使用非产品广告来推销观念，非产品广告还包括企业广告和公益广告，如哈药六厂“让中国人哭一场”的系列情感广告。

5）整合营销传播

20世纪90年代以来，整合营销传播（integrated marketing communications，IMC）成为市场营销最重要的发展形式，并迅速为厂商和广告代理商们所接受。**整合营销传播**是一个营销传播计划概念，要求充分认识用来制订综合营销计划时所使用的各种带来附加价值的传播手段——如普通广告、直接广告、销售促进和公共关系——并将之结合，提供具有良好清晰度、连贯性的信息。使传播的影响力最大化是整合营销传播的关键，精明的广告商和企业管理层都看到了这一点。人们已经认识到大众媒介广告的效益已不如从前，消费者比以往任何时候都更成熟、精明，并对无处不在的广告持否定和怀疑态度。实际上企业在广告承诺和实际行动间存在巨大的差距，从长远来看，培养与顾客间的良好关系远比实现单纯的交易更重要。因此，整合营销传播已成为重要的营销手段，并改变着营销规则和传统广告代理商的任务。

【小资料1-4】

广告如何吸引消费者

人类学家认为广告信息必须有吸引人的某种理由，在以下被称为“人类动机的清单”中列举了15种广告商在广告中经常使用的吸引力：

（1）对性的需求。令人惊讶的是，调查发现，电视广告中只有2%使用这种吸引力，也许人们认为它可能会将人的注意力从产品本身引开。

学习微平台

微课1-4
广告如何吸引消费者

（2）交往的需求。大量的广告使用这种方法：你正在寻找友谊，广告商逆向地利用这一点，让你担心如果不使用某产品就会失去朋友。

（3）养育的需求。每当你看到一只小狗或者一只小猫或者一个小孩，就会激发你的母性或者养育的本能。

（4）指导的需求。一位父亲或母亲的形象会激发你照顾别人的愿望。

（5）攻击性的需求。每个人都有获得平衡的欲望，一些广告可以满足你的这种欲望。

（6）成就感的需求。获得某种产品就仿佛获得了完成某种困难事情和取得成功的能力，体育明星经常代言这类产品。

（7）占有欲的需求。我们在广告中能够找到我们缺乏的能力：掌握的可能性。

（8）出人头地的需求。我们想被人羡慕和尊敬，想具有较高的社会地位。有品位的瓷器和古典的钻石提供了这种可能性。

（9）被注意的需求。我们需要人们注意我们，我们希望被注意。化妆就是追求这种愿望的自然表现。

（10）自立的需求。在一个拥挤的环境中，我们想脱颖而出，成为一个"纯粹的独立人"。这个愿望也可以反用：如果你不使用某种特定的产品，你就可能无法真正"独立"。

（11）逃避的需求。逃跑是非常有吸引力的，你可以想象你未经历过的冒险。逃避的想法也令人喜悦。

（12）安全感的需求。摆脱威胁、保证安全是许多保险和银行广告的吸引力所在。

（13）审美感的需求。美丽吸引着我们，古典艺术或者舞蹈使我们感到富有创造力和充实。

（14）满足好奇心的需求。人们相信并且事实也证明信息可以量化，数字和图表使我们的选择看起来更科学。

（15）生存需求。例如，睡眠、吃饭和喝水的需求。果汁、面包的广告在半夜就特别有吸引力。

资料来源　FOWLES J. Advertising's fifteen basic appeals［J］. Language Power，1986：178-193.

1.4　广告的发展过程

广告是一种价值不菲的大众传播过程，站在营销层面，我们可以看到其在企业成功过程中的巨大作用。当我们把视野扩展到整个经济社会就不难发现，广告已发展成为一种产业的"资本主义冠冕堂皇的表现艺术"，正经历着史无前例的巨大变迁。理解广告与经济，特别是工业化进程的相互作用与影响，也是我们从工商业者的角度做出恰当的广告运作决策的关键要素之一。

在原始社会，生产力体现的是简单的手工劳动和粗糙的工具，人们主要关心如何满足基本的生存需要，从事着打猎、畜牧、农业和手工活动以获取食物、衣服和住所。产品或服务的交换数量和范围都极其有限，更没有大众媒介，偶尔的叫卖声或许就可以算得上“广告”了。

1.4.1 前工业化时期

随着市场的扩大和日益复杂，产品需求日益增加，逐渐形成了对广告的需求。商人们制作一些标牌，设计某些特殊的符号来表明产品或服务，如宁波的传统老店“缸鸭狗”就是用三个图形来代表店铺，一时脍炙人口。这个时期被称为前工业化时期（preindustrial age），即商品以自然采植或手工加工为主，没有工业化的生产过程。这一时期的几项重大发明催生了现代广告。中国人发明了纸和活字印刷；1275年，欧洲人开始创办造纸厂；15世纪40年代，活字印刷术在德国开始应用，不仅对广告的发展产生重要的作用，也彻底改变了人们的生活方式和工作方式。招贴、传单和标识等广告形式第一次以新的印刷技术走入人们的生活。小贩的叫卖声可以随印刷品超越地方方言的限制而传播到至少100千米以外。1427年，贴在伦敦一家教堂门上的宣传出售《圣经》的传单可视为第一条英文广告。200年后报纸广告也出现了，咖啡、巧克力、茶叶、房地产和医药等早期广告，主要针对到咖啡馆里读报喝咖啡的顾客，人数自然十分有限。到了18世纪，世界人口接近6亿，许多大城市广告数量激增，人们应接不暇。为了吸引人们的注意力，一些广告开始夸大其词，令人难以置信。1704年，美洲的《波士顿简报》也开始刊登广告，同时美国人富有创造性地在报纸广告中运用图画和空白以增强广告的可读性。

1.4.2 工业化时期

工业革命从18世纪中叶在英国兴起到19世纪早期席卷美国，机械化生产出大批量的布匹和家用器皿，这些产品比人们在家中自制的东西便宜多了。生产力的提高与大量的消费需求相对应，广告和大众营销的技巧也有了进一步的发展。工业化时期（industrial age）持续到第一次世界大战结束，市场呈现出供不应求的状态，生产企业较少进行营销活动，广告主要用于批发商向零售商发布信息，如现行价格、供货和运输情况等。偶尔有一些大型零售商对消费者做广告，少数几个思想前卫的生产厂家（专利药品、肥皂、烟草等）也开始运用大众媒介做广告以刺激消费者未来的需求。

1841年，美国人沃尔尼（VolneyB.Palmer）与报纸签约购买广告版面，再以稍高的价格零售给广告主，这就是广告职业的起点。1869年，美国出现了广告代理公司，不仅按版面收取代理费，还进行正规的市场调查。到了1890年，这家广告公司已经具有了现代广告公司的运作模式，集策划、创意和实施于一身，并聘用了专职文案人员。随着工业化进程的加快、邮政和大众教育的普及，工业化时期来临了。

工业化时期以工业基础的巨大发展和成熟为标志，从20世纪初至20世纪70年代，科学技术飞速发展，世界上主要发达国家大多数人的基本生活需求完全得到满足，商品市场趋于饱和；促使以广告为主的营销技术发达起来。

众多生产厂家为了应对批发分销商转嫁市场饱和压力的做法，开始加强自身的销售力度，对产品进行包装和品牌标识，发布大量的广告信息，著名的可口可乐公司就是其典型代表。这一时期的广播首先成为主要的大众传播和广告的媒介，全国性的广告可以在很短的时间内迅速传达给大批受众。伴随着1929年的大萧条，广告业也因压力而有所改进，研究消费者行为和偏好，提供有关公众舆论、广告信息的表现以及广告的销售情况的信息不仅成了一些提供给广告主的服务项目，还开创了“市场营销调查业”这一全新的行业。生产企业采用“产品差别化”的营销策略，所有企业都试图表明自己的产品或服务是优异、多样、便利、有别于竞争对手的。1941年，电视出现了。电视广告在第二次世界大战结束后飞速发展，电视很快就成为广告收入最多的媒介。这是广告的黄金时代，策划与创新成为主流，并涌现出许多杰出的广告人。独特销售建议（unique selling proposition，USP）受到广告公司和广告人的追捧，人们坚持认为每一条广告都应该提出产品的USP，以区别于其他竞争产品。但到处泛滥及假冒的“独特”使产品差异化的战略效果不再突出。企业开始运用“市场细分”，即按特定产品适应特定顾客的理念将消费者进行细分。20世纪60年代开始的创意革命导致形象时代的来临，人们通过非同寻常的产品形象来获取象征意义的满足，如成功、完美和尊贵等。随着竞争的加剧，20世纪70年代，又出现了新的广告战略——产品品牌定位，即在消费者心目中树立起产品品牌的地位。由于定位战略可以将某一特定品牌与消费者的某些优先需求结合起来，能更有效地与竞争对手区别开来，所以使产品差异化和市场细分更加有效地抵御了仿冒的侵袭。由于宝洁（P&G）和高露洁（Colgate）等跨国公司的全球化策略的成功，不仅是欧洲，传统的中国也都承袭了来自大洋彼岸的广告理念和表达方法，工业时期正在走向巅峰。

1.4.3 后工业化时期和因特网时代

在1980年开始的后工业化时期（postindustrial age），世界发生了巨变，人们开始关心自己的生活环境，对自然资源短缺感到恐惧，能源公司和耗能产品公司发布了促使人们减少需求的广告，这形成了截然不同的营销——反营销。冷战结束后，社会主义国家实行改革开放，一些大型跨国公司开始了雄心勃勃的全球扩张计划。这一时期传统产品逐渐老化，竞争逐渐加剧，人口生育高峰期出生的人成为日益成熟和富裕的消费大众。贸易壁垒被打破，国际贸易增长，这些都使得竞争更加激烈。雪片似的广告飞向消费者，许多大企业不惜斥资百万制作广告，宣传自己热爱清洁、保护环境的社会责任感和良好的公众形象。20世纪90年代，地区选择性或是区域性需求较强的产品，如加湿器、防滑用具、游泳器材等。区域性广告是差异性市场营销策略的一个组成部分。

1.2.5 按照广告的传播对象划分

各个不同的主体对象在商品的流通消费过程中所处的地位和发挥的作用是不同的。为配合企业的市场营销策略，广告信息的传播也就要针对不同的受众采用不同的策略。依据广告所指向的传播对象，广告可以划分为工业企业广告、经销商广告、消费者广告、专业广告等类别（见表1-3）。

表1-3 按照广告的传播对象分类

序号	类别	作用	媒介
1	工业企业广告（又称生产资料广告）	向工业企业传播有关原材料、机械器材、零配件等生产资料的信息	专业杂志
2	经销商广告	向相关的进出口商、批发商、零售商、经销商提供样本、商品目录等商品信息	专业贸易杂志及网站
3	消费者广告	传播对象直接指向商品的最终消费者，是由商品生产者或是经销商向消费者传播其商品信息的广告	大众媒介
4	专业广告	针对职业团体或专业人士，介绍专业产品，如医生、美容师、建筑设计人员等	专业媒介

1.3 为了营销而广告

改革开放以来，广告业是我国发展最快的行业之一，在与其他行业互动发展的同时，也以自身的发展推动其他行业乃至整个社会经济的发展。蓬勃发展的广告业，不仅带动了生产和消费，促进了市场繁荣，推动了市场经济的发展进程，为企业直接创造了经济效益，而且为国民经济发展做出了不可磨灭的贡献。沟通产销环节，正确引导消费，促进社会经济资源的合理配置，加速商品流通和扩大产品销售是广告的一项最重要的经济功能。在商品市场供应充分的情况下，广告是最方便快捷、经济高效的沟通手段，能够为消费者及时提供产品、服务的信息，引导、促进社会经济资源的合理配置，不断满足人们日益增长的物质文化需要。

从传播层面了解广告，可以使我们明白广告运作的机理，但却不足以解释广告疯狂的商业角色，真正决定广告活力的是企业的营销活动。每一个商业组织都要进行各种不同的活动，我们称之为职能（function）。系统地说，企业的商业职能有三大部分：

（1）生产与运作；

（2）行政管理及财务管理；

经济衰退严重，美国广告业3年内失掉了13 500个职位，可口可乐公司等大的广告客户转向区域性的小公司，整个媒介行业、报纸、杂志和电视网的广告收入都大幅度地下降。对传统的营销人员来说，消费者拥有了遥控器、录像机、优惠券和几十个节目频道，因此比以往任何时候都成熟、精明，同时也更加变化无常。许多广告批评家责怪广告增加了产品的生产成本，因为消费者最终要为广告的成本付费，这些人认为广告使人们购买了他们并不需要的产品，如特别奢侈的精装产品、没有价值的宠物摇篮、有害的烟酒、破坏环境的垃圾产品。批评家们还指责广告减少了竞争，助长了垄断。为了适应这些变化，专家主张营销人员应该重新认识和界定品牌，甚至喊出了“回归基本”这一口号，坚持应该不着痕迹地用广告将广告主平庸而直露的卖点包装起来。

新技术、新生活方式以及到达消费者所需的高额成本使广告业发生了改变，特别是互联网的飞速发展，已把广告业带进了“第二次创意革命”。

【小资料1-5】

2021年中国网络广告市场规模及市场格局盘点

突如其来的新冠肺炎疫情，使受众户外活动大幅度减少且场景受限，居家和室内活动时段变多，媒介接触习惯发生了极大改变。同时，随着互联网技术的升级，网络广告也不断创新，达到了更优质的传播效果，这些都使得网络广告的价值愈发凸显，推动广告主将更多的广告预算向网络广告倾斜。

2020年，中国杂志广告收入规模为23.8亿元，较2019年减少了2.2亿元；报纸广告收入规模为50.1亿元，较2019年减少了16.7亿元；广播广告收入规模为100亿元，较2019年减少了21.2亿元；电视广告收入规模为689.6亿元，较2019年减少了188亿元；网络广告收入规模为7 665.9亿元，较2019年增加了1 201.6亿元，同比增长18.60%。

从广告形式来看，2020年中国电商广告市场规模为3 058.7亿元，占网络广告总体规模的39.9%，较2019年增加了615.3亿元，占比最大；固定文字链广告市场规模为2 522.1亿元，占网络广告总体规模的32.9%，较2019年增加了757.4亿元；搜索广告（含联盟）市场规模为735.9亿元，较2019年减少了136.7亿元；品牌图形广告市场规模为444.6亿元，较2019年减少了53.1亿元；信息流广告市场规模为383.3亿元，较2019年增加了21.3亿元；富媒体广告市场规模为184.0亿元，较2019年增加了9.5亿元；视频贴片广告市场规模为161.0亿元，较2019年减少了7.1亿元；分类广告市场规模为145.7亿元，较2019年减少了22.4亿元。

从媒体来看，2020年中国电商广告市场规模为3 058.7亿元，较2019年增加了615.3亿元；2020年短视频广告市场规模为1 336.0亿元，较2019年增加了536.0亿元；2020年搜索引擎广告市场规模为1 065.6亿元，较2019年减少了65.6亿元；2020年门户及资讯广告市场规模为651.6亿元，较2019年增加了69.9亿元；2020年在线视频广告市场规模为329.6亿元，较2019年减少了38.8

亿元；2020年垂直行业广告市场规模为237.6亿元，较2019年减少了33.8亿元。

资料来源 根据智研咨询资料综合编写。

1.4.4 互联网时代广告的展望

最近十年的新技术发展极大地改变了广告业。有线电视和卫星电视十分发达，电视观众可以收看专门的节目频道，如新闻频道、电影频道、体育频道以及家庭娱乐频道和购物频道等。电视由宽泛的大众媒介演变成更有针对性的“窄播”媒介，许多小公司和有些顾客的产品也能负担得起电视的广告费用了。另一个日新月异的变化是录像机和遥控器，它们使观众可以轻易地跳过令人生厌的广告。巨大的冲击来自计算机技术的发展，个人电脑、调制解调器、电子邮件和电子布告牌为广告提供了到达潜在顾客的新媒介。全球信息高速公路以及互联网革命，使广告进入了一个双向媒介时代。人们开始不再躲避广告，而是利用互动媒介去寻找广告。

从店铺门口的简单标志到互联网时代的Flash，广告走过了漫长的路。今天的广告不仅反映了社会及其欲望，也是对某种时尚、潮流和信念的开创或结束。广告不再是一言堂，而是对话，媒介与信息已很难界定和分割开来。

广告100多年的辉煌是厂商对竞争优势和效益的无限追求造就的。在竞争激烈的全球化市场中，广告专业人员正面临更刺激的新挑战。理解广告的含义和功能仅仅是个起点，策划一次广告活动，用广告策略发动一场新的市场竞争，需要了解这种决策的环境（见第1章的1.4和第8章），理解打动目标受众的机理（见第2章）；逐一做出广告的战略与策略、信息、媒体决策（见第3、4、5章），把决策表达在广告文案中（见第6章），做出广告预算和效果测定的方案（见第7章）。这就是发动一场完整的广告战役的真实线索，本书以此为主线，系统地介绍了广告决策的各个层面。

【同步链接1-1】

数字化背景下广告行业发展转型

对于未来五年的发展，党的二十大报告做了全面部署。通过百余字，系统阐述了数字经济现有的产业结构和发展逻辑，明确了未来数字经济的潜力和方向所在。提出了要建设数字中国，加快发展数字经济，促进数字经济和实体经济深度融合，打造具有国际竞争力的数字产业集群。移动互联网时代，广告行业面临着众多挑战。受众在选择、接受广告的过程中更具有自主性，接收方式也越来越多元化，互动性增强，受众的个性化需求也越来越大。利用好移动互联网这个平台是至关重要的，从传播的形式到传播的内涵每一个环节需要具备的都是创新驱动发展。随着云计算和大数据技术的快速迭代，用户社会角色变化频率增加，越来越习惯于在不同移动终端之间进行切换。在传播过程中，面向广泛的大众，广告的投放不仅要做到全面撒网，更要做到根据产品的特性，划分用户人群，运用算法等大数据统计，明确用户的产品喜好和使用习惯，实现精准推送，同时洞悉受众接触媒介时的广告心理，实现差异化服务，细分市场，运用 VR、AR、H5 等技术实现场景营销，提升用户体验。

资料来源 佚名．二十大报告提出建设数字中国，下一步如何加快发展数字经济？上海专家、企业这么说［EB/OL］．［2022-10-27］.https：//m.jiemian.com/article/8273027.html. 引文经删节。

【教学互动 1-1】

主题： 广告营销方式。

背景：“脑白金”的广告内容非常少，电视广告制作也比较简单，总是一对卡通老人形象，跳着年轻人的舞蹈，说着“今年过节不收礼，收礼只收脑白金”，字幕上打出“健康态”。但它利用狂轰滥炸式的播放，使多数消费者都记住了这个产品，而且销售量一路攀升。

问题： 你赞成这样的广告营销方式吗？为什么？

要求：

（1）教师不直接提供上述问题的答案，而是引导学生结合本章教学内容就这些问题进行独立思考、自由发表见解，教师组织课堂讨论。

（2）教师把握好讨论节奏，对学生提出的典型见解进行点评。

■ 本章概要

□ 内容提要

•广告是一种营销工具，是对相关产品（包括服务和观念）信息进行的有组织、有控制的大众传播，通常由明确的出资人通过各种媒体进行有偿的劝服性传播。从传播、营销和经济三个层面能更好地理解广告的本质和广告的发展过程。

•传播活动包括信源、信息和接收者三个主要要素和信道（媒体）、反馈等环节。广告传播中的信源、信息和接收者具有多元性。随着互联网的出现，广告传播正由单向过程转为双向过程。

•广告是营销这种以获利为目的的商业活动的重要手段，不仅与其他营销要素组合构成了企业的营销战略，有经验的企业还整合营销的传播过程，协调目标市场战略。

•经济发展是广告最直接的推动力，技术发展也促进了广告传播手段和内容的创新。广告发展进程中的产品差异化、市场细分和定位策略还会不断改进，广告主和广告公司正利用互联网革命加深自己与顾客之间的联系。

□ 主要概念和观念

▲ 主要概念

广告　市场营销　营销沟通　整合营销传播

▲ 主要观念

营销沟通　整合营销传播

□ 重点实务

广告的主要特征　影响广告活动的营销战略因素

■ 基本训练

□ 知识训练

▲ 判断题

（1）因为公益广告是免费的，所以公益广告是没有付出任何代价的信息。（　）

（2）广告是个人传播信息的行为。（　）

（3）广告的本质是一种信息传播，具有信息性。（　）

（4）为了达到更好的传播效果，必须对广告进行艺术加工。（　）

（5）广告带有一定的劝说性和诱导性。（　）

（6）广告的发展过程包括前工业化时期、工业化时期、后工业化时期。（　）

▲ 选择题

（1）通过一种媒体，从一个人或一组人向广大受众或市场进行的传播叫作（　）。

A.内向传播　B.人际传播　C.大众传播　D.外向传播

（2）广告从属于（　）。

A.营销策略　B.营销战略　C.营销计划　D.营销目标

（3）广告的反馈有多种表现形式，这些形式主要有（　）。

A.兑换优惠券　B.电话查询　C.光顾商店

D.询问详情　E.销售增长

（4）根据广告的直接目的的不同，广告可以划分为（　）。

A.企业形象广告　B.企业观念广告　C.商品销售广告

D.解决问题的广告　E.开拓型广告

（5）广告传播活动的过程包括（　）。

A.信息　B.信源　C.信道（媒体）

D.反馈　E.接收者

▲ 讨论题

如何理解广告与营销战略的关系？请联系我国企业的实际谈谈广告的职能与效用。

□ 能力训练

▲ 案例分析

【训练项目】

案例分析-I。

【相关案例】

论遐迩贯珍表白事款编

背景与情境：《遐迩贯珍》一书，每月以印三千本为额，其书皆在本港省城、厦门、福州、宁波、上海等处遍售，间亦有深入内土，官民皆得披览。若行商租船者等，得籍此书，以表白事款，较之遍贴街衢，传闻更远，则获益良多。今于本月起，《遐迩贯珍》各号，将有数帙附之卷尾，以载招贴。诸君有意欲行此举者，请每月将帖带至阿里活街，英华书院之印字局，交黄亚胜手，便可照印。五十字以下取银一元，五十字以上每字取多一先士，一次之后，若帖再出，则取如上数之半。至索取之银，非以求利，实为助每月印《遐迩贯珍》三千本之费用而已。

咸丰四年十一月十三日谨白

资料来源 佚名. 论遐迩贯珍表白事款编［J］. 遐迩贯珍·布告篇，1855（1）。

问题：请简要阐述《遐迩贯珍·布告篇》中所表现出来的广告理念和广告运作原理。

【训练要求】

学生以小组为单位组建学习团队，分析案例提出的问题，拟出《案例分析提纲》；团队讨论，形成《案例分析报告》；各团队在班级交流并修订《案例分析报告》；在校园网的本课程平台上展出经过修订并附有教师点评的各团队《案例分析报告》，供学生相互借鉴。

▲ 自主学习

【训练项目】

自主学习-I。

自主学习-I

【训练步骤】

（1）将班级同学组成若干“自主学习”训练团队，每队确定一人负责。

（2）各团队根据训练项目需要进行角色分工。

（3）通过校图书馆和互联网，查阅“文献综述格式、范文及书写规范要求”，以及“广告学的发展过程及展望”的学术文献资料。

（4）综合和整理“广告学的发展过程及展望”最新学术文献资料，依照“文献综述格式、范文及书写规范要求”，撰写《“广告学的发展过程及展望”最新文献综述》。

（5）在班级交流各团队的《“广告学的发展过程及展望”最新文献综述》。

（6）在校园网的本课程平台上展出经过修订并附有教师点评的各组《“广告学的发展过程及展望”最新文献综述》，供学生相互借鉴。

□ 课程思政

【训练项目】

课程思政-I。

【相关案例】

广告不分国籍但消费者有国家

背景与情境：2021年3月24日，共青团中央在微博贴出瑞典服饰品牌H&M当日和2020年9月9日在BCI（瑞士良好棉花发展协会）相关平台发布的新闻稿，

H&M在文中声称不再使用新疆棉、不招聘新疆员工，对所谓“新疆维吾尔自治区的强迫劳动和歧视少数民族”的相关报道深表关切，强调“不与位于新疆的任何服装制造工厂合作，也不从该地区采购产品或原材料”。

对于共青团中央的点名批评和谴责，H&M集团发表声明回应称，该集团一贯秉持公开透明的原则管理其全球供应链，并不代表任何政治立场。《人民日报》评论表示“中国网民不会买账”，并强调“国家利益高于一切”。

3月25日，外交部发言人华春莹在例行记者会上回应彭博社记者提问，指出新疆地区的棉花是世界上最好的棉花之一，有关新疆地区“强迫劳动”的指责完全是个别反华势力炮制的恶意谎言，目的是抹黑中华人民共和国形象，破坏新疆安全稳定。华春莹拿出美国黑奴被迫采摘棉花和新疆棉花田机械化采摘的照片，并表示“现在中国老百姓不允许一些外国人一边吃着中国的饭，一边砸着中国的碗”。

经过网民的搜索，发现BCI成员美国耐克、德国阿迪达斯、日本优衣库等品牌同样在2020年发表过类似声明，BCI宣称新疆地区存在“强制劳动”和其他“侵犯人权”的现象。

H&M的行为遭到国内网民的大规模抵制，并爆发系列抵制风波，涉及多个品牌。就在这个敏感时刻，耐克公然把广告标语改成：“凭本事放狠话、让垃圾来说话”，再向14亿国人发出挑衅。耐克之所以会在此刻还发布这样的广告，是因为一些消费者趁着品牌打折，反而大肆买入，而这些品牌也认为，国人的记忆很短，用不了多久就会忘记这个风波。

资料来源　作者根据相关资料编写。

问题：

（1）本案例中存在什么样的思政问题？

（2）试对上述问题做出你的思政研判。

（3）通过网上或图书馆调研等途径收集你做思政研判所依据的规范或标准。

（4）本案例对消费者的启示有哪些？

【训练要求】

学生以小组为单位组建学习团队，分析案例提出的问题，拟出《思政研判提纲》；团队讨论，形成《思政研判报告》；各团队在班级交流并修订《思政研判报告》；在校园网的本课程平台上展出经过修订并附有教师点评的各团队《思政研判报告》，供学生相互借鉴。

第2章 广告心理

◆ 学习目标

通过本章学习，应该达到以下目标：

职业知识：学习和把握广告对受众心理的积极作用，感觉和知觉的特点、影响因素、刺激因素，以及与态度、注意力、记忆和联想的关系等理论与实务知识；能用其指导或规范本章认知活动和技能活动，正确解答“基本训练”中“知识训练”各题型的问题。

职业能力：运用本章知识研究相关案例，培养在特定业务情境中分析问题与决策设计的能力；通过“校园微信平台广告创意方案设计”实训操练，训练学生的专业操作技能。

课程思政：结合本章教学内容，依照“课程思政”的要求或标准，对相关案例中的企业及其从业人员行为进行思政研判，培养高尚的道德情操，树立社会主义核心价值观。

思维导图2-1

【引例】

电商平台的家电市场之争靠什么吸引消费者

学习微平台

微课2-1
电商平台利用消费者心理推广家电产品

背景与情： 家电产品的单价普遍较高，不少家庭成套更换家电产品，由于是大宗支出，相对于快消品的消费会更加理智。购买时，消费者的心理复杂，但更换、保修、售后服务和保真、安全、环保一样，是消费者最在意的因素。所以，家电销售是电商平台的必争之项，各个平台都推出了自己的广告，来吸引消费者。

京东家电突出的是服务，其在广告中提出："以图看质量难保障；送装不及时，等太久；退换流程多，跑断腿；京东家电，好服务更放心。36项承诺，一心只为你。"

相比来说，苏宁易购的广告词就简单得多："买电器，到苏宁。3天包退，365天包换，买家电上苏宁易购。"

家电是大宗商品，退换的便捷性远不及明确的退换时间承诺，虽然字数少，也没有更多的词语修饰，但更容易让人放心购买。

企业应警钟长鸣，再放心的广告词，都需要企业真正履行承诺，才能长久赢得市场和消费者。

资料来源　作者根据相关视频广告编写。

2.1　广告心理概述

广告活动直接影响人类的心理活动，广告加强了人们的记忆，带给人们感觉和知觉，改善人们对品牌的态度，并诱发其购买行为。这种过程有着明显的心理学规律。但今天人们谈论更多的是消费心理学，而不再单独关注广告心理。

有两点理由促使我们认为，在诸多市场要素组成的复杂关系中，消费者成了中心：第一，产品生产以满足消费者需要为宗旨；第二，一切市场策略只有符合消费者的行为特点，才可能奏效。

消费者的消费行为是怎样进行的呢？一般来说，消费行为是从形成需要开始的，而需要的形成乃是生理上或心理上的某种缺乏的意识或认知。通常，未被认识到的需要称为潜在需要，它为行为提供了前提条件，但并不构成行为的动机，只有当它被意识到时，才可能激发起行为的动机。事实表明，潜在需要不一定都能被直接体验到（即意识到），特别是心理上的高层次需要，因为这类需要弹性很大。

在现实的购买行为中，许多购买者事先也不一定有明确的购买意图和目标，却把东西买了下来。实地调查发现，购买者大多数事先只有朦胧的欲望（更多地反映潜在需要），只有少部分买主有明确的购买计划。众多具有潜在需要的消费者等待着诱发他们的购买愿望，广告成了一种显然的诱因。

消费者有了一定的需要并指向某种物品或劳务之后，便产生了如何具体满足的问题，这就处于获取信息阶段。一般而言，消费者首先回忆自身的经验，从记忆中提取有关商品的信息。但是，记忆中的经验和知识毕竟有限，特别对满足需要的大件贵重物品，更有求于各种信息源，广告便是提供商品信息的重要途径。我国台湾奥美广告公司关于“消费者对广告的态度与评价”的调查结果显示，认为广告是一种了解产品功能或服务内容的重要信息来源的人数比例，在我国台湾为86%，在我国香港为74%，在美国为76%。

上述消费行为过程，客观地揭示了广告对消费者可能发挥的积极作用：①唤起消费者潜在需要，使其产生购买愿望，进而激发其购买动机；②提供有关商品信息，进一步指向具体的购买物品或劳务；③确认产品的商标，以便选择特定的产品。

【小资料2-1】

广告的心理功能

广告的心理功能即广告对人的心理所发挥的作用，具体表现在以下几个方面：

(1) 促销功能。通过广告的形式，把商品及劳务的各方面情况展现给消费者，引起消费者的注意和兴趣，唤起购买欲望。

(2) 认识功能。通过广告宣传，把商品及劳务的有关知识，如性能、质量、规格、用途、价格、销售服务方法、地点等介绍给消费者，便于其确定购买目标。

(3) 诱导功能。广告宣传可以改变或建立消费者对商品及劳务的看法，增加好感，唤起潜在需求或转移消费目标。

(4) 便利功能。广告中有关商品各项指标的介绍，使消费者节省了大量查询资料、探寻解决方案的时间。同时，广告的重复进行，也为消费者提供了充分的时间进行考虑。

(5) 对比功能。各种广告向消费者提供了各种商品的信息，从而使消费者能在众多的挑选对象面前进行比较，从中选出最适合自身需要的产品。

(6) 审美功能。广告为吸引消费者的注意，需尽量采用艺术手法，这就给人以艺术的享受，同时也为商品增添了美感。

(7) 教育功能。广告中健康文明的表现形式和内容，能潜移默化地感染消费者，能丰富人们的精神生活，增长知识。

资料来源　佚名. 广告心理功能［EB/OL］.［2015-12-12］. http：//baike.baidu.com/link?url=tjmOra-wmsRUrEN5YPascbSHWZZKNL4hT9HYFiARXYWXSf1v3t_HHBN8qUslTPU9nfK-5g9i0mbA8W Bh45BDVa.

2.1.1 广告的感觉

学习微平台

微课2-2
广告的感觉

人类生活在世界上，在认识世界上的事物和现象时，免不了要用眼睛看看它的颜色、大小、形状，用耳朵听听是什么声音，用鼻子闻闻是什么气味，用嘴尝尝是什么味道，用手摸摸是硬的还是软的、是凉的还是热的等，不通过感觉，人类就无法知道事物的各种形式，也无法了解运动的各种形式。**感觉**就是感觉器官对事物或现象的个别属性的反映。广告感觉是对广告及其商品个别属性的反映，是消费者认识商品的起点，是整个消费行为心理过程的基础。因此，在市场销售中，消费者对商品的第一印象是十分重要的。对商品的认识和评价，消费者首先相信的是自己对该商品的感觉。有经验的制造商或经销商在设计、宣传自己生产或经营的商品时，总是千方百计突出自己的商品与众不同的地方，在出售散装或小件商品时总是将最好的摆在上面，有时还会请消费者先品尝后购买等。国外有人利用感觉的作用创造了"气味推销法"。伦敦的一家超级市场，在店内释放一种人造草莓香味，把顾客吸引到食品部，结果连橱窗里陈列的草莓样品也被抢购一空。美国的一家食品公司在底特律城郊立了一块高80英尺、长100英尺的推销面包的巨型广告牌，不仅能播放介绍面包的音乐，还能释放出一种神奇的混合面包香味，勾起路人的食欲。结果，这家面包公司的销量激增两倍多。上述事例说明消费者具有一种先验心理。所谓先验心理，是由于人的直接感觉而产生的连锁心理反应。正因为如此，广告的策划设计、商店的布置陈设给首次上门的顾客所留下的第一印象，有时会产生先入为主、一见钟情的效果。

据专家研究，感觉还会导致流行的趋势。日本的专家经过系统的观察，得出这样一个结论：第二次世界大战后的50多年来，由于消费者的感觉而导致的流行趋势决定了世界消费市场的变化。这些专家指出，无论在欧美、日本等发达国家的市场还是在发展中国家的市场，消费风潮大体是先由视觉、听觉引起的，接着是触觉、味觉，最后是嗅觉。他们举例说，在发达国家的消费市场上，最先形成收音机、电视机的热潮，然后出现奥黛丽·赫本发型、乞丐装的流行，接着出现喝保健饮料的风潮，最后才流行香水、清洁剂。据统计，人类对上述感觉的需求，以听觉、视觉为最高，约占80%，触觉占15%，而味觉、嗅觉仅占5%。因此，广告策划设计时应当意识到感觉的重要性，以使商品信息最大程度、最快地为消费者所接受。

【同步案例2-1】

让多种感觉一起消费

背景与情境：单种感官的使用有时会显得很单调，很难调动消费者的兴趣。当然如果单种感官感知的效果很特别的话，也能打动人。但如果有多种感官的参与，顾客的感知效果会更好。

餐厅的菜肴不仅要口味好，还要考虑到装潢、音乐、灯光等因素所营造的氛围与餐厅的主题是否一致。前些年，类似"知青村"这样的餐厅兴起时，不仅菜肴让经历过那个年代的人回味无穷，而整体的氛围也带给人很大的冲击，如几乎没有装修，墙上挂着简单的农具、蒜头、玉米和辣椒，墙上还有一些当年印着毛主席像的海报和珍贵的旧报纸，餐厅内用篱笆做隔断，餐桌是普通的方桌，坐的是老百姓家的长条凳，音乐播放的是毛主席语录，服务员是红卫兵的打扮等。这样的餐厅曾经风靡一时，让当年经历过知青年代的人流连忘返。记得多年前，我第一次在北京的某知青饭店吃饭时，一进门就感受到了很大的冲击力，仿佛回到了知青年代，当时获得的感受让我很愿意多掏一些钱。

西餐厅和咖啡厅往往采用舒缓、优雅的音乐，柔和、幽暗的灯光（或者没有灯光，只有蜡烛），高雅的装修风格和舒适的座椅。人们在这样的环境中就餐、喝咖啡的时候，心境很容易与所感知到的环境融合，从而也会使人们感到祥和、宁静。在这样的心境下与客户谈判、与友人叙旧，都会达到满意的沟通效果，甚至可以享受其中，所以尽管价格不菲，客人也愿意为环境和感受买单。我们与客户的很多商业沟通都是在西餐厅或咖啡厅进行的，哪怕是对美味佳肴挑剔而执着的广东人，也会同意选择上述场合进行商业沟通，因为人们在环境里的综合感知会产生沟通上的附加价值。

相反的案例是在一些西式快餐厅，为了加快客人的流转，背景音乐往往节奏感比较强。因为西式快餐厅通常是在租金最贵的地段卖相对比较便宜的产品，它必须依靠数量取胜。它的内部环境也是窗明几净，夏季冷气充足，客人如果只买一杯饮料却长时间地坐在那里慢慢享用，就会影响周转率，进而对商家很不利。可是商家不能对客人不敬，也不能对客人直言：你坐的时间太长了，请离开吧！心理学家做过试验，在快餐店里用节奏明快的音乐做背景，人们会不自觉地加快动作用餐，用餐后也不会久留。

资料来源　陈国海. 感知在体验营销中的作用［J］. 市场营销，2005（7）.

问题：多种感觉叠加，能够起到什么作用？

分析提示：通过多种感官科学合理地搭配，实现优势互补，借以提高顾客的感知效果。

2.1.2　广告的知觉

尽管感觉器官以感觉的形式对商品的个别属性进行直接的反映，然而，在现实中，商品的各个属性并不能脱离具体物体而独立存在，因此，商品的个别属性总是与整个商品结合在一起被反映着。例如，广告或广告节目、商标、包装等，这些刺激物以光、声等形式作用于人的眼、耳等器官，眼、耳等器官便将商品的个别属性的信息传送到大脑，于是便产生了视、听等感觉。但是，这些原始的各种感觉属性是不足以说明实际上形成的那种有意义的和连贯的现实印象的。因为大脑是在经过对来自各个器官的信息进行加工之后，才形成知觉的。由此可见，感觉是对商品个别属性的反映，而知觉则是选择、组织和解释感觉刺激，使之成为一个有意义的和连贯的现实印象的过程。

知觉具有以下特点：

（1）选择性。个体对一些对象知觉，而不对另一些对象知觉，叫作知觉的选择性。决定知觉选择性的机制有三个：知觉的超负荷、选择的感受性和知觉防御。

① 知觉的超负荷。外来商品信息超出消费者在正常情况下所能接受的能力时，一部分刺激就会受到心理上的排斥。1969年，美国广告公司协会与哈佛大学联合进行了一次全国范围内的调查，旨在了解半天内大众实际看到的广告数。结果表明，接受过调查的多数人实际上半天内只注意了11~20则广告，而通常半

天内可能遇到的广告数大约为150个。当消费者考虑是否购买特定商品时，尽管可供选择的商品很多，但是，一般也只在6个或者更少的商标范围内斟酌。由此可见，为了避免知觉的超负荷，知觉自然要进行选择。

② 选择的感受性。消费者对自己认为有价值的对象或自己感兴趣的对象会表现出较高的感受性。例如，小孩子们对玩具要比对服装、化妆品更敏感，而姑娘们则对化妆品更敏感。

③ 知觉防御。消费者表现出对恐惧或感到威胁的刺激倾向于回避或反应缓慢，因此，在广告实践中采用否定的方式说服消费者时，应持谨慎的态度。

（2）整体性。商品具有许多属性，并且由不同部分组成。当商品信息作为刺激物对消费者产生作用的时候，通过消费者的感觉器官，大量离散的感觉信息传至大脑，然后，按照一定的规则将它们组成某个整体。这种把商品信息各个部分有机地结合在一起的特性，称为知觉的整体性。忽视知觉的整体性，可能会使广告产生不良后果。例如，福建生产的一种“葫芦”牌神曲酒，打入中国香港市场后，很受当地人的青睐，知名度高，销路也好。后来，改变了牌号，该产品销量立刻锐减。究其原因自然要归咎于产品牌号的改变，因为这种改变会导致消费者对该产品整体知觉的变化。

（3）解释性。离散的感觉信息被组成一个整体的模式之后，将该模式同过去的经验做比较，进而推得意义，这种从感觉信息组织后的模式中推得意义，就是对刺激的解释，它紧紧地依赖于消费者先前的经验、动机、情绪、态度等因素。例如，一位饥肠辘辘的顾客进入水果店，眼看苹果色泽鲜艳，手触光滑圆润，鼻嗅清香，根据以往的经验，该顾客判断该种苹果汁多味甜，这就是知觉的解释性。

影响知觉的因素很多，主要有刺激大小和强度、色彩、位置、知觉对象受背景的干扰或过去经验的影响等。

【小资料2-2】

错觉营销：利用消费者的心理错觉

错觉营销一直在市场中存在，最常见的就是超市定价的价格错觉，99元与100元只相差1元，却给消费者直觉强烈的差异感。

更高级一点的，有过这样的试验：将顾客分为A、B两组，A组从中、低价位的两种型号的家电中挑选产品，而B组从高、中、低价位的三种型号的家电中挑选。结果表明，B组增加的高价位产品虽然只有13%的顾客购买，却使选择中等价位的顾客增加了17个百分点。因此，许多聪明的商家在产品线中增加高价位产品，并非想通过销售该产品直接获利，而是希望通过其增加中、低价产品的销量。

研究错觉营销在商业企业管理中有非常重要的意义。从简单的价格、颜色、时间等错觉利用到更为高级的系统错觉营销，可开发的领域还有很多。

资料来源　康迪．OPPO，错觉成就另类MP3［EB/OL］．［2006-05-15］．http：//www.globrand.com/2006/48179.shtml．引文有删减。

2.1.3 广告改变态度

微课2-3
广告改变态度

心理学指出，态度是个体对某种对象的稳定的心理倾向。当一个人对某人、某事、某物和某一种思想观点做出评价时，总表现出一定程度的倾向，或喜爱，或厌恶，或肯定，或否定，这种倾向就是态度。态度的特性表明态度有方向和强度。也就是说，态度的肯定与否定作为两个极端，中间会有各种程度。这样，态度可以被看作一个量的连续体。所谓态度的改变，既包括由肯定向否定转变，或由否定向肯定转变，又包括肯定或否定程度上的发展。前者是性质上的改变，后者是程度上的变化。

广告的目的在于说服消费者购买广告传播的产品或服务，而这种说服要想达到目的，必须改变消费者的态度，使其对产品或服务产生积极的态度。因此，广告的策划设计必须与消费者的态度紧密联系起来。这不仅要求广告信息本身与消费者的潜在需求有关，还要求广告信息源有较高的可信度。

在商业活动中，广告是厂家的代言人。广告主必定注重产品的推销。同样，消费者亦希望自己的利益免受损害，他们既期望得到广告信息，又害怕上当受骗。在这种情况下，广告的任何一点偏私的线索，便可使信息源的可信度受损，使消费者的态度发生变化。通常，可以采取以下策略增强广告信息的可信度：

（1）既突出广告产品的特点，也不回避次要特征的不足，即宣传的客观性。例如，美国金龟车的广告是这样的，在广告画面上打出一辆精致漂亮的金龟车，广告语为“该车之所以未获出厂，是因为其车门有一道用肉眼看不见的裂纹”。该广告之所以成功，不仅在于一般地指明该产品的不足，而且很巧妙地从该产品的不足上暗示了它的高标准，令人信服。又如，劳力士表的广告语为，“敬请消费者注意，该表一天快24秒”。尽管该广告指明了产品的缺点，但依然有很多消费者购买，原因在于其广告的真实性。

（2）实际表演或操作。当消费者接触到新产品或不熟悉的产品时，总会有所疑惑。解除疑惑的一个有效途径就是，给予实际的表演或亲自尝试。例如，一则关于电动剃须刀的电视广告，针对消费者对此产品的适用性和安全性的怀疑心理，在电视上播映几位满脸胡子的人，一边谈笑风生，一边用电动剃须刀刮去胡子的镜头。当观众看到他们不一会胡子刮得精光，个个显得年轻英俊，但皮肤丝毫无损时，疑虑打消了，电动剃须刀成了受欢迎的产品。

（3）科学鉴定的结果和专家、学者的评价。行为科学的知识阐明，当消费者对某种产品缺乏了解时，容易受他人影响，而此时心目中的权威是最具有影响力的。因此，借助于专家、学者的评价和科学鉴定结果都能提高可信度。例如，许多药物牙膏正是通过临床效果和牙科医生的谈话做广告宣传的，这也叫作“威望效应”。

（4）消费者的现身说法。由普通消费者介绍自己使用某种产品的切身感受，接近于民间的口传信息，使人听后倍感亲切，并减少了广告给人以强加的印象，此即“同体效应”。例如，由康复患者介绍使用某药物治病的实例，便很容易被同病患者认可。

以上各种提高可信度的做法归根到底，是广告信息与实际使用价值的一致性，该一致性越高，可信度越高，反之亦然。信任不仅反映在对客体的积极评价上，还反映在积极的行动上，所以，可信度具有重要意义。

2.1.4 广告给消费者以积极的情感体验

情感作用的直接效果是，有助于减少或消除广告的强加印象，抑制逆反心理的产生。例如，海尔冰箱的零烦恼广告："凡购买海尔冰箱，我厂保修保换，努力使客户处于零烦恼状态。"其良好的售后服务，殷殷体贴之情，令消费者感到可亲可信。

【同步案例2-2】

以情感人的巧克力广告

学习微平台

微课2-4
以情感人的巧克力广告

背景与情境：一位老人坐在沙发里，顺手掰下一小块巧克力放进嘴里，望向窗边的钢琴，一位优雅的白发女士正弹着美妙的曲子。镜头一转，老人恍惚回到了年轻的时候，与妻子相识相遇相爱的点滴一幕幕闪过；从青年到暮年，一个个美好的瞬间，回味无穷。

而现实是，老人的妻子已经去世，钢琴边并没有人，这是思念让老人产生的错觉。失望浮现在老人的脸上，眼神落寞，继而哑然一笑，将巧克力送进嘴里。钢琴声再次响起，Fazen公司的字幕出现。

如果没有结尾的字幕，这简直就是一段唯美的爱情电影片段。芬兰Fazen公司的巧克力有百年历史，广告也是走长情感人的路线。老人的思妻之情就像巧克力的浓郁和甜蜜，直击观众内心最柔软之处，堪称广告佳作。

资料来源　作者根据相关视频广告编写。

问题：情感广告为什么能够打动人？

分析提示：亲情、友情、爱情，对于人们来说，一个都不能少。人非草木，孰能无情，情感在我们的生活中是不可或缺的，情感广告是情感营销中的一个重要手段。情感营销，是在产品相对成熟的阶段，在品牌的核心层注入情感，增强品牌核心文化中的情感因素，并在产品的营销过程当中，通过释放品牌的核心情感能量，辅以产品的功能及概念诉求，打动消费者。通俗地说，就是"以情动人"。

【同步链接2-1】

以情感人、以德润心——社会主义精神文明下的公益广告

党的二十大报告指出：深入开展社会主义核心价值观宣传教育，深化爱国主义、集体主义、社会主义教育，着力培养担当民族复兴大任的时代新人。提高全社会文明程度，实施公民道德建设工程，弘扬中华传统美德，加强家庭家教家风建设，推动明大德、守公德、严私德，提高人民道德水准和文明素养，在全社会弘扬劳动精神、奋斗精神、奉献精神、创造精神、勤俭节约精神。随着经济社会的快速发展，大众的精神文明素质逐渐提高。公益活动这种现象在大众的生活中出现得越来越多。有识之士的品牌也开始推出自己的公益广告。公益广告中的情感一定要与目标受众的情感需求和价值观相符合，公益广告里面的理念和想法也一定要凸显或者放大，这样才能引起受众的共振。公益广告的受众对广告不仅要求有艺术性和娱乐性，而且还希望被告知正向的理念，因此好的公益广告既要满足受众精神层面的审美需要也要浸润社会主义核心价值观，只有这样才能达到公益广告的最终目的。

资料来源 新郑检察．习近平在作党的二十大报告时指出——推进文化自信自强，铸就社会主义文化新辉煌［EB/OL］．［2022-11-07］．https：//mp.weixin.qq.com/s？__biz=MzAwNjQzMDM2OQ== &mid=2650120589&idx=2&sn=e8dc5c51d1befa1714648754e914188c&chksm=830c8a43b47b035539859934220e9f0139bcdab92e9eeafa072aceed7eabca599b86bdd05da4&scene=27. 引文经删节。

【课程思政 2-1】

用二十大精神推动旅行社经营模式和发展方式的转型升级

背景与情境：党的二十大报告极大地鼓舞了旅游从业人员的信心，报告提出“推进文化和旅游深度融合发展”，为旅行社产品创新提供了指引。福建省福州市某旅行社总经理表示，将深入贯彻党的二十大精神，坚持“专业温馨服务，开拓文旅新价值”的企业使命，加快推动旅行社经营模式和发展方式的转型升级，在做好存量、传统业务的同时，积极拓展新业务。其中，国内旅游将结合众多主题活动，重点发展地接和周边游，发力研学、团建、康养、培训、会议及定制小包团等。同时，立足福建自身丰厚的文化资源，促进文化和旅游深度融合高质量发展，加快从“卖产品”向“卖文化”转型，保持对游客的吸引力，满足人民群众日益增长的精神文化需求。

资料来源 徐晓．共同奋斗创造美好生活推动旅行社转型升级［EB/OL］．［2022-11-18］．http：//www.ctnews.com.cn/paper/att/202211/18/79f5e052-1cd5-4c68-87bf-97307401f130.pdf.

问题：如何理解本案例中二十大报告的相关提法？

研判提示：文化是旅游的灵魂，旅游是文化的载体，推动文化与旅游融合发展，对促进旅游业转型升级，实现文化传承创新具有重要意义。

2.2 广告注意力

任何一位广告主都渴望消费者注意他们的广告，但是，在他们精心制作的广告中，有的如愿以偿，有的则被一眼扫过，没留下任何印象。为什么会出现这样的情形？怎样才能使广告吸引消费者的注意？本节正是围绕这些问题展开讨论的。

学习微平台

广告注意力

2.2.1 对消费者的广告刺激

美国著名广告专家雷蒙德（Raymond A）等进行过一项研究，他们让被测试者手握计数器，每看到或听到一则广告时按压一下计数器。计数器的结果显示：一个工作日中，成人被测试者按下的平均数只有76次。其中尽管可能会有遗漏，但它表明，在众多可能展示在消费者面前的广告中，能被注意到的仅仅是其中的一小部分。

心理学早已阐明，生活在客观世界中的有机体会面临着各种各样的刺激，有的来自外部，有的来自内部。可是，在特定的时刻，人们所感受到的只是引起他注意的那些少数对象。

一种被称为过滤器的注意理论认为，有机体有着许多彼此分离着的神经渠道，它们对于外界来的各种各样的刺激进行着筛选，即把无关紧要的信息过滤掉（或堵塞住），以免大脑负担过重。因为，大脑的信息加工容量是有限的。这种理论的要点就是把注意看成一种信息的过滤器。

20世纪初，刘易斯（Lewis）就注意到了消费者接受广告的心路历程，并把它描述为“注意→兴趣→欲望→行动”，即AIDA。后来，人们加进了记忆，称为AIDMA（如图2-1所示）。

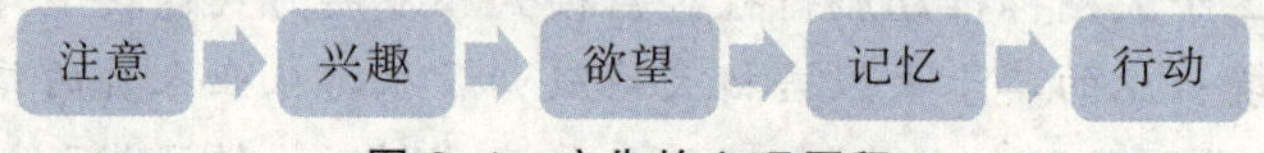

图 2-1　广告的心理历程

诚然，这个程序存在着把消费者视为被动的反应生物的倾向，因而受到批评。但是，这一简明的表述仍在一定程度上反映了规律，而被人们引用。在该程序中，引起注意被指明为消费者接受广告的开端，受到人们的重视。在一项关于广告作品的评价标准研究中已经揭示，吸引力是消费者对广告作品好坏评价的一个重要因素，不管对报纸广告，还是对电视广告都如此。然而，由此是否可以认为广告的第一目的在于尽可能多地引起消费者注意呢？回答是否定的。如果把引起注意作为广告的第一目的的话，将不可避免地给广告实践带来危害。例如，为了追求广告的吸引力，色情手法被滥用于与之无关的产品广告中。有一种日本制造的录音机包装盒，其上印着两位裸体姑娘。试想，吸引消费者购买这样高档的商品，怎能依赖与商品功能信息无关的线索？在这里性感所产生的吸引力，难道不正是转移了对广告信息本身的注意吗？因此，引起注意只能是广告成功的手段，而不是目的。

2.2.2　与广告策略有关的刺激因素

刺激因素涉及刺激的许多维度，这里仅限于与广告策略关系密切的维度，如大小与强度、新颖性、变化与活动、颜色、位置、形状等。

1）大小与强度

心理学阐明，刺激要引起反应必须要达到一定的强度，而且在一定的强度范围内，强度增加，反应也随之增加。广告的强度可表现为多方面：大标题、响亮的广播声、大屏幕显示等。为了增强广告的效果，一种惯用的策略就是采用大尺寸广告。

在一项对刊物不同篇幅大小的广告效果进行的对照实验中发现，半页大小的刊物广告被注意程度平均分数是13.3分，而全页的刊物广告被注意程度平均分数是25.9分。另一些调查还发现，占两页版面大小的广告，常常比占一页版面大小的广告更受注意，尽管差异不大。

增大尺寸可以达到增加刺激强度的目的。但是，除目标刺激以外，被注意程度还受背景刺激的影响。与此紧密联系的对比因素是很有意义的。所谓对比，指的是对象与背景存在差异。任何能使广告对象突出的做法，都含有对比的因素和作用。

2）新颖性

出人意料的、不平常的刺激特性，都会有不同程度的新颖性。这意味着创新对广告被注意的程度是具有基本意义的。创新的作用不仅仅在于捕捉消费者的注意力，让他们从其他对象上转移到该广告上来，而且还能促使注意力对广告信息的进一步加工。为此，一些广告设计试图通过广告信息的情节化来实现这一目标。比如，日本的一则电视广告在一场激烈的枪战画面中，出现一辆"SENTAYA"牌小汽车夺路而去，突然几个狙击手迎面挡住了去路，并手持冲锋枪向汽车射击，面临枪林弹雨，这辆汽车安然无恙奔驰而去。该广告说明这种车采用了防弹玻璃、无充气轮胎，使之成为世界上最安全的汽车。这则广告使观看者的注意力始终集中指向广告信息，有力地感知到该汽车安全的特点。

新颖性是与人的好奇心密切联系的。利用好奇心所制作的广告是极容易引起注意的。例如，泰国首都曼谷有家饭店，门前斜摆着一只巨型酒桶，上面写着四个醒目的大字——不可偷看。酒桶里写的是："敝店美酒与众不同，请享用！"许多过路行人好奇地将头伸进酒桶，在一股清醇芳香的酒味中，自觉地接受了该广告。所谓悬念手法引起的"是什么"反射，同样依赖于好奇心。

3）刺激物的变化与活动

大量的生活经验表明，动的或变化着的物体是容易引起注意的。人们普遍相信，动画片引起注意的效果胜过幻灯片，变化着的霓虹灯更易引起人们的探究行为。

当人们注视一个对象的时候，眼睛总是不断地进行着细微的不随意运动。如果使用某种装置将刺激物，比如一条黑线，始终作用于视网膜的同一部位上，那么，观看者开始还可以清楚地看到黑线，可是几秒钟之后，黑线就从视线中消失了，即便继续看下去，黑线再也不会出现。在这种情况下，改用慢速闪光呈现上述的黑线刺激，已经看不见的黑线，又会再度在视线中出现，可见，变化能显示出信息。从这一特性可想到相应的广告策略，比如，播音员播广告，表现出抑扬顿挫就是最常用的手法之一。

4）颜色

当今，在印刷广告中着色已屡见不鲜，而着色对读者的吸引力有多大呢？有人对一本杂志中的广告资料进行比较分析发现，黑色与单色结合的广告的阅读人数比黑白广告的阅读人数高出1%，而四色广告的阅读人数比黑白广告的阅读人数则高出54%。当色彩和尺寸相结合时，半页的彩色广告明显优于半页的黑白广告，而一页大的广告，它们所显示的差异比小广告的差异就小得多。这也许是因为大广告本身已足以产生强烈的吸引力。

值得说明的是，在黑色与单色结合的广告中，单色的用法会有不同的心理意义。每当大喜之日，如元旦、春节，许多餐馆、商场会以套红刊出酬谢、优惠的启示。这里，广告套红可以引起消费者喜悦的情感体验，因为红色与喜庆和吉利，在人们的心目中早已形成了稳定的联想。在一般的场合下，单色的用法犹如画龙点睛。比如，有一幅获最佳杂志广告金像奖的海苔推广片，画面上有一只大海虾，身上露出一小块虾肉原色（红色），令人注目。这里，着色极易捕捉消费者的注意力，进而加强了“自然、健康、营养”等广告词的感染力。

【小资料2-3】

色彩营销

美国人亨利的餐馆设在闹市，服务也热情周到，价格便宜，可是前来用餐的人却很少，生意一直不佳。一天，亨利去请教一位心理学家，那人来餐馆观察了一遍，建议亨利将室内墙壁的红色改成绿色，把白色餐桌改为红色。果然，前来吃饭的人数大增，生意兴隆起来了。亨利向那位心理学家请教改变色彩的秘密，心理学家解释说：“红色使人激动、烦躁，顾客进店后感到心里不安，哪里还想吃饭；而绿色却使人感到安定、宁静。”亨利忙问：“那把餐桌也涂成绿色不更好吗?”心理学家说：“那样，顾客进来就不愿离开了，占着桌子，会影响别人吃饭；而红色的桌子会促使顾客快吃快走。”色彩变化的结果，使饭店里的顾客周转快，从而使食物卖得多，利润猛增。这就是20世纪80年代出现的“色彩营销”。

所谓色彩营销，就是指在了解和分析消费者心理的基础上，按照消费习惯，确定商品定位，然后给产品本身、产品包装、人员服饰、环境设置、店面装饰一直到购物袋等配以恰当的色彩，使商品高情感化，成为与消费者沟通的桥梁，实现“人心－色彩－商品”的统一，将商品的思想传达给消费者，提高营销的效率，并减少营销成本。

美国营销界总结出“7秒定律”，即消费者会在7秒内决定是否有购买商品的意愿。商品留给消费者的第一印象可能引发消费者对商品的兴趣，进而希望在功能、质量等其他方面对商品有进一步的了解。如果企业对商品的视觉设计敷衍了事，失去的不仅仅是一份关注，更是一次商机。而在这短短的7秒内，色彩因素的影响占67%。

“色彩理论”为世界上每一个人、每一个企业甚至成功的品牌，带来了全方位的超强效果。很多商家抓住商机，运用色彩理论进行产品营销，成功者数不胜数。国外从20世纪80年代就开始实施“色彩营销战略”了，现已广泛采用。近年来，中国的企业也越来越重视色彩在产品营销中的作用。

现在，色彩营销的应用越来越广泛，在多个方面实现了突破，已广泛运用到商品橱窗设计、商品陈列设计、产品及包装设计、企业品牌形象、广告宣传、城市色彩规划等方面。

色彩营销不仅在企业营销组合策略中起着重要的作用，为商业创造巨大的市场价值，而且在非营利组织中也得到了良好的发展，如政府的城市规划设计、城市美容、社会团体的公益性广告宣传等。

总之，随着色彩营销理论的发展与传播，色彩策略在营销活动中的运用越来越频繁，并将逐渐成为企业在激烈的市场竞争中获得竞争优势的一个重要手段。

资料来源 佚名. 色彩营销［EB/OL］.［2015-08-27］. http://baike.sogou.com/v366246.htm. 引文有删减。

5）位置

位置反映了刺激的空间特性。不同的位置可能产生不同的注意效果。生理学研究表明，在观看中，第一眼所看到的字母，最多集中在左方，然后是上方，最少是右方。左上方易于被观察者注意到，这一结果对于广告画面的安排是具有指导意义的。

6）形状

一般认为，高度超过宽度的广告要比宽度超过高度的广告更容易引人注意。

2.3 广告的记忆、联想

要使广告达到效果需要两个先决条件：第一，一个人必须能够接触到它，并加以注意。第二，广告受众按广告的意图理解并记忆。这也是广告的基本任务，即有效地说服消费者购买，但首先是要让消费者快速、准确地接受和记住特定的商品信息。消费者从广告中获得有关商品的必要信息到购买行为的发生，或长或短要有一段时间。因此，广告不仅要力求一目了然，还要做到让广告受众“过目不忘”乃至产生“由此及彼”的联想。

2.3.1 广告的记忆

记忆在消费者的心理活动中起着极其重要的作用。实际上，它不仅发展、深化了认识过程，而且把认识过程与情感过程联系起来，因此，它在市场营销，尤其是广告策划、设计方面有着广泛的应用。

1）记忆系统

现代认知心理学把记忆系统看成由感觉记忆、短时记忆和长时记忆所组成的系统。消费者接受任何外界的信息都必须通过感觉的和短时的记忆系统，最后存储在长时记忆中。但是，在每一个进程上，信息都可能会被遗忘。表2-1归纳了每一个进程的主要特征。

表2-1 **记忆系统特征概述**

记忆系统	保持时间	容 量	编码类型	遗忘的主要机制
感觉记忆	短于1秒钟	所有感官都能传送	类似于实际的直接表现	衰减
短时记忆	短于1分钟	大约7个项目	间接表现——组块	衰减
长时记忆	直至许多年	几乎不限	间接表现——意义化聚类	干扰

2）短时记忆量的研究

人类视觉系统作为传播系统的一个渠道，在特定的时间内，分析和传递信息比大脑接受和记忆的要多得多。因此，在这样的传播系统中，系统所能经受的强度在很大程度上取决于大脑的接受和存储能力。那么在短暂的时间里，大脑到底能够接受多少信息呢？米勒（G.A.Miller）的实验研究表明，短时记忆的容量大约为7±2个。意思是在短暂呈现的条件下，大脑能接受的数量至少5个，至多9个，平均为7个。也就是说，当刺激的数目超过7个时，大脑短时所接受的量一般是7个。

还有资料说，广告标题不多于6个字时，读者的回忆率为34%，多于6个字时，则只有13%。短时记忆的具体数可能会因具体情况而不同，但是有一点可以肯定，即消费者在较短时间内接收的信息是极为有限的。彼得森（Peterson）的研究还证明，短时记忆保持的时间也是很有限的。

3）广告策略与记忆

（1）利用直观的、形象的信息传递，增强消费者对事物整体印象的记忆。由于直观的、整体形象的东西比抽象的、局部的东西容易记忆，因此在广告中，有意识地采用实物直观和模拟直观，以及语言直观进行信息的表达，不仅可以强烈地吸引消费者的注意，还可以提高记忆效果。例如，可口可乐公司在各地做的立体广告，利用各种途径展示商品的实物照片、使用动作等，都可以使消费者对有关信息留下深刻的印象。

（2）利用简短易懂的词语高度概括广告内容。由于消费者在较短时间内接受的信息量有限，因此利用简短易懂的词语高度概括广告内容，能够提高信息接受和记忆的效率。因此，那些闻之清新、览之了然的易记广告，经常能使消费者的大脑皮层处于兴奋状态，如日本丰田公司“车到山前必有路，有路必有丰田车”的广告词，不仅信息量少，便于记忆，而且形象地突出了丰田车的卓越性能。又如，“没有最好，只有更好，青岛澳柯玛”的冰柜广告也是为消费者广为传颂的佳作。还有的广告被谱成了歌曲，影响深远，达到了家喻户晓的地步。这不仅是由于音乐的介入丰富了广告的精神内容，而且还有一个不可忽视的因素，即广告歌曲往往是容易记忆、容易使人心领神会的歌曲。同样，广告主采用波浪式反复宣传广告的方法，其主要作用也是为了保持消费者对广告形象的记忆。

（3）利用信息的适度重复和变化，加强与巩固神经联系的痕迹。由于消费者对广告信息的初次接受，留在大脑的痕迹不深，很容易忘掉，因此，在广告宣传中，有意识地采取重复的方法，反复刺激消费者的视觉、听觉，加深印象，延长储存时间，是广告主惯用的心理方法。所以电视广告、广播广告等都在一定时间内多次重复，以便使消费者记住。

2.3.2 广告与联想

联想在消费者的心理活动中也占有重要的位置，因此，在市场营销活动中，尤其是广告的策划设计方面，也必须考虑联想的作用。

1）联想与联想律

（1）联想。人所处的环境是由无数客观事物构成的客观世界，而客观事物之间又是相互联系着的，事物之间的不同联系反映在人脑中，就会形成心理现象的联系。这种由一种事物的经验想起另一种事物的经验，或由想起的一种事物的经验，又想起另一种事物的经验，就是联想。

巴甫洛夫的条件反射说认为，联想是神经中已经形成的暂时联系的复活。“暂时神经联系乃是动物界和人类本身最一般的生理现象，而且它同时又是心理学者称为联想的心理现象……这两者完全是融合一片、彼此互为吸收的，并完全是同一种东西。”因此，人们也把条件反射的建立说成是联想的形成。

（2）联想律。古希腊的亚里士多德认为，一种观念的发生必然伴以另一种与它接近的或类似的或相反的观念的发生。这种在空间上或时间上的接近、对比和类似的观念的联系，被称为三大联想律，即接近律、对比律和类似律（见表2-2）。

表2-2 **三大联想律**

联想律	释 义	举 例
接近律	指在时间或空间上接近的事物容易引起联想	如火柴与香烟
对比律	指在性质或特点上相反的事物容易引起联想	如白天与黑夜
类似律	指在形貌和内涵上相似的事物容易引起联想	如鸡与鸭孵蛋

在三大联想律的基础上，后人又补充了因果律，成为现在人们所称的四大联想律。所谓因果律是指在逻辑上有着因果关系的事物容易引起联想，如下雨与潮湿。

2）联想在广告中的作用

广告媒体或者以版面空间来表现出它们的区别，或者以时间来表现出它们的区别。然而，不论空间还是时间，给广告的限制都是明显的。印刷广告受篇幅的限制，电视和广播广告受播放时间的限制。可是，另一方面，广告信息却触及古今中外，应有尽有。因此，必须利用联想律，使广告的时间和空间在心理上得以扩大与延伸。所以，联想律对广告设计是非常重要的。

3）联想律在广告设计中的应用

（1）联想律在广告中的应用。在广告设计中，一个基本事实是，广告主题需通过语言文字和图形表达才能成为可视、可听和可读的广告作品，联想在广告设计中的应用，主要通过语言文字和图形来实现。

现代广告中，人们很容易发现四大联想律的应用。例如，每到节日到来之前，无论是西方国家的圣诞节，还是中国的春节，围绕着过节这一主题的广告明显增多，这是应用接近律的典型示例。实际上，任何产品都可能同一定的对象在时间、空间上有联系。

为了充分说明特定商品给人们带来的效用或好处，商品广告常使用对比的手法。例如，搬运机械广告会以人力搬运的艰难作对比。又如，黑人牙膏的取名以及用黑人口中的洁白牙齿作为广告形象，也是对比律的一个具体应用。

因果律最常应用的场合是药物、补品一类的商品广告。这些商品通常与身体健壮、绩效高相联系。

至于类似律的应用就更广泛了。啤酒取名为北冰洋，意指与冰冷的特性类似，夏天喝起来清凉爽口。值得提起的是利用音乐或音响的联想。在广播广告中，人们已经注意到这种声喻法所引起的联想效果。例如，李斯特的名曲《匈牙利狂想曲》的第一号序曲，它的大提琴的沉重旋律被用来对胃部沉重、食欲不振、身体衰弱产生联想，也就是说，应用沉重的音乐唤起收听者对胃下垂沉重痛苦的联想，从而衬托出胃下垂药的广告。

（2）广告设计运用联想律的制约因素。心理学研究表明，一个事物可能引起多种联想，首先引起什么联想，是由联想的强度和人的定向兴趣两方面的因素决定的。理解制约联想的因素，对于广告设计运用联想律具有重要意义。例如，有一则电视广告，想把传达某种牌号的电池作为其主要的信息，该广告的创意是借助猫与老鼠的电动玩具来衬托特定电池的动力作用，很明显，其用意是指望通过逻辑关系，使观看者产生联想，即电动玩具的动力是来自特定牌号的电池。但是，许多观看者对该广告的兴趣却集中在电动玩具本身。其原因很容易分析，猫与老鼠的接近联想强度，远大于所期望的逻辑或因果联想强度。这样，强的联想效果掩盖了弱的联想效果，而使广告失效。如果该广告的主要内容是指向电动玩具，而不是电池，那么，它也许就成了一则成功的广告了。由此可见，在广告设计时，需要认真考虑更适用的联想律。

此外，在广告设计中运用联想思维的突破应建立在广告的法律法规约束下，这是联想律设计基础。

学习微平台

微课2-5
广告设计运用联想律的制约因素

定向兴趣受年龄、职业、文化程度等因素的制约，因而，同一事物所引起的联想就有所不同。例如，关于不同年龄的联想差异，一般来说，儿童的联想大多是身边的具体东西，即时间和空间上更接近的东西，而成人的联想还能以抽象的观念表现出来。例如，白色，儿童可能倾向于联想雪、白糖，而成人却联想到纯洁、神圣等品质，即内涵、性质上类似。在对比联想上，成人也比儿童表现得更容易。比如，形容词“深的”，成人多回答“浅的”，可儿童则容易回答“洞”。

联想的职业差别也是明显的。例如，对于大学教授，说起梅花，容易想起梅花的清香以及坚强不屈的品格，可对于一些商人来说，梅花的“梅”字与倒霉的“霉”同音，因而将其视为不吉利。在广告中，联想律的应用显然不能忽视各行各业、不同文化、不同年龄的特点，包括禁忌语与禁忌形象。

【教学互动2-1】

主题：广告与消费者心理。

背景：电影《大腕》里有一句经典台词，一个精神病人说房子一平方米卖上万美元，是“不求最好，但求最贵”。

问题：这种广告是利用了消费者什么心理？你赞成吗？为什么？

要求：同“教学互动1-1”的“要求”。

■ 本章概要

□ 内容提要

•广告直接影响受众的心理活动而发挥的积极作用：唤起消费者的潜在需要，使其产生购买愿望，进而激发其购买动机；提供信息，进一步指向具体的购买物品或劳务；确认广告的商标，以便选择特定商标的产品。一句话，广告加强了人们的记忆，带给人们感觉和知觉，改善品牌态度，并诱发购买行为。

•广告感觉是对广告及其商品个别属性的反映，是消费者认识商品的起点。知觉是选择、组织和解释感觉刺激，使之成为一个有意义和连贯的现实印象的过程。知觉具有选择性、整体性和解释性的特点。影响知觉的因素有刺激及刺激的强度、色彩、位置等，知觉对象受背景的干扰或过去经验等的影响也会引起对客观事物的错误知觉。态度是个体对某种对象的稳定的心理倾向。态度改变的两种形式是质的改变和程度的改变。广告信息本身必定与消费者的潜在需求有关；广告信息源有较高的可信度；广告给消费者以积极的情感体验。

•引起注意只是广告成功的手段，而不是目的。与广告策略关系密切的刺激因素涉及刺激的大小与强度、新颖性、颜色、位置、变化与活动、形状等。

•记忆系统是由感觉记忆、短时记忆和长时记忆所组成的。消费者接受任何外界的信息都必须通过感觉和短时的记忆系统，最后存储在长时记忆中。广告策划设计中可以利用直观的、形象的信息传递，增强消费者对事物整体印象的记忆；利用简短、易懂的词语高度概括广告内容；利用信息的适度重复与变化，加强与巩固神经联系的痕迹。由一种事物的经验想起另一种事物的经验，或由想起的一种事物的经验，又想起另一种事物的经验，这就是联想。在空间上或时间上的接近、对比和类似观念的联系，被称为三大联想律，即接近律、对比律和类似律，加上因果律被称为四大联想律。可以应用联想律，使广告的时间和空间在心理上得以扩大与延伸。

□ 主要概念和观念

▲ 主要概念

感觉　态度

▲ 主要观念

联想律　短时记忆　长时记忆　情感营销

□ 重点实务

广告对受众心理的积极作用　联想在广告中的作用

■ 基本训练

□ 知识训练

▲ 判断题

（1）感觉是对事物整体形象的反映。（　）

（2）感觉是对事物个别属性的反映，知觉是对事物整体形象的反映。（　）

（3）报纸上的广告上边的比下边的、右边的比左边的易于引起消费者注意。（　　）

（4）态度的改变有质的改变和程度的改变两种形式。（　　）

（5）突出广告产品的特点，也不回避次要特征的不足，能够增强广告信息的可信度。（　　）

▲ 选择题

（1）个体对一些对象知觉，而不对另一些对象知觉，叫作知觉的（　　）。

A.整体性　B.选择性　C.解释性　D.储存性

（2）通常是洪亮的声音、鲜明的色彩比细微的声音、暗淡的色彩易于引起人们的（　　）。

A.反感　B.喜欢　C.注意　D.不满

（3）决定知觉选择性的机制有三个，即（　　）。

A.知觉的超负荷　B.选择的感受性　C.知觉防御

D.知觉解释　E.知觉储存

（4）影响知觉的因素有（　　）。

A.刺激大小　B.刺激的强度　C.色彩

D.位置　E.知觉对象受背景的干扰或过去经验的影响

（5）四大联想律是（　　）。

A.接近律　B.对比律　C.类似律

D.因果律　E.排中律

（6）知觉的特点有（　　）。

A.选择性　B.整体性　C.解释性

D.储存性　E.记忆性

（7）（　　）能够增强消费者对广告内容的记忆。

A.直观形象的信息　B.音量大　C.简短易懂的词语

D.鲜艳的颜色　E.信息的重复和变化

▲ 讨论题

如何理解广告的注意、记忆、联想和态度？请就这几个方面，对某个经典广告进行全面的分析。

□ 能力训练

▲ 案例分析

【训练项目】

案例分析-II。

【相关案例】

雕牌除菌洗衣液，释放宝宝的天性

背景与情境：各品牌洗衣液都在宣传可高效除菌，雕牌除菌洗衣液如何宣传才能说服消费者选择呢？

首先，选择一位大众好感度高的代言人。李小鹏是前体操世界冠军，参加综艺节目时树立的好爸爸形象为他积累了较高人气，加上二胎宝宝的话题，使得整个广告更具有关注度。

此外，雕牌除菌洗衣液广告延续了雕牌一直秉持的亲情理念，使人既惊喜，又在意料之中。

整个文案生动又生活化，从小姐姐告状切入："爸爸，弟弟又咬你的衣服了，真不讲卫生。"爸爸的回答中代入产品特点："没关系，我们家有雕牌除菌洗衣液，可以去除99.9%的细菌。"之后的一句"细菌不可怕，压抑宝宝的天性才可怕"更是让消费者联想到孩子的成长，除菌原来和释放孩子天性相关。

资料来源　作者根据相关视频广告编写.

问题：

（1）这则广告从哪些角度和内容引起消费者注意？又是如何加深消费者的记忆与引起联想的？

（2）你能运用消费者心理学的相关知识，丰富这则广告的设计吗？

【训练要求】

同第1章"基本训练"中本题型的"训练要求"。

▲ 实训操练

【训练项目】

根据广告心理学中注意、记忆、联想、态度等理论，为本校校园微信平台的宣传推广进行广告创意方案的设计。

【训练步骤】

（1）将班级学生分成若干团队，每个团队确定一人负责。

（2）各团队学生结合操练项目进行方案设计板块的分工。

（3）各团队学生以本章"广告心理"实务教学内容为依据进入角色，体验本项目模拟实训的全过程。

（4）各团队学生记录本次模拟实训的情境与步骤，总结实训操练的成功经验、存在的问题及解决的办法，在此基础上撰写《"校园微信平台广告创意方案设计"实训报告》。

（5）在班级讨论交流、相互点评与修订各团队的《"校园微信平台广告创意方案设计"实训报告》。

（6）在校园网的本课程平台上展出经过修订并附有教师点评的各团队《"校园微信平台广告创意方案设计"实训报告》，供学生相互借鉴。

□ 课程思政

【训练项目】

课程思政-II。

【相关案例】

会议销售的广告真假难辨？

背景与情境：20世纪90年代出现的会议销售，源自保健品的推销，原指通过寻找特定顾客，通过亲情服务和产品说明会的方式销售产品的销售方式。会议销售的实质是直销，是对目标顾客的锁定和开发，对顾客全方位输出企业形象和产品知识，以专家顾问的身份对有意向的顾客进行关怀和隐藏式销售。

但经过20多年的演变，很多会议销售变了味。销售的产品也不仅限于保健品，还涉足金融产品、健康产品、旅游产品等。会议营销的重点是寻找特定顾客，但吸引顾客从室外进入室内，则靠广告。分析其广告不难发现，很多会议销售都打着“免费听讲座，还送礼品”“保本高收益”等幌子吸人眼球，用“健康”“保健”“增值快”等名目，吸引人进入会场。尤其是老年人群，更是非法会议销售的必争之地。

根据第七次全国人口普查的数据，截至2020年年底，我国60岁及以上老年人口已达2.6亿人，占总人口的18.7%。随着经济的快速发展，一部分老年人拥有较为充足的退休金，但因子女少，且工作忙，对老年人的照顾往往不周或不及时。一些不法之徒就利用老年人孤独的心理，打假广告，靠施以小恩小惠、骗取信任后，怂恿老人购买大量非正规产品，甚至假货，或拉入金融骗局等，从中牟利，完全背离了会议销售的初衷。

资料来源　作者根据资料编写.

问题：

（1）本案例中存在思政问题吗？

（2）试对上述问题做出你的思政研判。

（3）通过网上或图书馆调研等途径收集你做思政研判所依据的规范或标准。

（4）本案例对消费者的启示有哪些？

【训练要求】

同第1章“基本训练”中本题型的“训练要求”。

第3章 广告战略与广告策略

◆ 学习目标

通过本章学习，应该达到以下目标：

职业知识： 学习和把握广告战略与广告策略的定义，广告战略目标的意义；广告战略决策的内容和常用的广告策略等理论与实务知识；能用其指导或规范本章认知活动和技能活动，正确解答“基本训练”中“知识训练”各题型的问题。

职业能力： 运用本章知识研究相关案例，培养在特定业务情境中分析问题与决策设计的能力；通过搜集、整理与综合“广告战略与广告策略”的前沿知识，撰写、讨论与交流《“广告战略与广告策略”最新文献综述》，培养“广告战略与广告策略”“自主学习”的通用能力。

学习微平台

思维导图3-1

课程思政： 结合本章教学内容，依照“课程思政”的要求或标准，对相关案例中的企业及其从业人员行为进行思政研判，培养高尚的道德情操，树立社会主义核心价值观。

【引例】

康王建立品牌公益IP

背景与情境：作为药类洗发水品牌，康王的广告战略很难有所突破。一方面，要区别于普通洗发水品牌中的去屑产品，另一方面，药类产品广告还需要接受更严格的审核。

康王注意到，我国每年约产生2亿吨城市生活垃圾，并且这一数量仍在逐年上升。塑料杯、塑料袋、一次性塑料餐具、烟头，还有因为疫情产生的大量废弃口罩等，这些白色垃圾降解年限长，对环境危害大，就像地球的头屑，不知不觉中影响着每个人的生活。

"可以为消费者去屑，为什么不能给地球去屑？"康王开始将产品致力于解决消费者头皮的健康问题，与地球"头皮"健康问题联系起来，帮助地球清除如头屑般的白色垃圾，为人类生活环境的健康尽一份力。既匹配产品功能和品牌形象，又具有积极的意义。

2021年，康王品牌开始建立品牌公益IP，联合一个致力于关注户外失控垃圾的公益组织"捡拾中国"，并联动全国六大连锁品牌药房，共同发起"'告白'地球，为地球去'屑'，城市捡跑英雄赛"公益行动。

此次活动，历经两个月，在重庆、北京、济南、深圳、上海、长沙等6个城市成功开展。借助媒体报道、KA药房覆盖、明星主播传播及KOL影响力，实现多平台联动、全链路转化，传播效果极佳。不仅康王品牌自身收获大量曝光，也加深了与连锁药房的合作关系，实现了1+1>2的效果。

康王还将这一活动建设成品牌公益IP，在未来几年逐步升级，力争影响更广泛的群体，在受众的心目中打造一个具有社会责任感与情感附加值的品牌。

3.1 广告战略策划

广告战略是广告发布者从全局出发制定的广告活动的总方针和总体部署。它是以战略的眼光为企业的长远利益考虑，为产品的市场开拓着想。研究广告战略的目的是提高广告的宣传效果，使企业以最低的广告费用达到最好的营销目标。在当今市场经济条件下，任何一个企业、一种产品要在市场上立足，或为了战胜竞争对手以求得发展，几乎都需要正确地运用广告战略。广告战略涉及的问题很多，但是最主要的内容是广告目标的确定和具体策略的选择。

【小资料3-1】

谋略、战略与广告战略策划

谋略来源于中华民族的文化传统和思维方式。古代谋略思想具有浓厚的经验直观性，多是古人实践经验的总结，其表达方式十分简洁，常常是言简意赅，一字千金，但缺少系统的理论阐述，谋略形成的随意性较大，常受谋略者自身素质、经验和性格认识的影响。现代战略是在古代谋略的基础上，借助现代信息论、控制论、系统论、心理学、管理学、行为学等一系列新的科学决策理论来构建自己的理论体系，极大地丰富了谋略思想。广告战略策划是企业为实现经营目标而拟订的指导思想和总体方案，它与谋略有许多相通之处，广告战略既从古代谋略思想中借鉴，又借助现代的科学手段和方法了解实际情况，从而做出科学决策。

3.1.1 广告战略目标

广告战略目标是广告活动的核心，所有其他相关内容都是围绕这一中心展开的。广告战略目标的选择，首先取决于企业经营目标和促销目标，并对上述目标产生推动作用。

广告战略目标是指广告所要达到的目的，即通过广告宣传要得到什么结果。广告宣传的最终目标是在消费者中提高广告商品的知名度，树立品牌形象，促使消费者在购买同类商品时能够指牌认购，从而达到扩大产品市场占有率，使公司获得更多利益的目的。具体到每一则广告或每一个企业的整体广告活动，其目标则呈现出多样性。

1）广告目标的类型

（1）单一广告的目标。

通常，制作单一广告至少可以达到如图3-1所示10个目标中的1个。

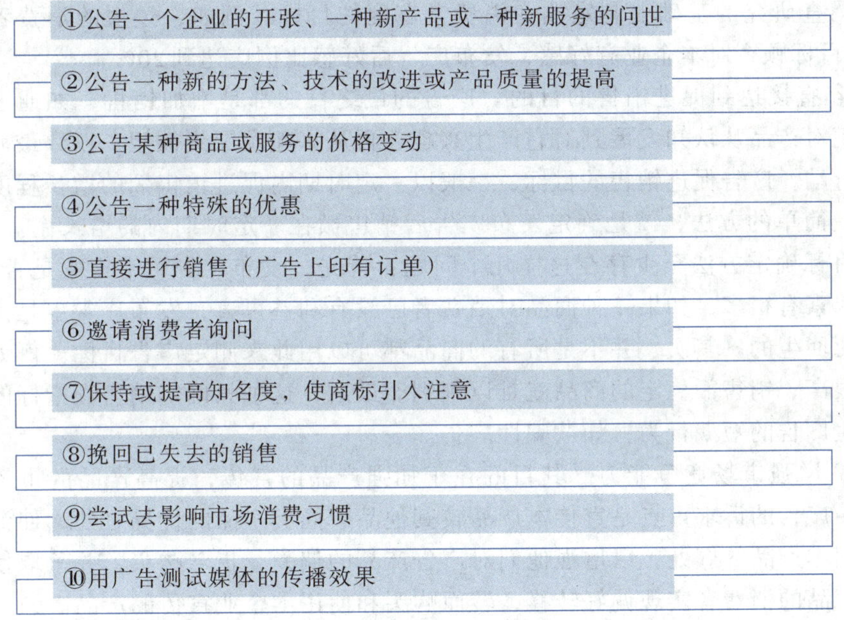

图3-1 单一广告的目标

（2）企业广告活动的目标。

每个企业在不同时期的广告目标有所不同，常见的广告目标有以下几类：

① 传播企业或产品的名声。通过广告，将企业及其产品或服务、品牌名称或商标传播给用户，使用户知道有这个企业和这种产品或服务存在。做这种广告的目的是让大多数消费者知道企业或产品的名声，以便为人员推销开辟道路。例

如，美国通用电气公司刊登在《商业周刊》上的一个广告的内容是："如果有一样东西物超所值，那就是通用电气公司的发动机。"广告中对发动机未作具体的描述，仅让用户知道这个公司有这种产品，其重点在于使用户对公司品牌有一个很好的印象，从而为产品推销打下良好的基础。

② 提高用户购买兴趣。这种广告的目的，在于使用户看了或听了广告之后，对产品性能和特点有一个比较清楚的认识，能激发起对这类产品的购买欲望。这种广告大多是用来介绍新产品、新技术和新服务的。例如，安徽美菱集团在全国率先推出美菱保鲜冰箱，其广告提出的口号是"美菱保鲜冰箱，带给你新鲜的世界"。对于所有冰箱使用者而言，大家都知道电冰箱的功能是冷冻、冷藏，现在有了保鲜冰箱，其占有欲望很快就被调动起来，这种冰箱的销量迅速提高就是例证。这种以提高用户购买兴趣为目标的广告，为便于消费者购买，通常除了介绍产品的性能和特点外，还会把企业的地址、电话号码以及联系方式讲清楚。

③ 改变消费者态度。有些企业或产品在用户中的形象不佳，企业希望通过广告把他们的态度改变过来，从而促进产品的销售，提高市场竞争能力。信息能改变人的行为，这是早有定论的。广告对于提高知名度、提高消费者对企业的好感程度，使其改变对某个企业或某种商品的看法，从一种品牌转向另一种品牌的消费等都可能发挥作用。广告主应根据经营战略和企业形象的要求，在对消费者充分调查研究的基础上制定改变消费者态度的目标。例如，过去的消费者只有5%的目标顾客对本企业有好感，发布广告后好感比例应达到20%。

④ 直接达到促进销售的目的。广告的最终目的都是增加销售，如通过广告使人们对产品从认知发展到对它产生兴趣，再从兴趣发展到欲望，以致最后采取购买行动。广告促进销售的目标，一般以一定时期内促进销售额的增长程度来衡量。最简单的方法，就是确定发布广告后销售额在一定时期内的增长率。但是，这种目标确定方法至少存在这样几个问题：首先，发布广告后销售额是否增长，影响因素有很多，如果一种商品对消费者已没有利益可言，发布广告也是无法使其起死回生的。其次，并不是所有的商品都可以用此来测定广告目标。例如，知名度很高、销售额稳定的商品就难以判别。最后，这种只确定销售额指标的办法会产生广告的短期行为，如欺骗性广告。

⑤ 增强市场竞争能力。其目的在于加强产品的宣传，提高产品的市场竞争能力。广告的诉求重点是宣传本产品较其他品牌同类产品的优异之处，使消费者认识到本产品的好处，以增强他们对广告产品的偏爱，指名购买，并争取使偏好其他产品的消费者实现偏好转移，转而购买和使用本企业宣传的产品。

【小思考3-1】

问题：广告可以通过哪几种方法来改变消费者态度？

理解要点：广告可以通过三种方法来改变消费者态度。第一，通过改变消费者的认识来改变消费者态度，如通过广告告诉消费者产品的优点；第二，通过改变消费者的行为来改变消费者态度，如通过广告公布折扣、赠品、酬宾等；第三，通过改变消费者的情感来改变消费者态度，如用明星代言，用消费者喜欢的音乐做背景等。

2）广告战略目标的确定

（1）有效的广告目标的特征。

① 整体性。广告目标是广告活动的整体目标而不是某一部分广告活动的要求和目标，各部分广告活动都有具体的目标，也有相对的小目标，但广告目标不是各部分目标的相加，而是整体广告活动的战略指向。

② 长期性。广告目标是广告活动长期的、稳定的目标，不能随意改变。虽然在实现广告目标的过程中，可以在一段时间内确定相应的短期目标，但短期目标必须服从战略目标。

③ 方向性。广告目标在广告活动中起统驭作用，广告活动的各部分都要围绕广告目标来进行，要为广告目标的实现服务。广告活动中各种策略的制定也都要围绕广告目标来进行。

④ 标准性。广告目标提出了衡量广告效果的标准，广告目标是可以被检验的，如通过企业的销售量、市场占有率、消费者对企业及其产品的态度等来检验广告目标的实现情况。

（2）确定广告目标的原则。

①要符合企业整体营销要求。广告活动不是一项独立的活动，而是企业整体营销活动中的一项具体工作，因而广告目标必须在企业目标和营销目标的指导下制定。如果某项广告活动，尽管达到了提高商品知名度的目标，但同时也使企业的形象或商品品牌的声誉受到损害，其结果还是违背了企业的整体利益，那么这个广告目标也是不合适的。

②广告目标要具体明确。因为广告目标是一切广告活动的核心目标，所以广告目标必须具体明确，不能模棱两可。在进行广告策划时，要尽量将广告目标具体化。

例如，为红茶策划的广告，在设定广告目标时，共有以下几方面内容（见表3-1）：

表3-1 **红茶广告目标**

方 向	目 标
细分市场	所有的成年消费者
营销状况	在大多数人的心目中，红茶还不是令他们喜爱的饮料
营销目标	一年内使红茶的消费量增加5%
广告目标	5年内，使消费者对红茶的喜爱率由目前的20%提高到50%

从这个例子可以看出，广告目标所要达到的期限、效果等非常具体和明确。不同的企业、商品，在设定广告目标时，形式上可能有所不同，但都应力争做到具体化，使广告目标可以被测量。例如，规定广告的视听率、阅读率、知名率、

理解率、记忆率、喜爱率等。

③广告目标要单一。在一次广告活动中不能追求多个目标。目标多，广告活动就难以收到应有的效果。追求多目标，实际上就是不分主次，不知道广告活动的根本点在哪里。当然，目标单一并不排斥分目标或短期目标的确定。

④广告目标应有适当的期限。广告目标既不能是暂时的、一时一事的目标，也不能永远只是一个目标。在广告目标的实现过程中或期限内，若发现选定的目标不准或内外环境发生了变化，就需要及时调整或更换广告目标。但是，要注意保持广告目标的相对稳定性。

⑤广告目标应当切实可行。在确定广告目标时，必须考虑广告目标的可行性，要从实际出发，认真考虑主客观条件的限制。既不能把目标定得过高，无法实现，也不能定得太低，有损广告主的利益。因此，广告目标应当建立在切实可行的基础上。

学习微平台

微课3-1 百雀羚品牌年轻化战略

【同步案例3-1】

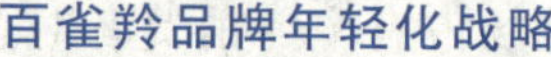

百雀羚品牌年轻化战略

背景与情境： 更多数据显示，90后乃至95后，已经成为美妆消费的主力人群，尤其是线上美妆的消费贡献超越了80后，并开始涉足高端品牌，引领大众消费市场。

百雀羚作为有90多年历史的国货老品牌，要与众多自20世纪90年代初进入中国深耕的外资化妆品牌抗衡，实现销量和品牌价值的再次增长，赢得年轻消费者就成为重中之重。

百雀羚首先进行产品升级，从包装和产品理念入手，在延续品牌传统的同时，着力打造民族元素，时尚又中国式的古典美令人耳目一新，继而推出新的产品系列，主打年轻人市场。2010年百雀羚入驻天猫商城，开启网络终端销售渠道，从2015年开始连续数年蝉联美妆双十一单日销售冠军。线上销售持续火爆不仅得益于贴近年轻消费者的广告，更在于捕捉了年轻消费者的价值观和生活方式。

从广告长文案《1931》开始，百雀羚深耕内容，讲述品牌故事。《四美不开心》《见微知著》《俗语说得好》《她最好了》等系列广告，将厚重的“中国传统文化”以更加轻松、时尚的方式传递给年轻人。

2022年1月，百雀羚在抖音直播间展示工厂和研发实验室，研发人员讲解产品成分和功效让人信服，通过专业仪器向观众传递科学护肤知识，回答消费者关于皮肤的问题并给出建议，讲解过程中实时与观众互动，真正实现了“广而告之”。

百雀羚又通过创新植入、小程序、双微等方式，为年轻人搭建沟通桥梁，赞助冠名年轻人关注的综艺节目、邀请多位年轻代言人，使品牌完成了蜕变。

问题： 百雀羚消费人群年轻化的目标是怎样通过广告达成的？

分析提示： 利用广告目标的长期性，目标市场具体明确。

3.1.2 广告战略决策

广告战略针对的是庞大的千变万化的市场，企业要根据不同时期的市场变化，采取相应的营销战略和广告战略。

1）广告战略的选择

（1）广告战略的分类。

广告战略服务于企业的市场战略，市场战略的多样性决定了广告战略的多样性。广告战略可以按如下方法进行分类：

①按内容分为企业广告战略和产品广告战略。

企业广告战略旨在树立企业形象，或先进或有实力，地位巩固，给人以可信、可靠的印象；或是宣扬厂家为之奋斗的不是最大利润，而是振兴民族工业和增强综合国力，使企业给人以好感。例如，四川长虹的广告就是从战略的高度，从发展民族工业的角度出发，有计划地采用广告策略，给用户以深刻而持久的印象，对产品销售产生了巨大的推动作用。

产品广告战略旨在树立产品形象或宣扬产品创新，以合乎“生活潮流”；或宣扬产品的先进性，满足人们的“智能欲望”，给人以有关时代潮流与时代科学的“新知识”，从而使人产生一种产品“走在时代思潮前”的好印象；或突出产品的特异功效，使该产品与同类产品有明显的区别；或宣传其产品价格低廉。

②按市场范围分为特定市场的广告战略和世界市场的广告战略。

特定市场的广告战略是在一定的国家、地区或区域的广告战略。如“精工表”在世界上着力于国际标准计时的宣传；而在委内瑞拉，则根据当地追求式样翻新的时尚而重点进行“流行式样”的宣传。

世界市场的广告战略，即全球战略，就是从企业总体、长远的利益着眼，以世界市场为对象，统筹规划。跨国公司的全球广告战略，十分注意广告口号、手法、风格的一致性，以期在世界范围内保持一个统一、强大的形象。例如，美国可口可乐公司在相当长的时间里，利用拥有世界专利的有利条件，生产具有统一口味、统一规格瓶装的可口可乐，其广告宣传的字句也是一致的，因而迅速提高了产品在全世界的知名度。近年来，我国的不少企业引入“CIS”开发，就是参照了可口可乐公司的广告模式。

③按广告实施时间分为短期广告战略和长期广告战略。

短期广告战略，是在有限的市场上，为推销某一具体产品进行的为期较短的广告活动。这种战略适用于新产品投入市场前后，一般采取突出性的广告攻势，以便在短时间内集中优势，迅速造成声势。

长期广告战略，是企业为树立形象或为打开与拓展某一商品市场所进行的为期较长（数年乃至数十年）的广告活动，多数强调广告目标的一致性与连贯性。

④按广告媒介分为单体媒体战略和组合媒体战略。

单体媒体战略，是当企业使用过多种广告媒体后，发现其中一种媒体的效果较好，或是经过调查分析选出最适合的一种广告媒体，然后在一定的时期内，集中使用这个广告媒体进行宣传。

组合媒体战略，就是在同一时期内用多种广告媒体发布创意基本相同的广告，以便增加消费者接触广告的机会，造成一定的声势。但在运用组合媒体时，应确定其中一种为主要媒体，其他媒体作为补充，并制订各种媒体之间最佳的配合方案。例如，采用哪几种媒体，各种媒体发布的先后顺序、发布的时间安排和次数等。

（2）广告战略的设计与选择。

一般地，设计与选择一个科学、完整的广告战略应包括以下几个内容：

① 确定战略目标。战略目标是广告宣传所要达到的直接目标。广告最普通的目标就是增加销量，增加利润。但是，企业销量的增加与利润的增长，往往是多因素综合作用的结果，广告只是其中的一个影响因素，而且其作用是逐渐体现的。广告的战略目标主要是广告的促销成果，即销量的增加。它是一个广告攻势的最终目标，必须有其他比较长远的及非数字性的目标作为支持，并不是以短期及立刻反映的销售数字作为目标。

② 选择战略方针。广告战略方针是为了实现战略目标所制定的行为规范和政策性决策。如果把战略目标比作过河，战略方针就是解决桥或船的问题。没有正确的战略方针，任何战略目标都是难以实现的。因此，战略方针在广告战略体系中居于关键或核心的地位，对战略目标的实现起保证作用。

③ 确定战略规划。战略规划是企业广告战略的实施纲领。它的任务是把广告的战略目标具体化，把广告的战略方针措施化。在广告业务中，广告的战略规划主要是确定广告的表现战略、媒体战略和商标战略等。

A.表现战略，即选取最有效的表现角度与手法。表现战略的手法很多，是表现产品本身的品质、性能、特点，还是表现产品所能带给人们的利益与满足？是表现企业本身的目标与实力，还是表现社会对企业的信任与推崇？是用“自我表现”法，还是用第三者的见证进行客观的介绍？总之，表现战略应根据广告内容、广告市场与宣传对象的差异研究决定。

B.媒体战略。广告媒体的种类繁多，如何选择有效的媒体，确定各媒体的组合、广告出现量及频率等十分重要。现代广告战略往往要求广告宣传采用“立体战争”中各军种、兵种的大力配合，即组合媒体战略，力求集中于一致的攻击目标，最大限度地打动广告对象的心。

C.商标战略。在广告宣传中，对商标的宣传常常占有极其重要的地位。因为人们购买生活资料，特别是日用消费品时，往往只识商标，所以在宣传中，对商标的宣传地位、突出表现的方法等，都是十分讲究的。

广告战略的制定，不是市场战略的简单翻版，而应根据市场目标的总要求，在认真分析与研究产品（或企业）情报、市场表现、消费者情况及与之相关的各种环境资料的基础上，拟订多种方案，反复比较、推敲。只有这样，才有可能制定出正确、科学、具有创造性的广告战略。

“小米”的总裁雷军就把毛泽东的“游击战术和群众路线”战略思想活学活

用到了小米的广告战略中，雷军曾说：“小米最出色的是邀请用户参与，我们办了一个小米社区，鼓励大家提意见，然后吸纳到产品中来。这一套方式，其实很简单，就是群众路线，就是我们要相信群众、依赖群众，从群众中来，到群众中去。”

2）广告战略的评价

广告战略的评价是在对广告战略进行分析的基础上，论证广告战略方案可行性的过程。企业可供选择的广告战略方案一般有若干种，但是最适合企业外部环境与内在条件的战略方案只有一种。因此，战略选择就是选择备选方案中最适合企业特点的战略方案。这就决定了广告战略评价要把重点放在评价广告战略目标同广告目标是否一致，广告战略同企业的经营环境是否一致，广告战略规划同企业的总体目标是否一致，以及广告战略本身的目标与方针是否一致等方面。

（1）广告战略评价的原则。

为了保证广告战略选择的准确性，战略方案的评价应符合下列评价标准：

①整体优势最大化。每套广告战略方案都含有广告目标、广告方针、广告政策与措施等。根据战略方案评价一致性的要求，不但方案本身要一致，而且要与企业的经营目标相吻合。但是，广告战略的制定过程会受到主客观因素的影响，只能做到相对一致。因此，战略方案评价的标准是通过方案的相互比较和方案同企业经营情况的比较，使得整体优势达到最大化。

根据企业内外部条件和环境制定的所有广告战略，都具有其优势和劣势。但是，广告战略的评价是整体评价，即不仅要评价每个方案中的单项措施、方针的可行性大小，而且重点要评价方案的整体组合优势。单项最优绝不等于整体最优，因此，必须把整体最优作为广告战略评价的首要标准。

②竞争优势最大化。在激烈的市场竞争中，具有竞争性的广告战略，是一门创造或探索竞争优势的艺术。因此，评价广告战略要把其应有的竞争力作为一项重要的标准。

一个具有较强竞争优势的广告战略，应具有高吸引力、高知名度与高影响力。高吸引力能保证广告引起买主的注意；高知名度有利于树立品牌形象；高影响力能培养需求偏好。广告战略评价，就是要以这三个特点为标准来分析每一方案的竞争优势，从而找出最具有竞争优势的可行性方案。

（2）广告战略评价的方法。

① 定性分析方法。定性分析方法主要是通过个人的观察力、判断力、经验等来分析、论证、评价广告战略方案的可行性。经常使用的具体方法有德尔菲法、头脑风暴法等。定性分析的标准是广告具有塑造企业形象与产品形象的功能，所以应着重分析广告战略的社会性与公共性，使企业的广告成为塑造企业与产品形象的重要手段。在分析过程中，要特别注意考察广告战略的客观性与真实性。广告要力戒自吹自擂，应合理搭配广告信息的事实性部分与心理性部分，对于刺激“初级需求”的广告，应以事实性宣传为主；对于“选择性需求”的广告，则可侧重心理性信息沟通。

②定量分析方法。定量分析方法主要是运用传统的定量分析技术来评价广告战略方案的可行性的方法，主要包括平衡分析、成本控制分析和投入产出分析等。广告战略中涉及具体量化的内容有：广告宣传的主题与目标的数量，画面图像与文字的多少，广告出现量与频率等。在分析过程中，要以行为科学为依据，以广告效果为中心，正确把握数量与效应之间的辩证关系。

【同步链接3-1】

要在品牌建设中融入绿色发展理念，注入时代内涵

党的二十大报告指出，“必须完整、准确、全面贯彻新发展理念，坚持社会主义市场经济改革方向，坚持高水平对外开放，加快构建以国内大循环为主体、国内国际双循环相互促进的新发展格局”，这为我国实现高质量发展指明了方向、提供了遵循。当前全面建成了小康社会，正在向着全面建设社会主义强国的第二个百年奋斗目标迈进，广告主品牌建设也要转型升级，融入经济社会发展的新目标新任务，体现广告主的责任和担当，促进品牌价值跃升，尤其是品牌建设融入绿色发展。中国将力争2030年前实现碳达峰，2060年前实现碳中和，实行碳达峰碳中和事关中华民族永续发展和构建人类命运共同体，广告主在品牌建设中要融入绿色发展理念，为品牌建设注入时代内涵，顺应时代发展，主动承担品牌的使命感和社会责任感服务国家发展战略。同时要让品牌走出去助力双循环。国际市场由价格竞争质量竞争上升到品牌的竞争，品牌是企业的财富，也是一个国家综合国力的集中体现。联合国数据显示，2020年中国全球出口比重接近15%，还有广阔的国际市场要去开发。在新一轮经济全球化中我国广告主应占据一席之地，品牌建设走出去是必需的规划和战略。

资料来源 于飞.贯彻新发展理念是新时代我国发展壮大的必由之路［EB/OL］.［2022-11-11］. http://www.qstheory.cn/dukan/hqwg/2022-11/11/c_1129119593.htm. 引文经删节。

3.2 广告策略

广告策略是企业在广告活动中为取得更好的广告效果而运用的手段和方法。在市场经济条件下，市场竞争日趋激烈，作为企业竞争手段之一的广告不仅数量繁多，而且形式各异。广告策略已成为企业广告活动成功与否的关键，是企业参与竞争，开拓市场，促进销售的有力武器。在企业广告活动中，应善于运用广告策略，适应特定的市场环境，提高广告的效果，增强企业的竞争力。

广告策略的运用，主要应解决如下问题：

- 如何使产品在消费者心目中留下深刻的印象？
- 用什么方法刺激消费者产生购买欲望？
- 靠什么来扩大产品的销售额？
- 怎样提高产品的知名度？

广告策略主要包括广告产品策略、广告市场策略、广告区域和广告时机策略。

3.2.1 广告产品策略

广告能否成功，关键在于它能否说服潜在的消费者。对企业而言，企业与消费者的关系主要是通过产品来联结的。产品的吸引力，决定了企业经营的成败。消费者往往以其对产品的占有和满足程度来决定对企业的态度。因此，广告产品策略是引导和刺激消费需求的重要策略之一。广告产品策略主要包括产品定位策略和产品生命周期策略，另外，还有新产品开发策略、产品包装和商标形象策略等。

1）产品定位策略

所谓**产品定位**，就是根据顾客对某种产品属性的重视程度，把企业的产品予以明确的市场定位，规定它应于何时、何地，对哪一阶层的消费者出售，以利于与其他厂家的产品竞争。广告的产品定位策略，要求在广告活动中，通过突出商品符合消费者心理的鲜明特点，确立竞争方向，使消费者建立起对该产品稳定的品牌印象。这一策略的特点就是突出产品的个性，即同类产品所没有的、为消费者所需求的优异之处。广告产品能否符合消费者的需求，是广告成败的关键。

学习微平台

微课 3-2
广告的产品实体定位策略

产品定位策略的具体运用，主要分为实体定位策略和观念定位策略两大类。

（1）实体定位策略。

所谓实体定位策略，就是在产品定位的宣传中，突出商品的新价值，强调与同类商品的不同之处和所带来的更大利益。实体定位策略又可分为下述五种方法：

① 功效定位。功效定位是在广告中突出产品的特异功效，使该商品与同类产品有明显区别，以增强竞争力。它是以同类产品的定位为基准，选择有别于同类产品的优异性作为宣传重点。例如，美国百事可乐的定位就以不含咖啡因为定位基准，以区别于可口可乐；江西的草珊瑚牙膏，突出防治牙疼的功效，而广州的洁银牙膏则突出防治牙周炎的功效。

② 品质定位。品质定位是通过强调产品具有良好的品质，如产品的内在质量、外观形态、包装质量和服务质量等，而对产品进行定位。例如，美国的多芬（DOVE）香皂便以润滑皮肤为广告宣传的重点。雪碧广告用短短的六个字“晶晶亮，透心凉”，使产品得到了准确而独特的品质定位。“晶晶亮”说明了雪碧饮料不含色素，对人体无害；“透心凉”表达了其极好的解渴效果。

③ 市场定位。市场定位是市场细分策略在广告中的运用，就是要在消费者心目中为产品创造一定的特色，赋予一定的形象，以适应消费者一定的需求与偏好。广告的市场定位，简而言之就是将产品定位在最有利的市场位置上。例如，多芬定位为女士香皂，就是这种策略的具体运用。

④ 价格定位。产品的品质、性能、造型等方面与同类产品相似，没有什么特殊的地方可以吸引消费者，在这种情况下，广告宣传便可以运用价格策略，使产品的价格具有竞争力，从而击败对手。严格地讲，价格定位有低价品定位与高价品定位两种，常见的是以低价竞销，如美菱推出经济型电冰箱吸引农村购买

者，迅速打开了销路。但并非所有产品只要将价格定得低就必定畅销，这既有追求品牌价值的原因，也有“买涨不买跌”的心理作用。

⑤ 形象定位。许多消费者在购买产品时，并不一定对产品的性能、特点、质量都了解得很清楚，而往往是根据对这一产品的印象来购买的。因此，广告定位就常常根据产品的综合特点，为其塑造出一种形象。万宝路（Marlboro）香烟的广告定位，就是一种粗犷的男子汉的形象，而健牌（KENT）香烟则是绅士的象征。

【同步案例3-2】

中国李宁×红旗汽车

背景与情境：2018年11月23日，李宁官方微博发布“中国李宁×红旗联名系列”，配以一组九宫格Lookbook图片和个性鲜明的文宣：“系好安全带来提前感受下，这一波中国制造的‘国产大马力！’”

官微Lookbook图片中，以红旗汽车为中心，“红旗”“李宁”与“中国制造”相互映衬，分外醒目。更有京城红墙绿瓦映衬Li-Ning时尚青年，极具视觉冲击力。此举立刻火爆网络，引发媒体广泛报道评论。

此次合作，看似跨界，定位不明确，其实不然。李宁是中国最知名的运动品牌之一，而红旗则是中国最有底蕴的汽车品牌老字号。“李宁×红旗联名”独具匠心，图案的设计与呈现形式也都彰显“中国制造”的灵魂，把两个品牌精髓剖析得淋漓尽致，一举引燃“国潮风”。

像法拉利与BAPE，兰博基尼和日本Mizuno等汽车品牌和时尚品牌的跨界营销，都曾大获成功，引发抢购热潮。随着中国全面进入汽车时代，90后乃至00后的市场是潮流消费和未来汽车品牌共同的必争之地。2018年，李宁先是和宝马联手，推出了悟道、悟空、追风系列鞋款，继而又和红旗合作推出服饰，大有引领国内潮流之势。

李宁×红旗联名效应，其实是品牌理念的契合。红旗见证和亲历了国产汽车，更是国宾礼车的发展，能引发国人强烈的民族自豪感与认同感。同时，红旗的发展又体现了现代设计和前沿科技的交融。这恰好契合了李宁老品牌新面貌的时代发展需要，碰撞出意想不到的火花。

李宁与红旗联手，既有让红旗升起之意，又有中国制造夺冠之豪情。定位中国制造，借助国人的自豪感，品牌知名度上升，产品销售量自然上升。

资料来源　作者根据新闻综合编写.

问题：李宁服饰的定位有什么创新之处？

分析提示：这是顺应时代的一种新的定位，不同于传统的单一的定位方式，既定位高品质又体现了形象定位。

（2）观念定位策略。

观念定位是突出商品的新意义，改变消费者的习惯心理，树立新的商品观念的广告策略。观念定位策略主要有两种方法：

① 逆向定位，是借助于有名气的竞争对手的声誉来引起消费者对自己的关

注、同情与支持，以便在市场竞争中占有一席之地的广告观念定位策略。大多数企业都是以突出产品的优异性能的正向定位为方向的。逆向定位则反其道而行之，在广告中突出市场上名气响亮的产品或企业的优越性，并表示自己产品不如它好，甘居其下，但准备赶上，或通过承认自己产品的不足之处，进而宣传自己的优点。这是利用人们同情弱者和喜欢诚实的心理，故意承认自己的不足之处，以唤起同情和信任的做法。

② 是非定位，是从观念上把产品市场加以区分的定位策略。最有名的例子是美国的七喜汽水，厂商在广告宣传中运用的是非定位策略，把饮料分为可乐型饮料和非可乐型饮料两大类，而把七喜汽水定位在非可乐型饮料上，从而突破可口可乐和百事可乐垄断饮料市场的局面，使企业获得空前的成功。

由于不同的企业、不同的产品具有不同的特点与优势，广告产品定位到底运用哪一种或哪几种策略，应具体分析。一般地，广告产品定位策略的选择应遵循下述原则：

学习微平台

微课3-3
选择广告产品定位策略应遵循的原则

① 宣传产品的特点和价值。消费者购买产品的动机多种多样，满足同一需求的产品也多种多样，而任何广告主都希望顾客选择本企业的产品。这就要求在应用广告产品定位策略时，尽可能地宣传产品的特点和价值，如产品的包装、用途、性能、用料、销售方式、识别标记等，以形成产品的差别，激发消费者的购买欲望。

② 突出产品给消费者带来的利益。消费者购买产品的根本原因是产品可以满足消费者的某种需要，并为其带来实际利益。按照产品的整体概念，利益或效用是产品的核心，是企业赢得顾客的最有力的武器。可以说，能突出宣传产品给消费者带来实际利益的广告就是最有效的广告。例如，安徽芜湖光华集团生产的丽光牌热水器，就是一种集太阳能和电能于一身的新型热水器。广告宣传其产品在春、夏、秋三季用太阳能加热，冬季可用电能辅助加热，解决了单一电力热水器耗能大，使用成本高，而单一太阳能热水器冬季作用不大的消费难题。消费者根据此广告真正认识到产品所能带给自己的利益，产品销量不断上升，市场范围扩展到全国大部分省（市）。

③ 明确产品的市场地位。进入市场的产品都要与同类产品或替代产品展开竞争。广告产品策略要明确产品在市场竞争中的地位，突出其竞争优势，争取消费者的青睐，如“名优特”产品的广告，多以产品的知名度与美誉度、产品的优点、产品的特色来确定市场地位，吸引消费者。

【小资料3-2】

定位理论的创始人艾·里斯和杰·特劳特曾指出：“‘定位’是一种观念，它改变了广告的本质。”“定位从产品开始，可以是一种商品、一项服务、一家公司、一个机构，甚至是一个人，也许可能是你自己。但定位并不是要你对产品做什么事，定位是你对未来潜在顾客的心智所下的功夫，也就是把产品定位在你未来潜在顾客的心中。因此，把这个观念叫作‘产品定位’是不对的。你对产品本身，实际上并没有做什么重要的事情。”

资料来源　佚名. 广告定位［EB/OL］.［2015-01-29］. http://baike.sogou.com/v4781431.htm. 引文有删改。

2）产品生命周期策略

按照产品生命周期的原理，针对某一产品所处的产品生命周期阶段的不同，采取相应的广告策略，这就是产品生命周期策略，具体运用分述见表3-2。

表3-2　**产品生命周期策略的运用**

产品生命周期	引入期和成长期前期	成长期后期和成熟期	饱和期和衰退期
广告阶段	初期	中期	后期
广告目标	创牌	保牌	维持
广告目的	创造需要	指导选择需要	
广告战略	开拓市场	竞争市场	保持、转移、压缩市场
广告策略	告知	说服	提醒
广告对象	最先尝试的早期使用者	早期使用大众、晚期使用大众	晚期使用大众、保守者
媒体选用	多种媒体组合，刊播频率高，造成广告声势，广告费投入较多	广告费、刊播次数较初期次之，说服竞争对手的顾客	压缩广告，采用定期、间隔、定时发布广告的办法，以引起注意，延续市场

（1）在产品引入期和成长期前期的广告策略。

新产品刚进入市场时，产品的品质、功效、造型、结构等都尚未被消费者所认知。在这一阶段，广告宣传以创牌为目标，目的是使消费者认知该产品，引导消费者产生新的需求，实施开拓市场的战略。广告策略以告知为主，突出新旧产品的差异，向消费者介绍新产品的有关知识，从而引起兴趣，产生信任感。此时广告会大力宣传产品的商标和牌名，不断扩大其知名度，促使最先使用者购买，并在带头人的推动下，争取更多的使用者，逐步过渡到普遍使用。在这一阶段，应投入较多的广告费，加大刊播频率，动用各种媒体配合宣传，制造较大的广告声势，使新产品迅速打开市场。例如，海尔集团在新推"探路者"彩电时，其"海尔人的新奉献"的广告借助于海尔品牌的提携，提高了其知名度。

（2）在产品进入成长期后期和成熟期的广告策略。

当消费者接受新产品以后，销售量急剧上升，利润已有保证，同时，同类产品也纷纷投入市场，竞争日益激烈，表明产品开始进入成熟期。此时产品工艺稳定，消费者已形成使用习惯，产品销售量也达到顶峰，新产品变成普及产品，同类产品竞争激烈。在这一阶段，广告应以保牌为目标，为巩固和扩大市场占有率，展开竞争性广告宣传，以引导消费者认牌选购。广告诉求必须具有强大的说服力，能突显出与其他同类产品不同品牌的差异性，巩固企业和产品的声誉，加深消费者对企业和产品的印象。广告的对象，则转变成广大的消费者。

（3）在产品进入饱和期和衰退期的广告策略。

产品进入饱和期和衰退期以后，产品需求日益饱和，原有产品逐渐被新的产品所取代。这一时期的广告目标，重点应放在维持产品市场上，采用延续市场的手段，保持产品的销售量或延缓销售量的下降。其主要做法是定期、间隔、定时地发布广告，以提醒消费者，唤起消费者的注意，巩固习惯性购买。诉求重点应突出产品的售前、售后服务，维护企业信誉，稳定产品的晚期使用者和保守者。

3.2.2 广告市场策略

广告作用的发挥不仅取决于广告的产品，更取决于广告对象的态度。因此，广告不仅要告知消费者购买广告产品有什么效用，说服其购买，而且要根据宣传产品的目标市场的特征，采取不同的广告策略。真正能使广告产生效果的是企业目标市场的消费者，因此，企业在使用广告产品策略的基础上，要注意运用广告的市场策略，以取得广告的成功。

广告的市场策略主要包括广告的目标市场定位策略和广告促销策略。

1）目标市场定位策略

目标市场是企业在市场细分的基础上，决定要进入的子市场。企业为宣传自己的产品、促进销售，选定一个或几个子市场作为目标市场，就是广告的目标市场定位策略。

企业选择目标市场是在市场细分的基础上进行的。依据消费者的需求和满足程度不同，市场可分为同质市场和异质市场两类。同质市场是消费者对商品的需求有较多的共性，需求弹性小的商品市场。一般生活必需品都属于这种类型的市场。异质市场是指顾客对同类商品的品质、特性具有不同的要求，强调商品的个性，需求弹性大的商品市场。由于市场可以细分，所以企业要根据产品的性能特点，对产品市场加以细分，并选择若干个子市场作为产品的目标市场，从而在广告宣传中运用不同的策略手段，争取不同的顾客。在制定广告策略时，企业必须依据其目标市场的特点，规定广告对象、广告目标、媒体选择、诉求重点及诉求方式。运用市场细分的理论，广告的市场策略也可分为无差别市场广告策略、差别市场广告策略和集中市场广告策略。

（1）无差别市场广告策略。

所谓无差别市场广告策略，就是企业面对整个市场，通过广告媒体做同一主题内容的广告宣传。这种策略一般适用于消费者需求差异不大的产品，或是在产品投入期与成长期的初期，当产品供不应求，尚未产生强大的竞争对手时采用。运用各种媒体宣传统一的广告内容，能迅速提高产品的知名度，达到创牌的目的，同时也有利于节省广告设计制作费用，降低广告成本。以早期的美国可口可乐公司为例，由于长时间拥有世界性专利，所以该公司在广告上采用无差别市场广告策略——“可口可乐”的电视广告均由美国可口可乐总公司制作，广告宣言只有一种，其主题与手法不考虑具体的市场特点，但可口可乐公司仍长期统治着世界饮料市场。值得注意的是“可口可乐”这种广告策略并不是哪个产品都能用的，因为在国际市场上，由于不同国家或地区消费者对产品需求程度不同，语言文字、社会文化环境等方面差异很大，所以无差别市场广告策略不易推行。

（2）差别市场广告策略。

差别市场广告策略是指在市场细分的基础上，企业根据所选择的不同细分市场的特点，运用不同的媒体组合，做不同主题内容的广告。这种广告策略无论是在广告对象的选择上，产品品质与外观特点的宣传上，还是广告形式上都具有很强的针对性。但是，采用这种策略的企业要付出较多的广告费。一般来说，消费者需求差异较大的产品、处在成长期后期及成熟期的产品、同行激烈竞争的产品可采用差别市场广告策略。例如，可口可乐公司遇到百事可乐公司的有力挑战以后，软饮料市场竞争日益激烈，不得不推行差别市场广告策略。以可口可乐在中国的广告为例，以往“洋味浓郁”的可口可乐广告，总让中国观众有“隔了一层”的感觉。1991年3月28日，人们从电视中看到一则极富新意的专题广告片“可口可乐时刻”，它的一系列温情脉脉的“中国味”的生活片断，创造出可口可乐新的意境。中国演员、摄像人员参与摄制，实景也全部选自中国大陆地区，著名歌星童安格为该片谱曲并演唱主题歌。这则具有中国特色的电视广告，深入到了千家万户，使得可口可乐为亿万中国人所接受。可口可乐公司这一差别市场广告策略获得了极大成功。

（3）集中市场广告策略。

集中市场广告策略是指企业在细分市场的基础上，把广告主题以统一的内容与形式集中在一个或几个细分市场上展开宣传，其目的不是在较大的市场中占有较小份额，而是在较小的细分市场中占有较大份额。一般来说，实力有限的中小型企业，为了集中力量，发挥优势，往往选择对自己有利的、力所能及的部分市场为目标市场。“牡丹虽好，还要爱人喜欢”是北京生产的牡丹牌电视机的电视广告宣言。从屏幕上，大家可以看出，这则广告的目标市场是新婚夫妇，广告诉求的对象是刚结婚的小两口儿，在广告形式上对购买人和使用人做了巧妙的宣传攻势。一般来说，新婚家庭必有一台电视机，广告以女方买电视机的情节为基础，又加入了“虽然……还……”的广告宣言，暗示了牡丹电视机的好处。女方从看的角度提牡丹，男方从牌子角度提牡丹，达到了广告宣传的效果。北京的牡丹电视机成为著名国产电视机品牌之一，别出心裁的广告策略无疑从中起了相当大的作用。

以上三种市场广告策略各具特色，企业可以在具体分析本企业产品及相关因素的基础上加以选择，既可以单独运用，又可以综合运用，主要根据企业经营战略的需要而定。

2）广告促销策略

广告促销策略是一种紧密结合市场营销策略而采取的广告策略。它既要告知消费者购买商品所能得到的好处，以说服其购买，同时又要结合市场营销手段，给予消费者更多的附加利益，以吸引消费者对商品的兴趣，在短期内收到较好的广告效果，从而推动商品销售。

广告促销策略包括馈赠广告、公关性文娱活动广告、体育赞助广告、中奖广告、公益广告等。

学习微平台

微课 3-4
广告促销策略

（1）馈赠广告。

馈赠广告是一种奖励性广告，如广告赠券、折价购买或赠小礼品等。例如，某企业的印刷广告上有“持此广告可优惠”，以刺激消费者购买。又如许多企业打出的“买一赠一”的广告，这都属于馈赠广告。

（2）公关性文娱活动广告。

公关性文娱活动广告也是常用的形式。广播广告、电视广告客户经常出资赞助制作广播剧、电视剧和文艺演出活动等，以吸引更多的听众和观众。如《北京人在纽约》的赞助商之一就是宝洁公司，随着电视剧的展播，该公司及其产品也随之扬名。

（3）体育赞助广告。

体育赞助广告通过赞助运动队、赞助体育比赛、在体育场馆设置广告牌、赞助体育用品等，提高企业或产品的知名度和影响力，这是一种有效的广告手段。尤其是在重大的体育赛事中，广告的曝光率很高，所以大型企业争相冠名赞助。比如安踏体育用品集团有限公司，虽然近年来知名度与销售量逐渐增高，但相比一些国际品牌，始终有一定差距。从2017年6月，成为第24届北京冬奥会、冬残奥会运动服装类赞助商后，逐步成长为国际领先的体育品牌。尤其是2022年冬奥会开幕前后，销售量与曝光率更是直线上升。而且，这次运动服装类的赞助权益长达7年半，从2017到2024年，这将对安踏企业的持续发展有极大的助益。

（4）中奖广告。

这是一种抽奖形式的广告促销手段，国内外均盛行，我国不少地区搞得过热，《中华人民共和国反不正当竞争法》对此进行了制约。

（5）公益广告。

这是一种把公益活动和广告宣传结合起来的广告策略。广告主关心公众福利，关心公共关系，热心社会公益事业，从而争取民心，树立企业形象，增强广告的效果。

例如，某制药企业在中央电视台长期播放一则公益广告，以一位腿有残疾的小姑娘自述的语气，述说自己通过同学们的帮助，和同龄健康的孩子一起上学、一起放学，快乐健康地成长。广告结尾，画外音同时打出字幕“他们需要更多的帮助”，主题鲜明，显示了企业热心公益的态度，具有强烈的感召力，令人印象深刻。

【同步案例3-3】

赛事赞助广告也要契合体育精神

背景与情境：贝壳找房自2018年上线以来，企业定位从“找房大平台”到“前进路上的家”，但其广告创意一直被网民调侃，几个广告都没有将“家”和“房”真正联系到一起。

2021年，作为中国女排的官方赞助商，贝壳找房发布了一则新广告，以“为拼搏的你找更好的家”为主题，“那个叫家的地方，它给我们力量，让我们一次次振作，重返赛场”“每一个拼搏者，都值得一个更好的家”，从内涵上将“拼搏者的家”与女排的拼搏精神融合到一起，传递出家对于拼搏者的意义，更好地诠释了体育精神。

问题：此次广告促销策略为什么成功？

分析提示：广告促销策略的成功不仅依托于企业的实力以及企业对市场的准确判断，还要体现出品牌精神与赞助商品的契合。

3.2.3　广告区域和广告时机策略

广告策略在未实施之前，只是策划方案中的一种观念形态的东西，要把它变为现实的行动，还必须有具体的实施策略与方法。广告实施过程是在时空变化中有序展开的，它与产品策略、市场策略和媒体策略的使用形成复杂的交叉，必须按照竞争制胜的总体原则，科学、合理地筹划广告在时空上的推进策略，使广告策略在多种因素的制约中达到最佳效果。因此，广告主和广告公司必须高度重视广告区域策略和广告时机策略。

1）广告区域策略

广告区域策略的运用关系到广告送达广告对象的范围，产生广告的空间效果。如何判定一则广告发布区域选择是否正确，即使是世界一流的广告大师，对这个问题也无法给予一个准确的答案。有人曾问广告大师奥格威：“什么才算是好广告？”他毫不犹豫地回答：“能够使东西卖出去的广告。”这个朴实无华的答复包含着这位大师对广告真谛的独到见解，即广告的目的就是促销。能否实现销售额的扩大，一直是检验广告成败的重要准则。因此，广告区域的框定，也应该遵循这一朴实的原则。

（1）广告区域与环境。

广告仅仅是市场营销组合的一个子系统，而市场营销组合则是为了适应市场环境，增强企业活力，实现企业目标。因此，广告区域的选择，要充分考虑广告环境，在比较、分析、论证的基础上加以确定。广告环境对广告主来说是一个不可控因素，对广告起着极大的制约和导向作用。广告环境主要包括自然环境、国际环境、产业环境、企业环境和商品环境等内容。

① 自然环境。自然环境主要指气候、季节、节气等自然因素，这些因素会影响到许多商品的销售及广告宣传，像空调、啤酒、冷饮、服装、时令糕点等明显地会受自然环境的影响，如果在自然环境不理想的地方发布这些商品的广告，是没有多少价值的，只能造成浪费。例如，在海南做暖气设备广告，显然不合“地利”。所以，商业广告的发布地点一定要考虑到自然环境因素。

② 国际环境。随着通信与交通的飞速发展，全球贸易正在进入一个新的发展时期，一个统一的国际大市场正在形成，因此，企业的营销眼光不能再局限于家门口的那片天地，而应着眼未来，放眼世界，外向型企业就更应如此。各国的

贸易政策、经济发展水平、文化风俗习惯、较大的政治活动等，都必须作为选择广告区域的重要因素。如用猪肉制成的火腿肠广告就不能在伊斯兰教国家和地区发布，这样做非但不能带来经济效益，相反还会引发民族仇视。

③ 产业环境。产业环境关系到行业的竞争、投资的转移、产业的兴衰更替等。能否准确地把握这些因素，对企业广告区域的选择是很有影响的。把握得好，广告区域选择得成功，无疑会给企业带来营销上的成功。

④ 企业环境。企业环境主要指企业的社会地位、市场地位、竞争关系等。选择商业广告的发布地点，应充分分析这些因素，才能出奇制胜。

⑤ 商品环境。商品的特性、生命周期、售后服务、消费者的购买习惯等因素对广告区域的选择也有影响。例如，某种在发达地区已淘汰的商品，在落后地区可能是先进的，若将广告在后者的地域中发布，就有可能取得预期的广告效益。

（2）广告区域策略的选择。

福特公司总裁查·亚科卡以战略家的眼光透视着当今全球范围内的广告大战，他不无冷峻地指出："广告借助科学进程中的多种媒体宣传，将世界市场变得如此之小。于是，广告策划中的区域选择，就显得尤其重要了。"在竞争激烈的广告大战中，任何一种强硬的、高品质的产品，如果没有科学而缜密的区域选择，就必然显得软弱无力。

广告主在什么区域开展广告宣传，主要是根据产品供求状况、竞争对手的情况而确定的。从区域的角度看，凡是产品有销路或尚未打开销路的地区，都应该进行广告宣传。从竞争的角度看，为了培植消费偏好，提高市场占有率，广告主也应该加强宣传。所以，企业应根据不同目标和任务的要求，借助多种广告媒体，选择适当的广告区域策略。

在广告活动中，对产品区域推进路线应有战略上的考虑。比如，先重点开拓哪些地区，再扩大到哪些范围，如何占领与转换市场等，这些都涉及广告策略的运用与配合。

①选择广告区域的方法。

A.重点扩散法。重点扩散法就是选择最有可能率先打开市场的重点区域，取得巩固后再依次扩散发展，犹如发射式的传递。如某种新型的茶饮料，先选择广东、福建作为重点市场，待开拓完全后再转向其他市场。广告区域与之配合，先是广东、福建，后是其他省（市）。

B.稳定占有法。稳定占有法就是若某些产品只能在一定的区域才有最大的销售量，企业就采取牢牢地掌握这些区域市场的策略，广告上也给予密切配合。

C.灵活机动法。灵活机动法即采取打一枪换一个地方的战术，依据市场变化不断地改换区域。一般适用于流行性强、生命周期短的产品。广告也灵活多变，适时跟进，保证产品销到哪里，广告的影响就扩大到哪里。

②选择广告区域的策略。

选择广告区域的策略可以从两个角度去考察：一是广告的覆盖方式；二是广

告的传播范围。

A.广告的覆盖方式

从广告的覆盖方式看，选择广告区域的策略有以下几种：

a.全面覆盖，指集中一段时间对某一目标市场进行突击的广告攻势，以迅雷不及掩耳之势全面覆盖目标市场。这种广告策略讲求速度和整体性，采取覆盖面大的媒体或媒体组合，对某一地区展开大规模的广告活动，像闪电一样在市场全面展开，多频率、多方位刺激视听，增强形象和品牌的知名度。

b.重点覆盖，指选择销售潜力大的子市场即重点区域，有目的、有重点、有选择性地进行广告宣传活动，能起到节省广告费，提高效益的作用。

c.渐次覆盖，指对几个不同地区的广告宣传分阶段循序渐进地逐一覆盖。有的采用由近及远的市场策略，与此相适应广告也逐一推进，慢慢渗透，而不必在目标市场范围内全面展开。

d.特殊覆盖，指在特定的环境条件下，对某一地区或某种特定的消费群体有针对性地进行覆盖。

e.脉冲刺激，指对人的感官刺激的次数越多，人们对它的记忆就越深。对同一个地区采取脉冲式的广告形式，频频刺激该地区的受众，将起到意想不到的效果。

B.广告的传播范围

从广告传播的范围看，选择广告区域的策略有以下几种：

a.地方性广告策略，是当产品或观念仅在一个城市或乡镇、直接贸易区域、某一生活范围内传播时所采取的广告策略。企业一般较重视选择地方性的广告媒体，如户外广告媒体或地方性新闻媒体。另外，有些行业的新产品，为了试探一下市场反应，有时需要在某个地方或商店开展试销，也可选择此策略。地方性广告宣传主要利用当地报纸、大众读物、售点广告、展销会广告等。

b.地区性广告策略，是在某种产品或消费观念适用于某个地区（具有共同特征的自然地理、风俗习惯、民族或语言等条件）时所采取的广告宣传策略。地区性与地方性相比，范围更大，可能包括几个省（市），或者一些毗邻的贸易区。地区性广告宣传，可以选择地区性广告媒体，如全国性媒体的地区版或地区节目。

c.全国性广告策略。有的商品或观念适宜在全国性范围内传播，这时采取的广告宣传媒体应是针对全国范围的全国性报纸杂志、广播电视，也可以选择户外、交通、电影等流动范围大的媒体。

d.世界性广告策略。此策略通常是在主销市场或欲打入的市场，确定适当的媒体开展广告宣传。这可以通过国际广告咨询机构或使（领）馆商务部门的参赞等途径，来加以选择。

e.选择性广告策略。有的产品或观念广告，适应特殊的对象。这些特殊对象可能存在于某个地方、地区，也可能存在于全国和全世界。在选择广告媒体时，要注意其专有性，如某些专业性杂志。

2）广告时机策略

正确把握广告的时机，是提高广告宣传的效果，促进企业产品销售的重要一环。过时的广告，意味着广告费的浪费。因此，广告主必须恰当地选择广告时机策略。

（1）广告进入市场的时序选择。

微课 3-5
广告时机策略

广告进入市场的时序如图 3-2 所示。

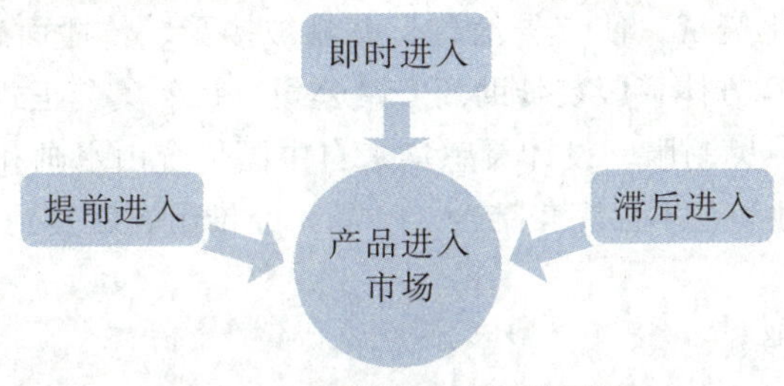

图 3-2　广告进入市场的时序

① 提前进入。提前进入就是在产品进入市场之前先进行广告宣传，为产品进入市场做好舆论准备。在新产品上市的广告时序中，智者之谋，在于巧用时间差，广告先于商品入市，使消费者翘首以待，形成有利的市场地位。如康师傅方便面曾火爆京城，采用的就是这种先声夺人的策略。有些新产品上市前的悬念广告，造成一种“千呼万唤始出来”的局面，往往能起到较好的广告效果。

② 即时进入。开展广告活动与产品上市采取同步策略，这是零售商店或展销会期间常用的方法，满足了消费者对新产品想立即购买的心态，其广告效果显现及时。

③ 滞后进入。产品先行上市试销后，根据销售情况分析把握这种产品的市场规模与销售潜力，决定广告投入的时机与数量。这是一种较稳妥的广告发布策略，这种策略可能在目标市场上更为准确。

（2）可选的广告时机策略。

① 节假日时机。节假日有政府法定的和民间风俗形成的等形式，由于人们闲暇时间增多，往往形成某种消费高潮。节日消费一般具有明显的特点，如传统的春节、元宵节、清明节、中秋节等，这类广告要求有自己的特色，以推动节日消费形成高潮。假日消费以日常生活用品和娱乐性消费为多。零售企业和服务行业一般在节假日数天前便开展广告宣传，让消费者有充裕的时间酝酿和形成消费动机。节假日过后，宣传便告一段落。

② 季节时机。季节性商品一般有淡旺季之分，企业往往会抓住旺季销售的大好时机，投入较多的广告费，以加大广告的推销力度。转入淡季后，广告宣传在数量和频度上都适当减少。当然，目前少数商品也采用反季节广告宣传方式。比如，广州格力空调在冬季也大做广告，以价格优势为主要诉求点，让用户“冬暖夏凉”，从从容容地得到更多的实惠。

③ “黄金”时机。电视和广播均有广告发布的最佳“黄金”时机。在这些

时段上发布广告接受率最高，广告传播效果最好。许多企业不惜重金，以竞争性投标方式取得这些时段。如中央电视台“黄金”时段的广告竞拍就引起了广告界和企业界的高度重视。许多省（市）的电视节目纷纷仿效中央电视台拍卖广告的“黄金”时段。

④ 重大活动时机。企业每年的几次重要节日，如企业的开张、庆典或获奖时机，以及某些重要文化或体育赛事等活动，都是推出广告的极好时机。这些广告由于融入了节日或文化气氛，使广告信息具有易被接受、传播面广及效果好的特点。2022 年北京冬奥会官方体育服装赞助商安踏公司，在冬奥会正式进入倒计时 100 天时，适时发布三套冬奥制服，设计灵感均来自中国传统山水画和冬季长城雪景。服装将功能性、民族性和艺术性完美结合。产品一经推出，就受到消费者的欢迎。

【教学互动 3-1】

主题：广告策略。

背景：农夫山泉的广告从最开始的乡村学校老师赞叹“农夫山泉有点甜”，到 2000 年宣布放弃纯净水生产，只从事天然水搬运，再到奥运合作伙伴，“我们不生产水，我们只是大自然的搬运工”的定位，一环扣一环的广告策略使其始终立于饮用水领军之位。

问题：还有哪些产品的广告策略胜人一筹？谈谈你的理由。

要求：同“教学互动 1-1”的“要求”。

■ 本章概要

□ 内容提要

•广告战略策划解决的是广告活动的总方针和总体部署，具有长期性。它主要涉及企业广告目标的选择与确定，广告战略的选择与评价。企业的广告目标有多种，应在预测与分析销售状况、明确营销目标的基础上确定广告目标。在制定广告目标的过程中应注意遵循目标确定的原则。广告战略的选择是一个系统工程，包括确定战略目标，选择战略方针，确定战略规划。广告战略的评价实际上是论证广告战略方案的可行性，以优选出符合企业条件的战略方案。评价过程中应注意遵循广告战略评价的原则，恰当选择定性或定量的评价方法。

•广告策略的运用，是企业适应市场环境，提高广告效果，增强应变力的重要举措。广告策略主要包括广告产品策略、广告市场策略、广告区域和广告时机策略。

•广告产品策略是引导和刺激消费需求的主要策略，包括产品定位策略和产品生命周期策略。广告产品定位主要是实体定位和观念定位。产品生命周期策略表明，应对处在不同生命周期阶段的产品运用不同的广告策略，以适应企业经营活动的需要。

•广告市场策略主要涉及目标市场定位和广告促销问题，企业可采用的目标市场策略有无差别市场广告策略、差别市场广告策略和集中市场广告策略。广告促销策略包括馈赠广告、公关性文娱活动广告、体育赞助广告、中奖广告、公益广告等，目的在于短期内收到较好的广告效果，以促进商品销售。

·广告区域和时机的选择与把握是广告活动的基本要求，是影响广告效果的重要因素。应在认清环境条件的基础上，恰当运用选择广告区域的方法，合理确定广告区域。广告主要可选择节假日时机、季节时机、“黄金”时机和重大活动时机，以扩大广告的影响。

□ 主要概念和观念

▲ 主要概念

广告战略　广告策略　产品定位

▲ 主要观念

广告定位观念

□ 重点实务

不同产品生命周期的广告策略　选择广告区域与时机的方法

■ 基本训练

□ 知识训练

▲ 判断题

（1）广告目标要符合企业整体营销要求。（　）

（2）在一次广告活动中确定多个广告目标可以扩大广告的宣传效果。（　）

（3）广告的实体定位比观念定位重要。（　）

（4）在产品的引入期，广告目的是使消费者认知该产品，引导产生新的需求，实施开拓市场的战略。（　）

（5）产品进入成熟期后，应当使用无差别市场广告策略。（　）

▲ 选择题

（1）一般地，设计与选择一个科学、完整的广告战略应包括的内容有（　）。

A.确定广告的战略目标　B.选择广告的战略方针

C.确定广告的战略规划　D.制定广告的战略步骤

E.制定广告战略的评价原则

（2）产品实体定位策略的方法有（　）。

A.功效定位　B.品质定位　C.市场定位

D.价格定位　E.形象定位

（3）观念定位的方法有（　）。

A.逆向定位　B.是非定位　C.情绪定位

D.随机定位　E.顺向定位

（4）广告的目标市场定位策略有（　）。

A.无差别策略　B.差别策略　C.分散策略

D.集中策略　E.竞争策略

（5）广告产品处于引入期的时候，应当（　）。

A.多种媒体组合　B.刊播频率较高　C.说服竞争者的客户

D.投入较多广告　　　　　E.能够造成声势

▲ 讨论题

试比较冷酸灵牙膏和特仑苏牛奶广告策略的异同。

□ 能力训练

▲ 案例分析

【训练项目】

案例分析-III。

【相关案例】

从格力电器广告语的变化看广告战略之变

背景与情境： 2020年前三季度，格力电器实现营业总收入1 381.35亿元，同比增长9.73%。在格力电器产品中，空调是核心产品。

1991年，格力电器创立初期，打出的广告语是“格力电器，创造良机”“格力电器创造安静”。当时在中国市场上，充斥着各种洋品牌，吸引消费者的注意是主要目标。

1995年，格力家用空调产销量在中国市场首次排名第一，奠定了格力空调的龙头地位。

1997年，格力商标被国家工商行政管理局商标局认定为“中国驰名商标”。格力广告语转变为“好空调，格力造”。这个时期，国产家电凭借高品质突围成功，获得国人青睐，人们开始不再追逐洋品牌。

2005年后，随着科技快速进步，人们对高科技产品的需求日益旺盛，格力投入研发的资金量也屡创新高，甚至每天都有2个专利在实验室诞生，“格力，掌握核心科技”成为新的广告语。

2011年，格力提出“让天空更蓝，大地更绿”。

随着中国制造2025年政策的出台，“格力，让世界爱上中国造”成为新的广告语。

2018年，格力的广告语又悄然改变，“用科技改变生活，把爱献给世界”。

格力从品牌初创，到以技术为先，再到展示企业的社会责任感，格力广告语的变化，就是格力发展策略由体现企业自身成长到紧跟国家建立“人类命运共同体”的国家战略的变化。

资料来源　作者根据新闻资料编写.

问题： 格力的广告战略凸显了企业营销战略的哪些变化？

【训练要求】

同第1章“基本训练”中本题型的“训练要求”。

▲ 自主学习

【训练项目】

自主学习-III。

自主学习-III

【训练步骤】

（1）将班级同学组成若干“自主学习”训练团队，每队确定一人负责。

（2）各团队根据训练项目需要进行角色分工。

（3）通过校图书馆和互联网，查阅“文献综述格式、范文及书写规范要求”和近三年关于“广告战略与广告策略研究方法”的学术文献资料。

（4）综合和整理“广告战略与广告策略研究方法”最新学术文献资料，依照“文献综述格式、范文及书写规范要求”，撰写《“广告战略与广告策略研究方法”最新文献综述》。

（5）在班级交流各团队的《“广告战略与广告策略研究方法”最新文献综述》。

（6）在校园网的本课程平台上展出经过修订并附有教师点评的各组《“广告战略与广告策略研究方法”最新文献综述》，供学生相互借鉴。

□ 课程思政

【训练项目】

课程思政-III。

【相关案例】

花西子的国风策略

背景与情境：自2019年起，国内美妆市场一改以往国际品牌独霸的形势，国货美妆产品迅速崛起，其中尤以花西子品牌最为突出。

花西子的品牌名字取自苏东坡的诗句“欲把西湖比西子，淡妆浓抹总相宜”。“花”字，取自其品牌理念“东方彩妆，以花养妆”。从品牌名字到产品，都采取国风、古风设计，迎合了90后的新生消费群体，不仅高品质、高性价比，而且高颜值。

广告投放采用全链条组合策略。单品的广告投放，以明星加头部KOL（Key Opinion Leader）为主，聘请符合品牌气质的模特杜鹃和偶像鞠婧祎为代言人，又聘请歌手周深担任古风文化品牌大使，在品牌宣传语中打出“高山流水遇周深”，并专门创作了古风新歌《花西子》。头部KOL聘请李佳琦等为品牌“首席推荐官”，在微博上为雕花口红代言。

花西子跨平台整合营销策略中，广告仍然以国风为基调，国风文化在不同领域渗透。2020年，与游戏《剑网3》共同推出“比翼相思”七夕定制雕花口红，图案精美；又发布由方文山作词、陈致逸作曲、于连军埙演奏、周深演唱的品牌同名主题曲《花西子》，极富东方情调。

从2017年的不知名品牌，到2020年，花西子营业额突破30亿元，较2019年的11.3亿元增长165.4%。同时，花西子还走向国际市场，成为美妆出口的第一品牌。

问题：

（1）本案例有哪些思政问题？

（2）本案例中的广告策略为何能够成功？

（3）本案例对消费者的启示有哪些？

【训练要求】

同第1章“基本训练”中本题型的“训练要求”。

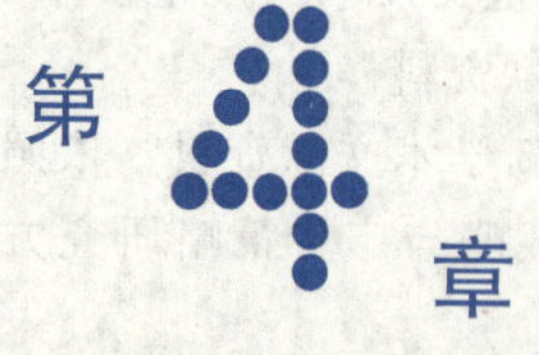

第4章 广告信息决策

◆ 学习目标

通过本章学习，应该达到以下目标：

职业知识：学习和把握广告主题、广告创意和广告表现的含义，广告主题的地位和重要作用，广告创意的特征；广告主题策划、广告创意策划和广告表现方法的策划等理论与实务知识；能用其指导或规范本章认知活动和技能活动，正确解答“基本训练”中“知识训练”各题型的问题。

职业能力：运用本章知识研究相关案例，培养在特定业务情境中分析问题与决策设计的能力；通过“三峰木门广告主题创意方案设计”实训操练，训练学生的专业操作技能。

课程思政：结合本章教学内容，依照“课程思政”的要求或标准，对相关案例中的企业及其从业人员行为进行思政研判，培养高尚的道德情操，树立社会主义核心价值观。

学习微平台

思维导图4-1

【引例】

学习微平台

微课 4-1
飞鹤奶粉的
广告主题

飞鹤奶粉的广告主题

背景与情境：在飞鹤奶粉近年推出的广告中，特别侧重“适合”和“新鲜”两个主题。聘请刚生了宝宝的知名女演员和常以硬汉形象示人、国民度非常高的男演员为代言人来现身说法，“一方水土养一方人”“作为一个中国妈妈，我选择更适合中国宝宝的飞鹤奶粉。57年专为中国人研制，更适合宝宝娇嫩肠胃吸收”，几次强调“适合”。“飞鹤奶粉的两小时生态圈，新鲜生牛乳一次成粉”“挤奶到加工两小时，奶源新鲜看得到”，反复印证“新鲜”。

购买奶粉时，人们往往关注营养成分和卫生，飞鹤奶粉在阐述主题时，却另辟蹊径，营养成分等都是一带而过，“适合中国宝宝”和“新鲜”则反复提及，主题鲜明，内容直观，让人过目不忘。

资料来源 作者根据相关视频广告编写.

广告成功与否，广告主题和广告创意起着关键作用，合适的广告主题和独特的广告创意能迅速产生市场效益，为企业取得竞争优势。

广告是一种信息的社会传告，广告信息是广告内容的一个重要组成部分，它包括广告主题策划、广告创意策划、广告表现方式的策划等。

4.1 广告主题策划

广告主题是广告所要表达的中心思想，也就是广告为达到某项目的所要说明和传播的基本观念。策划广告和做文章一样，必须有一个主题思想，也称为“中心思想”。广告的主题贯穿于广告之中，使广告的各要素有机地组成一部完整的广告作品。因此，广告主题的策划是广告策划的重要内容，也是广告是否成功的关键之一。广告主题要因不同性质的商品或服务、市场需求的态势及变化，以及广告对象和广告媒体的差异而精心策划，有所侧重。

4.1.1 广告主题的构成要素

广告主题策划应主要考虑以下要素：

1）广告目标要素

广告目标是通过广告作品来实现的。尽管广告的目标多种多样，但广告目标中表现的主题不外乎以下三种：

（1）提供信息。

当企业初创或产品处于市场开拓阶段时，广告目标是传播企业或产品名声，建立初步需求，其广告的主题主要是提供信息。这是因为只有消费者对产品的性能、品质和特点有所认识，才能对产品产生某种需求。

（2）说服购买。

广告产品处于成长或成熟阶段，市场上同类产品多了，市场竞争日趋激烈，消费者购买选择的余地也就比较大。这时企业为了在激烈的竞争中处于不败之地，多采用说服性广告。这时的广告主题是显示品牌特征，激发消费者的购买欲望，也可以采用与其他品牌的特点比较的方式来突出自己的优越性。

(3) 提醒购买。

对于成熟期的产品，广告应突出的主题是提醒购买，以维持或扩大产品销量，延缓产品衰退；同时也起到强化作用，使现有的购买者确信他们购买这类产品是正确的选择，从而加强重复购买与使用的信心。

2) 信息个性要素

广告信息是广告的内容。一则广告所传递的主要内容是有关商品、劳务或商誉的信息。从信息本身看，主要表现为消息、情报、信号资料等形式，不论哪一种形式的信息，都应表达一个主题。广告信息的主题从其宣扬的重点来看，主要有以下几种：

(1) 性能。

广告突出商品或劳务的性能，着重宣传其效用，其佐证资料主要是性能特征，使广告对象明确其优越性。例如，DVD产品广告大力宣传其高清晰度，洗发水广告介绍洗发与护发双重效果，食品广告夸赞其有营养或口味独特等，这些都是以性能为主题的。

(2) 质量。

质量是产品与服务的保证，也是消费者追求的核心。广告突出质量主题，大多是提供产品或服务的标准，使广告对象认清其质量水准，为其购买决策提供依据。例如，产品广告宣称产品免检，突出著名的商标，服务业介绍其星级达标等，都是以质量为主题的。

(3) 价格。

优惠的价格是大多数消费者感兴趣的。彩电业降价大战，只宣传其降价幅度，销量就急剧增加；服务业推出让利举措，客源马上发生变化等，都表明价格杠杆在起作用。

(4) 服务。

服务作为产品整体概念的重要组成部分，既是消费者关心的重要内容，也是企业竞争能力的一大砝码，更是许多企业广告的核心主题之一。

(5) 购买时间与地点。

购买时间的合理安排与购买地点的方便是买方市场的客观要求。以此作为广告主题也是众多厂商的明智选择。

(6) 观念与意识。

广告倡导某种观念与意识，有利于使顾客树立一种新的消费观念，从而刺激需求。例如，旅游业的广告以“见多识广”为主题，民航以“节省时间、提高效率”为广告主题，都是在倡导新的消费观念。

3) 消费心理要素

成功的广告，往往是先作用于消费者的视觉和听觉，继而激发其心理感应，形成一系列的心理活动，最后导致消费者的购买行为。因此，广告的主题必须顺应消费者心理，遵循消费者的心理活动规律，以增加广告的表现力、吸引力与诱导力。广告主题的心理要素主要有以下几种：

（1）注意。

广告应致力于诉诸感觉，吸引消费者注意。一条广告能否在各种广告的竞争中被消费者注意到，是影响广告效果的一个关键性因素。人的注意可以分为有意注意和无意注意两种。有意注意是人在意志的努力下，知觉对某一刺激的集中；无意注意则是由刺激的特点引起的，而不是在人的意志努力下做出的。好的广告，应能引起消费者的无意注意。为此，要求广告主题能突出商品或服务的名称、内容，表达方式新颖、独特，富有刺激性。

（2）兴趣。

人的注意不会长时间集中于一个目标，必然会不断变化。广告能否吸引消费者继续看下去，很重要的一点就在于它是否能引起消费者的兴趣。为此，要求广告能有针对性地进行诉求。广告主题应突出商品给消费者带来的利益，恰当地运用感性诉求和理性诉求。例如，日用品的广告主题应强调其解决现实生活问题的作用；化妆品、时装等商品可强调其使用后的心理满足。

（3）欲望。

消费者对某一商品可能感兴趣，但并不一定购买。广告的重要作用之一是劝说消费者，使其从喜爱发展为产生购买欲望。广告主题通常以提供保证、突出商品质量、表现流行性等来达到刺激购买欲望的目的。

（4）记忆。

记忆是所见过的事物或经历在头脑中的反映，是人脑积累经验的功能表现。记忆的基本过程包括识记、保持、回忆和再认。其中，识记和保持是前提，回忆和再认是结果。由于消费者从获得广告信息到采取购买行动，一般要经过一段时间，因此，记忆是广告发挥作用的重要因素。为此，要求广告主题简练、易懂，利于联想，能加深消费者的印象。

【小资料4-1】

广告主题构成要素之间的关系

广告目标是广告主题的出发点，离开广告目标，广告主题就失去了方向；信息个性是广告主题的基础和依据，没有信息个性，广告主题就失去了诉求焦点；消费者是广告主题的角色要素，不能适合消费心理的广告主题，就不能调动消费者的心理力量，不能引起心理共鸣，也就使广告主题失去了诉求效果。广告目标、信息个性和消费者3个要素应相互融合，而不是简单相加。

资料来源　陈培爱. 现代广告学概论［M］. 北京：首都经济贸易大学出版社，2004.

【小思考4-1】

资料：2018年俄罗斯世界杯期间，蒙牛公司邀请巴塞罗那足球俱乐部著名前锋梅西拍摄广告，广告词是："我不是天生强大，我只是天生要强。"

问题：这个广告的主题传达了什么？

理解要点：传达了个性。蒙牛公司"天生要强"的态度与梅西的职业生涯高度吻合。

4.1.2 广告主题策划的要求

广告主题的策划是一项复杂的工程，影响因素多种多样。企业应在明确广告目标和广告战略的基础上，认真分析广告主题的构成因素，精心设计最恰当的广告主题。

1）广告主题设计的要求

学习微平台

微课4-2
广告主题设计的要求

（1）诉求明确。

广告主题设计首先要考虑的问题就是："这个广告要说明什么？"也就是说，广告主题设计一定要反映出较明确、较直观的广告诉求，通过明确的诉求激发消费者的购买动机，或为消费者的购买行为寻找恰当的理由。如果主题设计体现不出明确的广告诉求，就难以达到广告的目的。例如，某营养品的广告说："看中华美景，喝××补品。"这个广告就没有明确的诉求主题，因为这种营养品尽管名字上也有"中华"二字，但它并不适合用于旅游食品，它和游览祖国的名胜古迹并没有实质性的联系。作为营养品应该考虑它的健身效用以及孝敬老人、馈赠亲友的情感功能，把它和"看中华美景"硬拉在一起，就产生不了一种明确的诉求效果，反而模糊了消费者对这个产品功能的认识。

（2）重点突出。

企业与商品的信息有很多，广告的主题不可能把所有的信息都包括进去，而应该传达最重要、最关键的信息。因此，广告主题的设计必须重点突出。要突出重点信息，就必须全面地了解市场、产品、企业以及消费者的情况，有针对性地突出自己的优势，宣传自己的长处，否则随意落笔，离题太远就不可能引起人们的兴趣，也就无法使广告在消费者心目中留下深刻的印象。

（3）信息丰富。

在宣传重点突出的前提下，广告主题还要尽可能地包含丰富的信息，特别是广告的目的、对消费者的好处以及对消费者的承诺都应该在广告中体现出来。例如，广告目的是促使消费者购买，还是同竞争者开展市场竞争？目的不同，则选择的广告主题应有所差别。另外，企业或产品能为消费者提供什么利益？广告向消费者的承诺是什么？这是消费者对广告内容感兴趣，并对广告的宣传表示信服的重要条件。只有在广告主题中使这些要素得到全面的体现，广告主题设计才会成功。

（4）导向正确。

坚持正确的价值导向，大力弘扬主旋律、传播正能量。主旋律是时代的最强音，反映当代中国发展进步的主流价值观，广告主题要尽可能用积极的、健康的、催人奋进的、给人力量和充满希望的人、事、理，尤其是公益广告；要宣传社会主义核心价值观，传播有利于振奋人民斗志、凝聚民族力量、推动社会进步的精神力量，鼓舞全体人民群众为实现中国梦而努力奋斗。

【同步案例4-1】

过目不忘的主题

背景与情境：一则广告，只有方寸的空间，分秒的时间，只说一件事的原则，是关系广告成败的根本原因。茫茫商海，凡是历久不衰的广告，大体都遵循了这一原则，且看：“好东西和大家分享——麦氏咖啡”；“只要青春不要痘”；“人头马一开，好事自然来”；“百事，新一代的选择”。

问题：这些广告主题的特点是什么？

分析提示：这些广告的主题非常明确，并且很单一，把广告所要传达的信息反复聚焦，最后成为一个又热又亮的焦点，既吸引了受众的注意力，又加强了受众的记忆效果，还节省了广告费用。

2）广告主题的类型

从广告主题设计所侧重的不同角度，广告主题可以分为如表4-1所示的几种类型：

表4-1 广告主题的类型

序号	主题类型	中心内容	举例
1	以产品和服务为主题	讲产品、服务的优势、特点	冷酸灵抗敏牙膏的广告是“冷热酸甜，想吃就吃”，成为当时公认的“脱敏专家”
2	以企业、产品的历史、现状、规模为主题	以企业的悠久历史来提高产品的声望	四川泸州老窖的广告宣传其窖池是国家重点文物保护单位，以树立产品的声望
3	以技术或实力为主题	体现企业所采用的高新技术以及企业雄厚的经济实力	格力空调的广告宣传为“一晚只要一度电”，突出了产品领先的省电技术
4	以销售状况以及信息反馈为主题	将销售的空前盛况以及消费者的积极反应体现在广告中	香飘飘奶茶的广告为“已累计卖出超过130亿杯，杯子连起来可绕地球40圈”，证明其产品畅销
5	以情感诉求为主题	注重激发消费者情感诉求，以唤起消费者的共鸣	雕牌洗涤产品的广告始终以亲情为宣传点，“洗衣皂不伤手，雕牌，献给妈妈的爱”

3）选择广告主题应注意的问题

（1）根据产品的不同性质确定主题。

不同性质的产品都有其特定的销售对象，必须把不同产品的目标市场同多种多样的买主利益结合起来考虑。如做生产资料和高档耐用消费品的广告，其广告主题应突出产品的可靠性，重点宣传产品的性能、质量、商标的权威性以及企业向消费者提供售后服务的能力，包括服务网点的多少、服务队伍的大小、服务技术的高低等。而日用消费品，特别是化妆品、服装和“时尚”产品广告，则应以宣传产品的社会价值为主题，应突出宣传使用这种产品能给消费者带来什么满足，消费者能够获得什么新的价值标准，并应引发消费者产生丰富多彩的联想，以促进和强化消费者的购买欲望。如一则介绍服装式样的广告称：“该产品系采用80年代国际流行色彩，式样新颖，富有时代气息，穿着挺括、大方，给您增添风采和社会魅力。”这段以产品的社会价值为主题的广告，能使消费者产生较为丰富的联想和跃跃欲试的心理活动。

(2) 针对消费心理确定主题。

要注意研究买主的消费心理，运用广告宣传去激发它、满足它。首先，向买主宣传产品的独特优势，要避免选用竞争对手已采用的主题。市场上的同类商品往往会有很多种，如果仅仅用“物美价廉，款式新颖”一类字眼来宣传本企业的产品就太一般化了。要想唤起消费者的兴趣，就必须着重说明企业的产品有什么与众不同的地方。比如产品或劳务的质量特点，跟消费者或使用者有什么关系，对他们有什么益处，比竞争企业的同类产品又有什么长处等。人们常常要买的不是商品的本身，而是商品给他带来的希望、信念和价值标准。例如，有的消费者购买一辆汽车，是为了显示自己“身份高贵”；有的消费者购买一件衣服，是为了反映自己“情趣高雅”。因此，在选择广告主题时应注意从消费心理上牢牢抓住消费者。

(3) 突出宣传商标。

商标是一个企业或一种产品的质量、特点的重要标志。每当有众多的同类商品同时涌现在消费者面前任其选购的时候，消费者在一时还弄不清每种商品的质量时，往往会凭着对商标的信任来选购商品。这时，商标就对产品的销售起了很重要的作用。因此，企业必须用自己的高质量去创名牌，同时也要利用广告的形式突出对本企业商标的宣传。消费者对某种商品的商标信得过，就会形成购买习惯，并得到心理上的满足。

(4) 每个广告只突出一种买主利益。

一个广告的主题最好强调一种买主利益，这样针对性强，易于吸引潜在买主的注意。如果某一种商品特点很多，就不妨做成一整套广告，每个阶段的广告主题只突出一个特点，这样就能使广告“主题明确”。因此，广告的主题应重视整体策划，而不是一次设计，一成不变。

4.2 广告创意

任何策划如果没有创意做灵魂，在实施中就很难进行。在广告策划的总体要求下，每一个广告作品都应该有自己的目的、独特的主题和不同的创意，否则就可能是无效的广告。广告创意能赋予广告策划以精神和生命力。广告一般被人们认为只是推销的手段，但一则优秀的有创意的广告，一般具有意境和品位上的延伸和升华，能跳出商业气氛浓厚的“王婆卖瓜，自卖自夸”的模式，巧妙地将广告与艺术融合在一起，贴切、传神地运用语言与画面，营造出一种寓意深刻的超然胜境，使人们由此产生联想、回味、追忆、感慨、惊奇、赞叹等丰富的心理活动，并以此来激发消费者的情感和购买欲望。

由以上分析可以得知，广告创意需要精心构思，才能有效地表现作品的主题、意境和风格。

4.2.1 广告创意的含义

广告创意就是表现广告主题的艺术构思。广告创意是在广告创意策略的指导下，围绕最重要的产品销售信息，凭借直觉力和技能，利用所获取的各种创意元素进行筛选、组合、转化并加以原创性表现的过程。

1）广告创意的功能在于全力表现广告主题

在广告策划中要确定广告主题，但广告主题仅仅是一种思想或观念，如何把广告主题表现出来，怎样表现得更准确、更富有感染力，才是广告创意的宗旨。有了很好的广告主题，但没有表现广告主题的很好的创意，广告就不可能引人注目。广告主题只有通过广告创意创造出引人入胜的艺术境界，才能在广告作品中被准确地表现出来。

2）广告创意的手法是一种艺术构思

一般化、简单化的构思也能够表现广告主题，但却称不上是广告创意。艺术构思的基本特征是具有创造性和艺术美。广告创意要创造出一种意境，使广告内容与广告形式达到完美的统一，而缺乏艺术构思的广告就无法达到此目的。

3）广告创意是为广告制作提供前提

广告制作是把广告创意构思出的广告主题的意境利用艺术手段生动、形象地体现出来。广告作品是广告内容与广告形式的有机结合，是广告创意的具体体现。也就是说，广告创意是一种创造性的思维活动，是把广告主题形象化、艺术化表现出来的思考，广告制作则是把广告创意的思考成果具体化、物质化，直至完成作品的加工过程。没有广告创意就谈不上广告制作，而广告创意则要通过广告制作来具体体现。

由此可见，广告创意的含义包括两个要点：第一必须以广告主题为核心，必须紧扣主题；第二必须是艺术构思。两者有机统一，缺一不可，无法分割。广告创意是把广告主题这种抽象的思想和观念，构思成为一种景真、情浓、意切的艺术境界，以便制作成向受众展现的广告作品。

【同步案例4-2】

奇思妙想

背景与情境：在夏普除臭冰箱的平面广告的画面上，一个苹果生出许多螃蟹的螯足，使人看了一下子摸不到头脑：螃蟹的脚，苹果的背，这是什么意思？仔细一看，上面一行小字：“苹果有螃蟹味怎么办？”还是使人疑惑不解。再看下面的说明“有了夏普除臭冰箱，无此烦恼！”才恍然大悟：原来是夏普冰箱的广告。

问题：这则广告的创意和构思奇在哪里？

分析提示：画面中苹果与螃蟹看似风马牛不相及，然而经策划人员的精心创意，巧妙组合，用以表现和突出无臭冰箱的特殊功效，就显得贴切自然，生动形象，使读者不禁拍案叫绝，为之怦然心动。

4.2.2 广告创意的特征

广告创意的主要特征有以下四项：

学习微平台

微课4-3 广告创意的主要特征

1）构思单纯

所谓单纯，是指创意完全围绕着一个主题进行构思，不允许其他概念介入，以免造成干扰，冲淡主题效果或给人造成散乱的印象。单纯的主题显得清晰、明了、鲜明、突出，容易给人留下深刻的印象，并有利于这种印象的长久保留，同时，也有利于具体设计作品时提高技术成分的表现效率，使表现技法达到简洁明快的效果。

2）表现方式构思新颖

广告所宣传的产品或服务有什么优点和功能，跟消费者的生活有什么关系，能给消费者带来什么利益，所有这些都必须通过一定的表现方式才能传达给受众。表现方式越精彩，其传达功能越强，传达效果越好，给受众的印象也越深。因此，对表现方式的构思，必须力求新颖。新颖是精彩的必要前提。只有那种出人意料的、有趣的，甚至是惊人的表现方式，才能给人以强烈的视觉刺激和听觉刺激，形成强劲的冲击力。从心理学角度分析，直觉刺激越强烈，印象就越深，记忆就越容易巩固。将生活中很寻常的事物，以精心设计的惊人表现方式传达给别人，给人以崭新的感觉，使人久久难以忘怀，这是一切优秀广告创意都着力追求的。

3）广告形象构思确切

任何广告作品都要确立一种广告形象，包括文字、声音、图形的形象。广告形象包含着特定的传播内容和传播方式，是经过创造性的构思而确立的。广告形象一方面必须是确定的，要使消费者一眼就可以识别，使竞争者无法模仿或不便模仿。另一方面，广告形象与其所宣传的产品或服务必须相吻合，即广告创意所构思的广告形象在“性格”上要与广告策划中所确定的商品的“性格”相吻合。优秀的广告创意，总是力求让自己构思的广告形象既足以淋漓尽致地表现产品的“性格”，又足以流传千家万户，像“孙悟空”“猪八戒”那样妇孺皆知。广告形象构思的确定性和贴切性，是广告创意的重要特征。

4）情感效应构思自然

广告创意人员为了尽量接近消费者，使其广告创意扎根于人们的潜意识之中，融入人们的灵魂，总是在进行其他努力的同时，还想方设法在情感上征服受众。坚持“以人为本”，展现人民的喜怒哀乐，贴近群众生活，更加接地气、更加亲民。优秀的广告创意，无一例外地避免用硬性的或牵强附会的推销表现去劝说消费者，力图在亲切感人的气氛中含蓄地劝说消费者，使受众在欣喜愉快或激奋感动的情绪中自然而然地接受广告宣传。像威力洗衣机广告创意中的“回报母爱”的构思，就十分亲切感人，自然含蓄，给受众留下了深刻的印象。广告创意对这种情感因素所引起的受众反应要预先估计，对如何利用情感因素去最大限度地打动人心要进行构思，这就是所谓情感效应构思。情感效应构思要亲切自然，牵强附会无法打动人心，而矫揉造作则会失去受众的信任，给人以“虚情假意”“故作姿态”的负面印象。合情合理、和谐自然的情感效应构思，是优秀广告创意的又一特征。

广告创意的上述四大特征，一般是并存的。对具体的某一广告创意过程来说，可能某些特征比较突出而另一些特征则比较隐蔽，但在广告创意的普遍规律性的意义上来说，它们是相互联系、有机配合的，不能把它们孤立地分割开来。

20世纪80年代，中国香港有一家保险公司，推出了防盗安全保险柜这一新产品，为了迅速打开销路，在知名度极高的中国香港《大公报》和《文汇报》上同时刊发一则文字广告：“本公司展厅保险柜里放有10万美元，在不弄响警报器的前提下，各路英雄可用任何手段拿出来享用。”广告一出，轰动全港，工程师、警察、侦探、小偷，各色人物踊跃前往一试身手，但最终没有一人成功。此后，新闻媒体大肆渲染，产品声誉日佳，销量剧增。这则文字广告，看似普通平凡，实际上广告创意十分精彩，突出体现了表现方式构思新颖这一创意特征。其新颖之处在于，它不用通常的“可以用10万美元来担保本产品质量可靠”这种表现方式，而采用“我不用担心10万美元被人拿走，因为我相信产品质量过硬”这一表现方式，并且创意构思不只停留在文字表达这一步，还进一步把文字表达变成以10万美元作巨额酬劳而邀请消费者现场试用的邀约行为，最后通过这一邀约行为再把试用结果及其新闻效应变为宣传产品，这也就是广告创意中所构思的最终和理想的表现方式。

事实说明，广告创意的特征是广告运作规律的一种体现，把握这些特征，有助于提高广告理论水平，也有助于提高广告创意的构思能力。当然，也要防止把广告创意特征的理论教条化，使广告创意受到局限。从理论中寻求指导，从范例中汲取营养，才可能产生优秀的广告创意。

4.2.3 广告创意的依据

广告创意是一个寻求“最佳理由”和“最佳方式”，从而说服消费者购买的过程。这必须以企业营销策略、广告策略为依据，以产品定位为导向，使消费者形成有效诉求。广告创意既不能凭空创造，更不能胡编乱造，必须遵循一定的原则和依据。

1）广告创意必须把握广告产品的周期

任何产品进入市场销售，都有其产品的市场生命周期。广告创意首先应根据产品所处的生命周期，进行创意策划。产品处于导入期的广告创意与成长期、成熟期的广告创意是不尽相同的。如果一个尚处于导入期的新型家用电器，在消费者对其产品的特性和功能都没有了解的情况下，广告创意就去追求气氛表现，进行品牌巩固式的情感诉求，就会使消费者感到莫名其妙，丈二和尚摸不着头脑。反之，对于消费者已经普遍熟悉其产品特性和功能的冰箱，广告创意仍在展示其既能冷冻食物，又有冷藏等功能，消费者就会对此失去兴趣，这种不合时宜的广告创意将导致广告的失败。

2）广告创意必须针对广告产品的特点

不同产品有着不同的特性，广告创意只有根据不同的产品特性，进行符合产品特性的创意，才会收到广告效果，否则就会误导消费者。假如不分产品类别，都用一种模式或一种形式去表现，势必会影响广告信息的有效传递。如果不顾产品的特性，忽视了产品的类别特征，一味地都用美女形象来做广告，显然不会起到有效诉求和促销的作用。相反，根据广告产品类别，从产品的特性出发，去联想、创意、挖掘和表现这种产品的特性和本质，即使画面非常简洁、朴实，也会吸引消费者的注意，引发其兴趣，最后导致购买行为。

3）广告创意必须适合广告的目标对象

每个广告都有特定的目标对象。广告创意应从目标对象的特定文化背景、生活习惯、教育程度、年龄结构和心理特点出发，进行有针对性的诉求。如果不顾目标对象的心理特点，仅凭策划人员的主观想象进行广告创意，那么这样的广告将收效甚微。比如，家用拖拉机的广告，其主要目标对象是农民，如果策划人员不针对农民这一主要消费群的诸多特点和背景，而是别出心裁地运用高雅、朦胧、含蓄的表现手法，去突出其款式的新颖、迷人，那么其广告效果就会很差。

4）广告创意必须适应目标市场的区域情况

由于民族、历史、文化等因素的制约和影响，广告目标市场会有不同的风俗民情，所以在广告创意时，必须充分了解目标市场的区域情况，选择易于接受的语言及表达方式，才能有效地传达广告信息，否则，就会降低广告的亲和力，影响广告信息传达的效果。同时，广告表现中的环境选择也十分重要，如果环境选择不当，就会使广告环境缺乏亲和力。美国著名的可口可乐饮料的广告，就十分注重亲和力。尽管其产品配方一成不变，但分布在全世界数百个分公司的广告却并不相同。该公司通常采用委托各个洲的当地著名广告公司，拍摄符合当地风土人情的广告片的办法，进行极具亲和力的宣传，使可口可乐的品牌形象既十分鲜明又亲切自然，从而使该产品在世界各地畅销不衰。

4.2.4 广告创意的内容

广告的目的是沟通消费者，但因为产品的差异、目标市场的变化，以及产品与消费者之间关联因素的变化，所以广告创意的成果千姿百态，异彩纷呈。但是，所有的优秀广告创意，就其内容来看，又都具有同样的核心，即沟通消费者方案的策划，主要包括广告信息的构思、要素组合的构思和广告创作的构思三个层面的内容。

1）广告信息的构思

任何广告都永远只是一种信息，包括对产品或服务的介绍及对消费者利益的承诺等。广告创意将信息进行加工处理并构思成有效的传播方案，最后经广告作品和传播媒介送达消费者，从而实现沟通。可见，广告创意首先是“广告信息策划”，其内容有：

（1）信息目标的选择。

一般来说，运用不同标准对信息目标所做的相应分类见表4–2。

表4–2　**沟通消费者的广告信息目标**

信息目标	内　容
心理反应目标	引起注意，产生兴趣，激起欲望，确立信心，引发行动（购买）
行为引发目标	即时购买，周期性购买，节假日购买，长期购买
传播效果目标 经由心理传播途径 经由人际传播途径	主动学习，低程度介入，减少不满 一般性购买，团体购买，阶层性购买，家庭购买
企业形象目标	历史悠久，规模巨大，信誉良好，销售政策连续稳定，服务水平高
市场营销配合目标	配合组织营销活动，配合宣传产品事项
社会公益维护目标	倡导公益事业，宣传社会规范，提醒预防公害，对行业、产品进行调控性抑扬

对于某一个广告创意来说，只能选定某一个或几个信息目标，但是对所有的广告创意来说，却必须对上述目标逐一进行考虑，因而上述信息目标便成为广告创意理论上的内容。

（2）信息主题挖掘。

以调查素材为基础，提炼出一个意义核心，这个意义核心用最简洁的形式表达，表达所做的陈述在字面意义上要符合产品特点和消费者需求特性，陈述在深层意义上是利益的承诺。

（3）信息表达形象化。

进行创造性艺术构思，塑造典型形象（包括图形视觉形象、声音听觉形象、文字意念联想形象），并用以表达需要传送的信息。

（4）媒体适应措施。

信息应由媒体承载，广告媒体确定之后，信息策划必须考虑如何适应媒体特性的问题。

（5）信息传播策略。

为了让消费者更好地理解和接受广告信息，求得更好的传播效果，必须考虑策略问题。根据目标市场情况，一般可选用理智性策略和情感性策略，或者二者相结合的综合性策略。

2）要素组合的构思

营销学理论表明：市场营销要素的重新组合会带来市场要素关系的变化，从而导致市场格局的变动。广告创意的一项重要内容就是通过对原有市场要素的重新组合、市场旧要素之间新关系的产生进行构思。

例如，香皂的清洁去污功能、顾客的清洁去污需求，这是市场上已存在的两个旧要素；顾客的护肤、护发要求，是另外两个旧要素。最初，人们接触的广告，只宣传香皂可以去污，人们买香皂也只是为了去污。去污功能和去污需求这两个要素建立了关系，而去污功能和护肤、护发需求这些要素尚未建立关系。广告创意者发现香皂具有护肤和护发功能这一资讯后，便把香皂的清洁、去污功能这一要素与顾客护肤、护发的需求这两个要素组合在一起，使它们之间建立起新的关系。随之而来的有关香皂的品质特性、功能特性、目标市场、品牌定位、竞争产品等多方面的旧要素，都可能在此后的广告创意中发生新的组合，建立新的关系。

根据这个原理，广告创意的内容包括：

① 掌握与本产品销售有关的全部要素；

② 了解它们之间的各种相互关系；

③ 发现知识结点（系列知识联系点、事实类比相似点、关系推衍法则适用点）；

④ 构思对旧要素进行重新组合的方案。

3）广告创作的构思

所有的广告策划活动，最终都必须落实到广告作品上。广告作品的创作必须考虑主题、表现方式、形象塑造、情感效应这几个基本方面，否则难以构成完整的广告作品，因此，广告创意作为广告创作的中心环节，其内容也是由这几个方面决定的。

（1）题材选择和主题构思。

比如，万宝路广告创意，选择商品“性格”特征为题材，构思了“男人的香烟”这一主题；国际牌电冰箱广告创意，则选择了商品功能为题材，构思了“大容量”这一主题。

（2）表现方式构思。

比如，梅兰芳到上海首演，剧院招徕观众的广告创意构思了制造悬念的表现方式，连续在各大报刊发“梅兰芳”三个字的广告，制造了“梅兰芳何许人”“梅兰芳怎么样”等悬念。中国香港一家公司在房产经营广告创意时也构思了制造悬念的表现方式，在知名度最高的报纸上大版刊出一个特大的孤零零的问号，引起读者的猜想。

（3）广告形象构思。

比如，美国一则戒烟广告创意的形象构思就很出色，即从电视采访中截取一个片断，该片断的视觉形象是好莱坞电影明星因吸烟患肺癌在床上临死时的痛苦形象，其声音形象则是此明星53年来第一次反对吸烟的那几句遗言，语音悲哀可怕，听起来使人不寒而栗。另一则戒烟广告，虽只有文字陈述，却也有形象构思，它以吸烟的危害性为题材，构思了“地毯烧个洞”和“肺叶穿个洞”的受害形象，给人留下深刻印象。

（4）广告情感效应构思。

比如，日本大正时期一家饮料厂销售酸奶，以产品的酸甜味道为题材，构思其情感效应为：既能吸引青年男女，又能打动中老年顾客，于是创意构思落于“初恋”，让青年人向往，让老年人回味。“甜而酸的酸奶是初恋的味道”，这则广告果然以柔情赢得了顾客的心。

从以上三个层面分析可见，广告创意的内容是构思方案，信息策划是构思方案，重新组合旧要素也是构思方案，设计作品创作框架同样是构思方案，而且，方案越能有效地沟通消费者越好。

4.2.5 广告创意的过程

广告创意过程是一个复杂的脑力劳动过程，要想用一个模式来概括地描述这个过程相当困难。不过，根据广告大师们的实际经验和体会，可得到一个清晰的创意过程（如图4-1所示）。

图4-1 广告创意的过程

1）资料搜集

按照詹姆斯·韦伯·扬的观点，创意需要收集的资料有两类：一类是特定资料；另一类是一般资料。

（1）特定资料。

特定资料即那些与产品或企业有关的资料，包括以下三个组成部分：

① 确定产品的主销对象（目标消费群），即明确产品主要卖给谁，广告又传递给谁，这些人的年龄、性别、文化层次、职业及购买方式有什么特点。

② 确定产品的个性内涵，包括商品的档次、所用的原料、所含的成分、产地、用途、外观造型、色彩、包装、商标图形、产品知名度、产品是否获得荣誉等。

③ 确定产品的文化意味，即产品能够为人们的精神生活带来的利益。有的产品精神价值较为容易找到，如电视机给人们带来可视的信息。有的却未必好找，因此就要挖掘它们所具有的精神附加值。如中华牙膏这样的老牌子就要强化它所具有的怀旧感：“五十年风尘岁月，中华在我心中。”

（2）一般资料。

一般资料即宏观市场、目标市场及社会环境的一切要素，包括宏观市场的趋势、购买能力的增减、目标市场的分割状况、即将进入或准备扩大的市场位置、市场容量、本产品可以占据的份额，此外，还包括自然环境、国际环境、企业环境、广告环境及政治环境等各种资料。

这些资料需要运用多种手段去获得。有的需进行市场调查，有的则可以利用现成资料，通过查阅图书馆、档案馆加以解决，还有一些资料则需要创意者亲自访问商店、消费者来切身体验。值得注意的是，一切资料都应当通过归纳的数据来表达。

2）诉求点的确立和定位点的选择

当一个创意者面对一件需要进行广告宣传的产品时，他的基本素养表现在如何从一大堆关于产品的信息中甄别出几个诉求点，然后从中确立定位点。这样，广告创意的进行就可以顺理成章了。

(1) 诉求点的寻找。

诉求点即广告主对消费者所做的一系列承诺。这些承诺的确定取决于以下三个方面：第一，产品本身的特性；第二，目标市场及宏观市场的状况；第三，目标消费群的状况。其中，产品本身的特性具有核心位置。如同奥格威所说："真正决定消费者购买或不购买的是你的广告内容，而不是它的形式。你最重要的工作是决定怎样来说明产品，以及承诺些什么好处。"因此，找到正确的诉求点至关重要。

奥格威曾为海化娜·鲁宾斯坦的一种面霜做广告。他在仔细研究了产品以后，开出这样一张诉求清单：

- 洁净力可深入毛孔；
- 防干燥；
- 最完美的美容剂；
- 皮肤科医生推荐；
- 使皮肤变嫩；
- 防止妆粉脱落；
- 含有雌性荷尔蒙；
- 不含任何杂质；
- 防止皮肤衰老；
- 除皱。

这一系列诉求点都是有效的承诺，然而，应当只有一两个最主要的诉求点来代表最重要的承诺，它代表着产品形象。这一两个主要诉求点的甄选，就是定位点的确立。

(2) 定位点的选择。

在定位点的选择中，目标消费者的心理首先成为最重要的选择准则。

例如，前述面霜的定位点，奥格威就决定让消费者自己去选择。他让消费者看印有不同承诺的卡片，请他们选择最可能促使他们购买某种产品的承诺，结果"洁净力可深入毛孔"成为消费者的第一选择，并最终被确定为定位点。于是奥格威把这种面霜命名为"深洁面霜"。经过广告传播以后，该面霜很快便成为受欢迎的化妆品。

确立定位点的另一个重要准则是目标市场的状况，尤其是竞争对手的状况。

【小思考4-2】

问题：下列广告词的定位角度是什么？

①排毒养颜胶囊——排出毒素，一身轻松。②乐百氏纯净水——27层净化，品质保证。③某品牌服装——男人的衣柜。④某宾馆——五星级的服务、三星级的收费。⑤皇姑雪糕——儿时的记忆。⑥某牛奶——来自大草原的牛奶。⑦五粮液——500年的五粮液。⑧某楼盘——闹市雅居。⑨七喜汽水——非可乐。⑩艾维斯——在租车业中，艾维斯不过是第二位，那么为什么还用我们的车？因为我们更加努力呀！

理解要点：①功效定位。广告传播集中指向产品某一或某些功能，在实体功能和精神功能两个层面展开。②品质定位。广告传播集中指向产品的质量和品位，适用于整体品类已进入市场成熟期，或属于交际性或档次较高的产品。③使用者定位。广告传播集中指向产品所专门服务的某类消费者，该类消费者有一定的市场需求量和成长性。④价格定位。广告传播集中指向产品在价格方面的不同选择，适用于竞争激烈、同质化程度高的品类。⑤地区定位。广告传播集中指向产品为特定的地区研制和生产，适用于需求特殊、市场潜力巨大且有示范性和引导性的市场区域。⑥产地定位。广告传播集中指向产品的出产地，适用于该地区，对该类产品品质等方面具有权威性、领先性和正当性。⑦历史定位。广告传播集中指向产品及与其有关的悠久历史，适用于可以通过历史支撑消费的品类。⑧逆向定位。广告传播集中指向与主流产品定位存在较大差异的产品特征，适用于个性独特的产品。⑨是非定位。广告传播集中指向与强势品牌完全不同的产品类别，适用于独具个性的后来者。⑩比附定位。广告传播集中指向与强势品牌的关联性，适用于品质、档次接近的后来者。

3）艺术化

定位点只是为创意提供了原始素材，只有经过艺术化的处理过程以后，广告才会更生动、更具视觉冲击力，从而更有效地吸引受众，激发受众的欲望与兴趣，并加深受众的心理印象。

（1）什么是艺术化。

艺术化的主要形式，就是为广告定位，寻找一个合适而有效的载体。

【同步案例4-3】

当爱情和艺术相遇

背景与情境：RIO微醺的广告词——原来爱情是：我正要表白，而你也刚好“正在输入”。

爱情用文艺的手法表现，难免落入俗套。RIO微醺却用暗恋的、欲说还休的小女生心态，表达出爱情的美好。这款新的产品，还带有明显的时代烙印。产品的目标人群正是年轻人，对“正在输入”的会心一笑，和“让我脸红的，是你还是酒呢?”的问句都戳中无数少男少女的心。

广告选用年纪和气质都很符合剧情的当红女演员，表现力强，酸酸甜甜的爱情滋味，尽在RIO微醺里。

资料来源 作者根据相关视频广告编写.

问题：RIO微醺的广告有什么特点？

分析提示：广告创意的艺术化过程，首先是为广告定位，并找到合适的载体。

（2）艺术化过程。

创意需要想象，但并不是胡思乱想。詹姆斯·韦伯·扬也提出了这样的观点：创意只是把原有的要素做重新组合。通常，艺术化过程必须经历以下几个阶段：

第一阶段：确立依托点。所谓依托点，即艺术化赖以组合的几个要点，它们既有新产品的主要特性，又有市场的具体情况、消费心理，还可以涉及社会民俗风尚等，关键是要鉴别其是否最符合广告发布时期的情境。

第二阶段：试找出碰撞点。这个阶段要寻找的是各种依托点之间的相互关系，如拼图般地进行反复组合，同时，试图从不同角度去触摸这些依托点，不断探索它们的内在及延伸意义。这个时候，常常会得到少量不确定的或部分不完整的创意，应该及时地把这些思想的"火花"记录下来，然后进行筛选、比较。

第三阶段："石破天惊"。在此阶段创意者应当完全放弃具体的"拼图"，甚至掉转思路，去做一些轻松、愉快的事情，如看电视、听音乐、读小说等。创意常常会突如其来。它的标志就是：你的定位点获得了十分合适而有效的表现方式。例如，美国奥尔巴哈百货公司的广告创意"百万的生意，毫厘的利润"，仅把企业的"大生意"现状与企业的宗旨并列在一起和盘托出，却体现了强烈的艺术化效果；又如上海某品牌的香水广告创意"一分钱代价，七整天留香"，把价廉与香味持久做一个对比，立即把这一香水的特定优势揭示出来。

4）形式化

广告创意从资料搜集、寻求定位点到艺术化过程，并不意味着广告创意的完成，因为创意的实现必须经过形式化阶段。也就是说，创意要通过文本才能得以表现，要通过视觉化才能得以强化，要通过大众媒介才能传达给目标对象。

（1）文本化。

创意只有通过语言才能得以表达，文本化是创意变成广告的必经途径，而且表达过程也是创意不可或缺的组成部分，因此，广告创意文本化至关重要。

（2）视觉化。

所谓视觉化，是指创意不仅通过文字语言，而且通过直观画面传达出来，给目标受众以强有力的心理冲击。广告创意视觉化的要求也是广告表现的重要内容，涉及构图、布局、图案、色彩等一系列技术问题。

4.2.6 几种经典的广告创意方法

现代广告日新月异，广告创意层出不穷。科学地把握和巧妙地运用那些被实践证明有效的创意方法，具有重要的现实意义。

1）两种经典创意方法

（1）詹姆斯·韦伯·扬的“五个阶段”创意法。

这种创意方法的要点是：

- 搜集原始资料，包括解决眼前问题的资料和平时不断积累的一般知识资料。
- 用心智去仔细检查这些资料。
- 深思熟虑，让心智的触角到处探试，把一个事实反复地从不同的角度，用不同的见解、不同的方式加以观察；然后记录忽隐忽现的不完整的创意片断；再使大脑处于完全轻松、不问正事的娱乐状态，让心智在下意识中自然而然地“消化”资料，寻求相互关系，并进行汇聚组合的综合工作。
- 在一段休息和放松之后，创意产生。
- 耐心工作，使新生的创意完善并最后成形；然后征询意见，完成适应性部分，把它发展成能够实际应用的创意。

以上“五个阶段”创意法既是作者几十年广告生涯艰苦探索的经验总结，并从世界许多著名作家、科学家的创作、发明过程中得到验证，同时也符合现代心理学中所揭示的人的思维规律。其价值不仅在于叙述了广告创意的一种有效方法，并具有经典示范性，更重要的是，它明确表达了一种观念：“知识是杰出创意的思想基础，但不止于此，知识一定还要加以消化，最后以一种鲜活、崭新的相互关系与组合出现。”

（2）亚瑟·科特勒帕的“二旧化一新”创意法。

“二旧化一新”的含义是：两个原有的相当普遍的概念或者两种想法、两种情况，甚至是两个事件，将它们放在一起，甚至将两个完全相互抵触的想法放在一起，结果得到一个以前所未曾考虑过或根本未曾想到的新组合，这个新组合就是“二旧化一新”的结果，它会导致一个创意的新构思。

“二旧化一新”创意法的主要价值在于，能使创意者把各种不相关的，甚至相抵触的事物经过冲突组合而成另一个更使人注目的创意构思。它的科学性同样可以从心理学关于想象和创造性思维方面的研究成果得到证实。

【同步案例4-4】

二旧化一的创意

背景与情境：澳大利亚一家航空公司想推出一则广告吸引顾客，创意时发现了一对矛盾：旅游者热衷于晴天乘飞机旅游，然而又担心中途下雨会大煞风景而很少乘机旅游。也就是说，“下雨”和“旅游”是两个相抵触的事件。创意者把这两个相抵触的事件（或者说旅游者心里相抵触的两种想法）放在一起，形成了“下雨旅游”的新组合，乍看这是违反常理、不合常情的荒唐组合，但是创意者对这个从未考虑过的新组合反复思索：能不能让人们下雨也去乘机旅游呢？

也许用免费优待的方式可以吸引顾客？就这样，一个新的创意出现了：天晴不用说可以尽情游玩，下雨也不要紧，不收费，顾客也没有什么损失。因此，无论天晴还是下雨，你都放心地乘机旅游去吧！这个新创意浓缩为六个字：“下雨，免费旅游。”为了避免公司收入因免费过多而遭受损失，另在广告内容里附加一条：规定下雨时间必须在连续三天以上，即下雨时间不满三天，旅游者不能享受免费优待。而这一规定却远不如大标题那样醒目，往往被顾客忽略了。人们心目中最深的印象只有一个：下雨旅游时乘飞机可以不花钱。

资料来源　佚名．亚瑟·科特勒帕的二旧化一新创意法［EB/OL］．［2015-12-13］．http：//baike.baidu.com/link？url=G9eysfyJNy-9AlN7q2AF07-GkiKKRFzPDVSnAkKC8KxNuobX42HyVgRJMh NhojIEgvrM56 L4NfpJrVRfuW4Avq．引文有删减。

问题：这则创意广告带给你怎样的思考？

分析提示：这则广告是“二旧化一新”的典型案例，通过把两个相矛盾的事件黏合，竟形成了奇巧的创意。这也是营销的创新。

2）“水平思考”创意方法

水平思考法的要义是“不连续思考”“多方向思考”，以寻求突破，即不必“彻底想通”，只求想出可能会解决某一个问题的新的方法与途径。务求突破已有定型，对新的和以前未探讨的关系或范围进行可能性探讨。

水平思考法的主旨在于补充垂直思考并特别导入不连续思考，以利于“再形成构思”（两者的比较见表4-3）。在许多情况下，创意人员的心智行为已经定型化，这样将不利于再形成另外一些构思，因而心智上也就会缺乏最新的可充分使用的资讯。在这种情况下如果继续进行传统的垂直思考，就会对创意极为不利，必须特别导入不连续思考（即水平思考），避开那些旧构思，从而激发出一些新构思。新构思形成后，再使用垂直思考法，将新构思加以有效发展，直至创意完善。

在以下几种思维形态下，可以突破垂直思考的局限而激发水平思考：

• 对目前情况进行选择；
• 对目前假定进行挑战；
• 着力创新；
• 暂停判断一个时期；

表4-3　**垂直思考法与水平思考法的比较**

垂直思考法	水平思考法
（1）选择性的	（1）生生不息的
（2）在假定有一个方向时思考才会移动	（2）在没有任何方向时思考移动，以求产生某个方向
（3）是分析性的	（3）是激发性的
（4）按部就班的	（4）可以跳来跳去的
（5）每一步都必须正确	（5）不必考虑这一问题
（6）在需要限制某些途径时使用否定	（6）没有否定
（7）要集中排除不相关者	（7）欢迎不相关者闯入
（8）遵守最可能的途径	（8）探索最不可能的途径
（9）类别、分类法和名称都是固定的	（9）类别、分类法和名称不必固定
（10）是无限的过程	（10）是或然性的过程

• 把一个普通方法反其道而行之；

• 按情况做类推；

• 采用头脑激荡法。

例如，三家服装店的故事。在一条街上开着三家相邻的服装店，竞争十分激烈。第一家服装店的广告是："1881年开业，专卖上等服装。"第二家服装店也做了一则广告"1881年开业，专卖最新服装"。第三家服装店正夹在中间，它的广告是："主要入口处"。故事的真实性并不需要加以考证，但它确实对水平思考法做了最好的诠释：第二家服装店运用的是垂直思考法，顺着第一家服装店的思路深入，而第三家服装店却跳出前两者的思路，采用水平思考法，另辟蹊径，显得高人一筹。

3）"集脑会商思考"创意方法

这种方法是管理决策的一种基本方法，运用于广告创意很有成效。其特点是：不是由某一个创意人员去单独构思，而是组织一批专家、创意人员和有关人员，对广告创意主题进行集中讨论，面对面商量，通过汲取与会人员的建议和意见，依靠集体智慧，形成创意构思，并加以发展完善。

集脑会商思考是一种规模性的智力活动，因而对所要解决的问题必须具体化，针对性强，探讨要深入，不允许做长时间的散漫的马拉松式低效率思考。参加人员应当思维敏捷，头脑灵活，尤其要保持大脑的高度兴奋状态，全神贯注。要让每一个人的构思建议对别人头脑中的构思产生启发、引导和冲击作用，激荡起波澜，碰撞出火花（为此，这一方法也被形象地称为"头脑激荡法"或"头脑风暴法"）。会商会议上禁止批评意见，对别人的意见不允许在会上即时反驳，只鼓励欢迎正面阐述自己的意见，想法越独特越好，提倡在适当限度内的标新立异。会商会议力求产生大量的构思，会后再由专人负责整理。形成结果后，由创意人员直接进行归纳和完善，通过启发、联想、补充后产生好的新创意。

在整个广告运作过程中，广告策划是主体，广告创意则居于中心。缺乏优秀的广告创意，广告战略和广告主题就难以充分体现，广告表现也就只是一些没有活力的图文。

【小资料4-2】

广告创意的思维方式

（1）顺向思维，即按常规定式思维。其极易形成线性（一维）思维。在广告创意中采用顺向思维，就是按照常规定式，从上到下、从小到大、从左到右、从长到短、从低到高地进行思考，自然顺畅，使人容易接受；但这种思维易形成习惯性定式，影响思维的创新性开发。

（2）逆向思维，即反常规、反传统的思维方式。在广告创意中，逆向思维往往能找到出奇制胜的新思路、新点子。

（3）形象思维，又称直觉思维、面型思维，它是借助具体形象的生动性、实感性来进行创意的一种创造性思维方式，包括具体形象思维、言语形象思维和逻辑形象思维。形象思维又通过表象、联想和想象的方式来表现。

(4) 灵感思维，又称顿悟思维，或体型（三维）思维，它是具有突发性、瞬时性、随机性、跳跃性、创造性的思维活动方式，是潜意识转化为显意识的一种特殊表现形式。其往往是现象思维、形象思维交叉使用，相互补充，有效综合，从而创造性地解决问题。

(5) 抽象思维，又称理性思维、逻辑思维，它是借助概念、判断、推理等抽象形式来概括验证创意的一种思维方式。抽象思维贯穿于广告创意的全过程，特别是在广告准备酝酿阶段，要运用逻辑思维方法进行归纳分析，在广告创意中往往用抽象化手法表现具体事物和意念，使广告语的内涵有更大的理解张力。

(6) 发散思维，又称扩散思维、辐射思维、开放思维等。这是一种由一点向外联想、发散思考的方式。在广告创意中利用这种思维方式，可以充分调动沉淀在大脑中的素材，运用丰富的想象异想天开，产生新思维。

(7) 聚合思维，又称收敛思维、集中思维等。与发散思维方向正好相反，它是一种异中求同、归纳集中、由外向里的思维方式。在广告创意中运用聚合思维有利于创意的深刻性、系统性和全面性，特别是在选择、验证创意时，聚合思维有特殊意义。

(8) 纵向思维，又称垂直思维。它是指根据事物本身的发展过程，按照既定的思考路线进行上下垂直式思考。这是一种探索前因后果、把握来龙去脉的传统思维方式。在广告创意中运用这种思维方式，能历史地、全面地看待问题，有利于思维的深刻性、系统性，但因思维点一环一环紧密联结，若一个环节中断，就会使整个思维过程不能继续下去。

(9) 横向思维，又称水平思维。它是从与某事物相关联的其他事物的分析、比较中寻求突破口的一种思维方式。在广告创意中运用这种思维方式，可以启发灵感，产生新构思，收到意想不到的创意效果。

资料来源 李宝元. 广告学教程［M］. 2版. 北京：人民邮电出版社，2002.

【同步链接4-1】

中国广告创意中的“有形”到“无形”

泱泱中华，历史悠久，文化辉煌，中国有坚定的道路自信、理论自信、制度自信，其本质是建立在五千多年文明传承基础上的文化自信。党的二十大报告指出：“中华优秀传统文化源远流长、博大精深，是中华文明的智慧结晶，其中蕴含的天下为公、民为邦本、为政以德、革故鼎新、任人唯贤、天人合一、自强不息、厚德载物、讲信修睦、亲仁善邻等，是中国人民在长期生产生活中积累的宇宙观、天下观、社会观、道德观的重要体现，同科学社会主义价值观主张具有高度契合性。”而中国广告独特的创意源泉则来自于中华民族深厚的传统文化，在国际广告作品中，各国设计师善于挖掘中国传统文化的具体形象符号，越来越多的广告人都认识到诸如汉字、戏曲、服饰、饮食、民俗等“有形”的中国文化元素，但是却忽视了“无形”的中国文化元素。鲜有人会透过表面看到中国人自古以来所推崇的抽象精神符号，如中国的文艺精神、哲学精神等优秀的传统文化。

中国的哲学思想相较于中国文化元素符号更能在心理上与受众触发情感，从而产生共鸣，成功的广告不仅能够传达社会、经济、文化信息，同时能够传播一定的价值观，这样的广告创意设计才会耐人寻味。在中国文化元素中，更高境界的创意表达是抽象的精神情感元素，脱离了具象中国文化元素符号的中国哲学思想，是全球化的、现代化的，也有利于折射中国文明、弘扬中国文化，对中国文化的传播具有深远的影响。

资料来源 求是网评论员．中华优秀传统文化是我们党创新理论的“根”［EB/OL］．［2022-11-3］．http：//www.qstheory.cn/2022-11/03/c_1129098532.htm．引文经删节。

4.3 广告表现

把广告的“创意”写成方案，这是广告撰文人员的事，而把广告“创意”予以视觉化，则是美术指导人员或美工人员的事。而用“语言”来表现一个创意、一种观念，最后被视觉化，就是现代广告表现。

4.3.1 广告表现的法则

所谓广告表现，就是根据广告媒体的传播特点，充分运用语言、文字、音乐、画面、图片等多种表现形式，将广告的主题、创意，直观地、生动地加以体现的过程。广告有多种表现形式，其基本原则是必须遵循AIDMA法则。科学的广告诉求是依照心理学法则的。消费者接受广告的过程，一般可以归纳为以下5个步骤：

- 注意（attention）；
- 兴趣（interest）；
- 欲望（desire）；
- 记忆（memory）；
- 行动（action）。

如图4-2所示，这个过程，也就是广告对消费者进行影响的过程，因而广告表现应首先遵循这一法则。

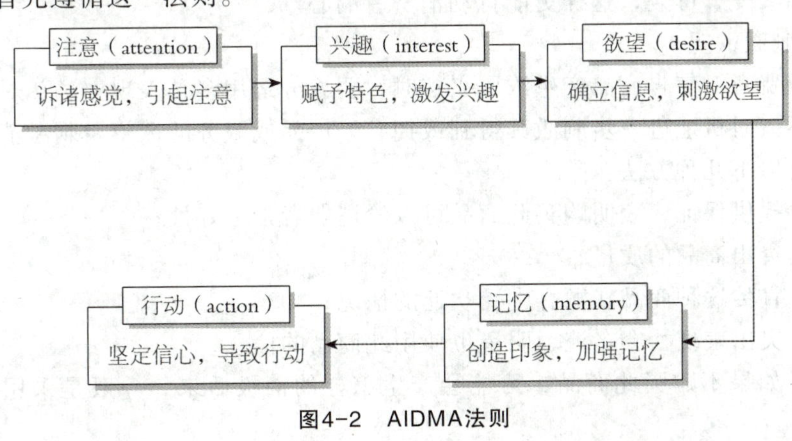

图4-2 AIDMA法则

1）引起注意

行为科学研究表明：一则广告要对消费者起作用，首先要能引起人们的注意。如果广告不能吸引人的视线，特别是不能引起目标消费者的注意，那么广告就等于白做了。因而，广告表现首先要能够努力抓住人们的眼睛和耳朵。好的广告能使消费者在无意中被深深吸引。广告表现要引起消费者的注意，通常有这样几种做法：

（1）在广告标题中突出商品及服务的名称、内容；

（2）具有新颖、独特的广告形式；

（3）通过广告面积大小的对比、色彩的对比、强弱的对比、编排的对比等，使该广告与其他广告有显著的差别。

2）激发兴趣

不仅要吸引消费者的注意力，还要唤起他们的兴趣，即让消费者能继续看下去，并对广告的内容产生兴趣。为了引起兴趣，广告往往要针对消费者的需要进行诉求，其方法有：

（1）突出商品给消费者带来的利益；

（2）突出针对人体生理需要的诉求，如商品与服务在满足消费者衣、食、住、行需要上的作用；

（3）突出情感诉求，如化妆品、时装等方面的广告强调使用后对异性的吸引力等；

（4）突出健康的诉求，如药品、卫生用品、体育器材的广告强调产品对人类健康的益处；

（5）突出社交的需要，如节日商品、礼品、饮食服务业等方面的广告往往强调对社交的促进作用；

（6）突出人情味，通过在广告中突出人情味，从而调动消费者的情感；

（7）突出娱乐的诉求，一些日用品、家电产品，往往强调其在娱乐方面的作用；

（8）突出慈爱的诉求，为了投合父母喜爱子女的天性，在儿童用品的广告中，突出父爱、母爱，这样更能打动消费者的心。

3）刺激欲望

在消费者对广告商品产生浓厚兴趣时，要充分运用多种表现方法，对其进行劝说，不失时机地进一步刺激其得到或拥有该产品或服务的欲望。刺激消费者欲望一般有以下几种方法：

（1）提供保证，表明购买此商品可以给消费者带来好处；

（2）突出商品的质量；

（3）宣传这种商品在顾客中受欢迎的情况；

（4）突出表现社会名流、明星也使用此商品的信息；

（5）如果不购买此商品，可能会产生怎样的消极后果，一般是采用比较的方法。

4）加强记忆

消费者从获得广告信息到采取购买行动，一般要经过一段时间。因此，使消费者记住广告的内容，就显得十分重要。在广告创作表现中，可以采用以下方式：

（1）简练、易懂、具有节奏感的广告词，醒目、易记的广告标题、口号；

（2）突出企业名称及商品名称；

（3）在广告文稿中加入促使消费者联想的内容，如标志、人物形象等；

（4）运用多种表现手段和方法，加深消费者的印象。

5）导致购买行动

广告的最终目的，是劝说消费者购买广告所宣传的商品与服务。为了达到这一目的，广告表现常采取劝说消费者迅速采取购买行动的方法，如马上购买可以享受各种优惠，规定优惠购物的期限等。

【小思考4-3】

问题： 广告表现的基本要求是什么？

理解要点： 广告表现的基本要求是：

（1）广告表现的内容必须真实和准确，不能有虚假和欺骗的成分。

（2）广告表现形式应该力求新颖、简洁，应做到各种艺术手段和信息符号的综合运用和有机结合，应该以新颖而简洁的表达方式使受众眼前一亮，给受众一种新鲜感。

（3）广告表现要能引起预期的联想。广告表现本身只能直接或间接地传达一些产品和企业的信息，所以广告表现的各个要素都应该能够引起相应的联想，从而引导人们把想法与广告信息联系起来。

（4）广告表现应该符合公共利益，要考虑到对社会产生的影响，提倡积极向上的生活观念和方式，不能违反道德规范，一味地追求经济利益。

4.3.2 广告表现的形式

广告传播的形式多种多样，广告表现的形式更是层出不穷。从报纸广告、电视广告、广播广告和杂志广告这四大媒体广告，到户外广告、POP广告、直邮广告以及各种新的媒体广告，广告的传播形式变得越来越丰富多彩。而且，为了实现AIDMA法则，设计人员几乎借用了所有的艺术手段，文学、诗歌、电视、音乐、摄影和绘画等。因此，从某种角度上说，广告是一门艺术。

然而，广告与其他艺术有着根本的区别，广告表现的最终目的还是促进销售。广告界颇有名望的奥美广告公司的创始人大卫·奥格威曾经说过："广告不应该视为一种艺术形式的表现。广告唯一正当的功能就是销售——不是娱乐大众，也不是运用你的原创力或美学天赋，使人们留下深刻的印象。"因而，广告的表现应紧紧围绕促销这个中心目标。根据这一原则，可以将广告的表现形式分为三类：

1）商品情报型

这是直接传播广告商品的性能、特点、功效等信息的广告表现形式，以突出商品本身的信息情报为主，达到传播信息，引发消费者兴趣，促进商品销售的目的。早期的广告以商品情报型表现形式的居多。一些新产品面市，为了让消费者了解其作用和特点等，常常运用这种方法。如电视机、录像机等家用电器刚刚进入市场时，人们还不了解其性能、特点和作用，通过商品情报型广告对其功能的介绍，使消费者逐渐了解并接受这类商品，进而购买。可见，这是一种向消费者推荐新产品的广告表现方法。

商品情报型广告表现可分为五类：

（1）比较类。

将该类商品情报型广告与其他商品相比较，突出其明显的区别。

（2）USP类。

该类商品情报型广告从客观的立场，证明其独特的程度。

（3）先下手类。

该类商品情报型广告并不诉求独特程度如何，只诉求客观事实。

（4）夸张类。

该类商品情报型广告无法客观地证明其特点，采用适当的夸张表现手法。

（5）一般商品情报型。

该类商品情报型广告以商品种类的特长，取代品牌本身的特长而进行诉求，而且其诉求属于情报型的。

2）生活情报型

这是一种从消费者的利益出发，宣传商品或服务带给消费者的价值、利益和欲望满足等的广告表现形式，以展现商品与消费者生活的关系，从而达到刺激和引发消费者对商品的兴趣，最终促使其购买该商品或服务的目的。生活情报型广告表现可分为四类：

（1）使用者印象类。

该类生活情报型广告以品牌使用者与生活形态为焦点，且以使用者为中心进行广告表现。

（2）品牌印象类。

该类生活情报型广告传达品牌个性，以品牌印象为中心进行诉求。

（3）使用情景类。

该类生活情报型广告以使用该品牌的场面为第一重点进行表现。

（4）一般生活情报型。

该类生活情报型广告以商品种类为中心，并以使用者的亲身消费体验为重点进行广告表现。

3）附加价值型

这种广告表现形式通过对广告商品或服务的附属信息进行强化和宣传，使之具有一种新的附加价值，产生新的魅力，从而吸引消费者的注意，满足目标消费者的愿望，给消费者留下深刻印象，并因此购买商品或服务。

在现代商业竞争中，企业间的生产技术水平已非常接近，产品质量也无太大的差别。消费者在购买商品时，往往是根据对某个企业或品牌形象的印象做出购买决定的。因此，企业形象或品牌形象对消费者的影响就显得十分重要。消费者常常是凭其对某个企业或品牌的印象好坏，去购买诸如“桑塔纳”轿车、“格力”电器、“科龙”空调或“小天鹅”洗衣机，这种原本属于非商品属性的附加价值因而变得十分重要。

2021 年，河南省严重受灾，“鸿星尔克”为灾区一次捐赠 5 000 万元人民币。作为一个品牌效益不好的体育用品中型企业，5 000 万元的捐赠款项可谓是“巨款”。但就是在企业面临线下门店接连关停、生存压力极大的时候，仍怀揣民族荣誉感，倾其所有守望相助。“鸿兴尔克”的直播间和线下门店被突如其来的消费者挤爆，很多产品卖断货，善举换来的是普通消费者对“良心企业”的大力支持，一度濒临破产的企业重回生机，“鸿星尔克”的品牌附加值迅速提升，获得了更多消费者的认可。

4.3.3 广告表现的策略和技巧

广告创意讲究创意诉求策略，然而在具体实施中，仍需要广告表现视觉化及技巧的支持。广告表现视觉化及技巧的运用，除能引起注意外，还能达到提升广告创意认知强度、强化广告创意认知深度、延长广告创意认知时间以及增加广告创意认知兴趣等效果。因此，应根据广告创意策略，选择相应的广告表现策略，采用恰当的广告视觉化及表现技巧，提升广告创意的效果。

1）创意的视觉化

广告创意的视觉化，即采用语言以外的方法，把广告创意图画化。研究表明，在表达上“图文比文字强 85%”，这并非说语言或文字缺乏表现能力，而是说图画比语言、文字在视觉表达上更具卓越的力量。因此，离开创意视觉化来谈广告传播和实施，显然是不合理的。如何使创意视觉化，如何把构思演变为具体表现，主要受设计人员的视觉化想象力的影响，其方法不胜枚举。

下列几种常见的方法可资参考：

（1）商品本身表现法。

说明商品最简单的方法就是展示商品本身，尤其是当广告商品具有其他商品绝无仅有的外观时，采用本法最为有效。如果商品被包装所包裹，为了刺激消费者的购买欲，仍应设法展示出商品的本来面目。包装上若印有厂商的名称，也可以对此加以特写。

（2）衬托商品表现法。

虽然商品本身具有特殊功能，但在外观上却与竞争商品类似，如果只拿出商品本身就容易与竞争商品混同。因此，必须在陈列商品的同时，用某种背景加以衬托，以凸显出商品的特殊功能。当采用此种方法时，应尽量使背景简单，不要过分醒目，商品与背景互为协调，而且背景必须与商品形象有关。

（3）使用中的商品表现法。

如果只是看螺丝起子的静态画面，则与其他螺丝起子的画面毫无二致。如果创造一个实际使用螺丝起子的景象，感觉就不同了，其视觉印象就很深刻，因为映入受众眼帘的是实用工具。这种表现使人感到商品与日常生活有密切的关系。

（4）强调使用方便性表现法。

当说明商品功能时，强调消费者使用该商品可以得到很多方便，从而对该商品会产生浓厚的兴趣。即使商品形态、颜色无任何出奇之处，若能充分表现出使用时的方便，就能加深商品给人的印象。若不用该商品就感到不便，这种表现法也有效果。譬如，未用樟脑球防虫剂而蛀蚀了衣服，未用录音机以致过分依赖秘书等。

（5）戏剧型的标题表现法。

此表现法即把大标题加以视觉化，譬如以“半价廉售”作为大标题，可用剪刀把一元的钞票化成两个五角的硬币的画面来表现。

（6）某一场面戏剧化表现法。

此表现法即把方案中有趣的景象用新闻照片、图画等来表现。此时，犹如强调商品特征一样，须择其重点，选择富有戏剧性的适当场面。譬如，当广告商品发生某种惊人新闻时，用该新闻照片或新闻较有效果。

（7）证据表现法。

如果能把商品使用后的效果，在广告上显示出来，其说服力将会更高。例如，用试管、显微镜等仪器做各种实验，用科学的方法来证明商品的特性。例如，表示电冰箱涂漆的耐热性，可以拍一张电冰箱上放着一支未熄灭的香烟的照片，标题用“电冰箱毫不在乎”，就能达到说服的效果。

（8）连环图表现法。

一幅印刷广告，有时也可用很多画面。此时，广告的创意可能是一个有趣的故事，这个故事本身要有一贯性，要把所强调的场面，归纳起来，以掀起高潮。

连环式的表现，大都采取下面的形式：发生问题→解决问题→问题解决后的喜悦→劝购商品。在某些场面中，开头时如果用照片，则其他的场面也可用手画，以求变化。

（9）图解表现法。

当顾客在商店购买商品时，即使商品准予任意抚摸观赏，但和其他商品究竟有何不同，有时亦难了解。因此，可将商品某一局部加以特写，来做具体的表现。当然所特写的部分应当是该商品最重要的部分，或是它发挥功能的所在。

此种方法用作表现该商品在构造上较其他商品的特别之处时，非常有效，或将所强调的部分用箭头表示，用圆圈圈起亦可。

（10）比较对照法。

我们在说明某种物品时，常会举出其他物品作为比较，广告表现也可用此种方法。为了强调广告商品的销售重点，不妨举出某种类似商品用作比较，可以说得更明确、更具体（当然要注意不能违反广告法的规定）。比较商品使用前后的效果，就属于此种范畴。此时，须将两种商品置于同样的状态，并彻底明了其不同点。

（11）漫画表现法。

所有国家的人大都对漫画感兴趣。在挤满铅字的报纸里，如果有一幅漫画，就会成为读者心旷神怡的园地。所以，用漫画来表现广告内容，是一种有效的做法。

漫画能缓和读者对广告的抗拒，可降低对广告的厌恶感，在不知不觉中把广告的内容沁入心田。当然，用漫画做表现，也不能忽略要传达的销售重点。

（12）企业宠物表现法。

企业宠物（pet），一般称为象征物（trade character）。用企业宠物作为视觉表现，大体有两种方法：一种是把企业宠物用作广告的一部分；另一种是只举出企业宠物，以建立企业或产品的印象。在广告中，用企业宠物不仅使读者易于联想到商品，还能把商品的特征强烈地表现出来，赋予广告受众以亲近感或特定的印象。

（13）图表表现法。

广告表现用文字远不如用图表能使读者一目了然，这是实践的经验。如果把抽象而笼统的文字，用具体的数字或图表说明，就更能增加说服力。尤其在机械器具的功效或金融业务方面，用数字或图表表现，就更为有效。数字或图表本身是枯燥乏味的，因此必须配合其他因素，例如与图画并用，可以消除图表的单调，也就是说，必须加上洋溢着人性温暖的画面。

（14）透视图表现法。

如果商品的特征潜藏在商品内部，从外部观看只会使受众感到茫然，此时必须除掉外壳，采用“X光”透视方式，使受众看到商品的内部构造。

（15）象征物表现法。

此种象征不是有形的商品的简单象征，而是具有更深远的意义。例如，“马蹄”代表幸运，“月桂冠”代表成功，“女神持秤”代表正义等，这些象征物都各有其传统上的象征意义。将企业或商品做象征表现手法，与其说是对卖方有利，不如说是使买方自我满足的有效方法。因此，不要只依靠象征物，而是应当以激发广告受众的兴趣和联想为中心。

【小资料4-3】

受众视觉心理反应规律：色彩情感与曲线感受

色彩有明暗冷暖之分，它们给人们的心理感受是不同的。明朗的色彩有温暖、欢快、动态之感，暗淡的色彩给人以清凉、郁闷、死板的感受。除黑白色外，赤、橙、黄、绿、青、蓝、紫色各有不同的冷暖色调，如图4-3所示。

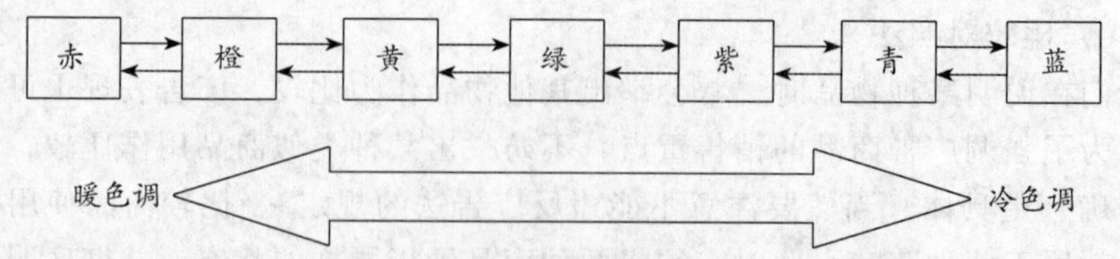

图4-3　色彩的冷暖

一般说来，受众对各种色彩的心理反应如下：

——黑色具有寂静、悲哀、罪恶、绝望、灭亡等感受；

——白色具有洁白、明快、纯真、清洁感；

——灰色具有中庸、平凡、温和、谦让、中立、忏悔等情感；

——红色是一种激奋的色彩，有刺激效果，能使人产生冲动、愤怒、热情、活力的感觉；

——绿色介于冷暖两种色调之间，属中间色，有和睦、宁静、健全、生命不息之感，与金黄、淡白配合能产生优雅、舒适的气氛；

——橙色具有轻快、欢欣、热烈、温馨、庄严的效果；

——黄色明度最高，能充分反映光线，具有快乐、希望、智慧和轻快的个性；

——蓝色是凉爽、清朗的色彩，与白色搭配，能显现柔顺、淡雅的气质；

——紫色是最具神秘感的色彩，能产生高贵、庄严、豪华的气氛。

对色彩的感观会因人而异，不同性格的人，色彩对他的心理影响是很不相同的。活泼开朗的人一般喜爱鲜艳的颜色，而内向文静的人则喜欢暗淡的色调。年轻人喜欢鲜亮醒目的颜色，而中老年人则喜欢庄重的色调。受基督教影响大的地区，黑色乃禁忌色彩，白色对中国人来说则属于丧色。广告设计者应针对不同的消费群体、不同的地区和时令，以及广告所宣传的商品品质及物理属性，在广告作品中选择最佳的色彩组合，以期收到好的心理效果。

曲线有三个基本要素：形状、节奏和方向。曲线的形状又大致分为弯曲状（波浪形）和棱角状（折线形）两种，节奏有慢、中、快之分，方向大致可以分为水平、上倾和下滑三种方向。这样，三种要素就会形成18种曲线类型。这些曲线给人的视觉感受是不一样的（见表4-4）。在广告表现上，应注意遵从这些曲线的心理定式。

表4-4　　曲线的视觉心理特性

		慢	中	快
水平	弯	沉静的 温和的	欢快的	冲动的
	棱	死的 严肃的	苛酷的	有生命力的

续表

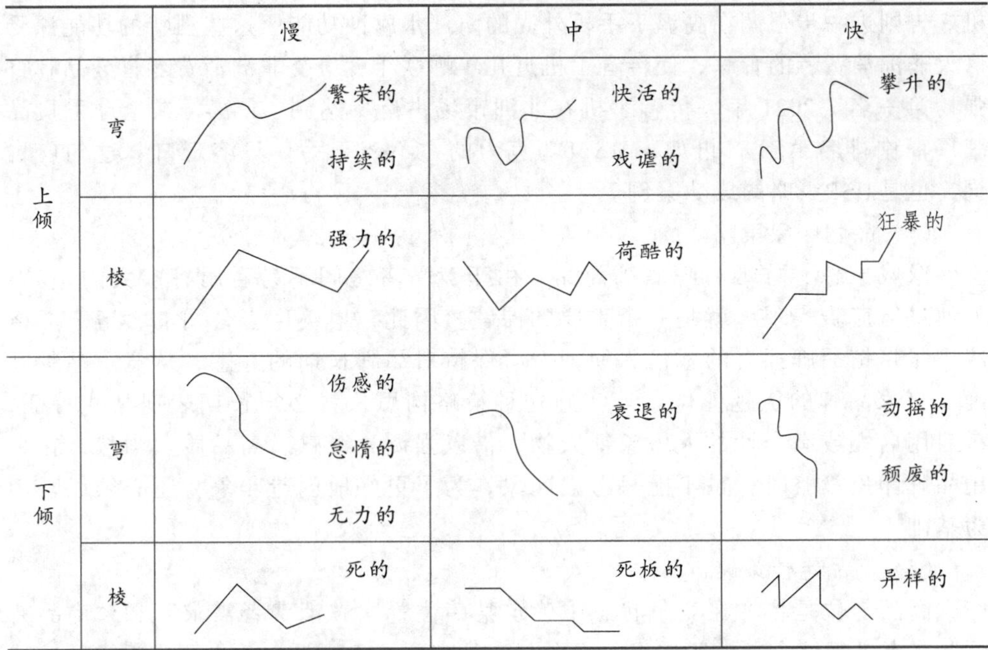

		慢	中	快
上倾	弯	繁荣的 持续的	快活的 戏谑的	攀升的
	棱	强力的	苛酷的	狂暴的
下倾	弯	伤感的 怠惰的 无力的	衰退的	动摇的 颓废的
	棱	死的	死板的	异样的

资料来源　李宝元. 广告学教程［M］. 2版. 北京：人民邮电出版社，2002.

2）广告表现策略

（1）一般策略。

不强调与竞争商品的差异，或商品如何优越，只说明商品的特长。这种策略常用在特别创新的商品上，因为此时的商品竞争者少，几乎属于独占的品牌。例如，“咖啡在于味、色、香”“味之素是调味品的代名词”等广告词的表现方法，就属于这种表现策略。

（2）先下手策略。

氰胺公司孕妇保健药“宝纳多”最先打出“一人吃，两人补”的广告标题，其实任何孕妇保健药都有这种功能。可是因为是“宝纳多”最先打出的，那些与其竞争的同类品，就会被视为次等商品。市场上所销售的产品和服务，其功能无大差异时，此法最为有效。本策略最为有趣的是：某品牌若最先打出某一特长，其他品牌则忌讳打出同样的特长。

（3）USP策略。

所谓USP策略（unique selling proposition strategy）强调以独特诉求点来推销产品最优效果。USP应遵守下列三项规定：

① 明确的建议。如果购买这种商品，就可以获得这些特别的好处。

② 独特的建议。所谓“独特”，是指广告商品的特点是竞争对手的商品做不到的，或者是竞争厂商的广告未曾表现出来的。

③ 有助销售的建议。例如，深圳传音控股股份有限公司在非洲发布的手机广告，针对非洲人爱自拍、爱听音乐的特点，特别强调手机的深肤色影像引擎技

术（俗称“美黑”），以及夜间拍照捕捉功能和低音喇叭功能进行宣传，新款手机广告则进一步强调在高温下手机外壳的防汗水腐蚀功能。这些独特的功能深受广大非洲消费者的青睐，使传音手机近几年蝉联年度最受非洲消费者喜爱品牌百强榜第一名。2021 年，传音手机在非洲市场占有率达到 12.4%，在全球手机品牌厂商中排名第三。再如，M&M 巧克力的“不溶于手，只溶于口”这句广告词，也是USP策略的成功案例。

（4）品牌印象策略。

像威士忌、香烟、啤酒等商品，由于竞争者之间不易看出有多大的差异，如何进行广告表现，就是一个重要的课题。因此，奥美广告公司的大卫·奥格威主张培植品牌拥有的威信，使消费者保持对品牌长期的好感，从竞争品牌中确立自家品牌的优越地位。若实施这种策略构思，就必须长期表现某些特征，多启用名人或有个性的人做象征人物，借以强调高级感、高品质。当然，在采用品牌印象策略时，也不能只考虑印象，为了更好地创造印象，还必须以营销为基础。

（5）商品定位策略。

商品定位是将“在竞争状态中确定某一位置”、“消费者需求”和“商品特性”三者进行综合考虑所构成的观念。商品定位在于：诉求他人所未诉求的独特之处，其独特之处恰是消费者所需要的，这才是商品的特性。例如，巧克力棒由于被定位在“饿着肚子加班时的速食食品”，所以与其他品牌的巧克力棒以儿童为诉求阶层相比显得十分独特，同时又符合了商品对象的需求，应该说是十分恰当的一个定位实例。

（6）共鸣策略。

共鸣策略是利用消费者日常记忆的生活体验，在其所记忆的场面重现时，提起商品，促使其记忆该商品的策略。例如，在电视广告里，在爽朗的晨曦中，将牛奶类的食品倒入咖啡里的情景。由于这种广告表现并非强调商品利益，而是把商品使用的情景与消费者的生活体验相融合，可以看作是共鸣策略的绝佳案例。

（7）感性策略。

这种广告表现策略大都属于意料之外的印象组合，给消费者以震惊。例如，视觉冲击、前卫派、超现实主义等广告表现，给消费者情绪以强烈的影响，从而构成与竞争者商品的极大差别，比竞争对手的广告更为醒目，都属于感性的广告表现策略。这种策略并不完全以广告调查为创作依据，而更多的是依靠广告创作者的直觉或创造力。

3）广告表现技巧

（1）变形与夸张技巧。

广告中将主体图形进行一定的变形处理，即变形技巧；对某一特定的感受进行艺术夸张，即夸张技巧。这两种技巧都是为了强化广告作品的感知力度，提升受众对广告的注意。人们对各种图形、形象已形成恒定的认知，一旦图形发生变形就能够敏感地注意到；而夸张则使某一感受通过视听强化、夸大，给人一种强烈的刺激。

在具体处理时，两种技巧都要讲究度的把握：

① 变形技巧要把握变形的和谐与愉悦，不要变成超过人的心理承受能力的形象或形式，否则就会导致受众不愿看或反感，反而会降低广告的效果。变形技巧常见于辅助认知的广告图形和形象。如果是实际的产品图形，就尽量不要使用此方法，否则会影响受众对产品形态的认知，从而产生误解。

② 夸张技巧只能对人们的心理感受进行夸张，而不能夸张产品的实质；运用夸张技巧时，须以事实为根据，强调夸大后的广告作品形态与事实之间的有机关联性，不能无中生有。

（2）对比技巧。

若在广告中将产品的功能、品质、个性特点等进行自身的比较或使用效果的比较，则可以使产品的优点突出，促使受众认知。在比较技巧中也有故事情节对比、气氛对比等处理，其目的是强化注意与认知。

使用对比技巧要讲究逻辑性，对比的客体应是良好的，比较中应使受众感到更为先进和合理。在执行过程中，必须注意其合法性，不能贬低竞争对手或无中生有地制造理由；只有维护平等合法的竞争，才能有效地达到广告效果。

（3）突变技巧。

在广告演进中产生突然变化的技巧称为突变技巧，此种方法在影视广告中尤为多见。由于人们看广告时，会对正常演进降低注意力，所以若在其中安排突然的变化，就会给人留下强烈的印象。突变与渐变的区别在于其跳跃性。

在使用此技巧时，应注意把握其变化结果的合理性，不能为追求怪异而失去其与广告诉求内容之间的有机联系。

（4）反常技巧。

人的思维与认知都有一定的规律，对广告的图形也会有常规的认知，一旦突破这种恒定的认知形式，就会有新鲜感，注意度与记忆度均会提升。有时看似不合理的情节或片断，由于其反常，就更令人注意。

在运用此技巧时，应使其在“意料之外，情理之中”，切忌为了追求离奇而胡编乱造，偏离广告的诉求中心，否则形式上似乎很独特，却无法达到预期的广告效果。

（5）撕裂与危形技巧。

人的心理是企求圆满与完整的。一旦一幅完整的画面被撕裂，其心理上就会产生不平衡，往往要探究原因。当一幅画被撕裂后露出背后的另一图形时，人们会出于好奇而更注意背后的东西。广告中使用撕裂的技巧会使人们探究与注意，从而加深广告的认知效果。

危形技巧也是故意采用不稳定的图形或编排，使图形处于不稳定状态，造成受众无形的心理失衡，增强其注意力。

使用撕裂与危形技巧，应注意与主题的相关性，疑点、危形设置的合理性，才能使受众心理失衡后求得平衡，从而达到广告的预期效果。在设计处理中也应注意撕裂的形态与边沿处理是否完美，切忌粗制滥造或单调生硬。

（6）恐惧与警告技巧。

人们常常对会危及安全的事存有戒心，因此运用已证明的可危及安全的事例来引发人们的注意，提示如何保护，会使广告注意力与说服力提升。

采用此技巧，必须选择公众已经认知，并具有直接或间接经验证明，会危及安全的事物，通过视觉、听觉的强化，促使其恐惧心理显现，从而达到明理说服的目的。此技巧在商业性广告中一般不使用（其他个别国家的广告中有例外，但也属少数），但在公益广告中却时时可见，如禁烟、禁毒、交通安全等广告中较多出现。使用该技巧也有个度的把握问题，适度的刺激有效，过分的刺激则会引起人们对事物的躲避心态和逃避行为。

（7）联想技巧。

人们的思考往往会由此及彼。针对这一特点，可以通过图形、环境、形象等营造一个由此及彼的联想空间，使受众在看到广告后自然而然地进行联想。由于联想具有较大的思维空间，再加上人们自身的阅历与经验，使广告的信息得以深化，认知效果较好，故广告中多采用此技巧。

在使用此技巧时，所引发的联想应是美好的，不能是丑恶或恐惧的，并且所创造的联想应是公众所经历过的，否则无法产生由此及彼的联想效果。

（8）借代技巧。

借代技巧又称替身法，即在广告中选择某一物体或形象，替代产品或广告诉求主题，并经过出色的演示、突出的特征来强化产品特点或主题内涵，加深公众对广告诉求的深层理解与良好印象。

在使用该技巧时应力求简洁，去除其他多余的信息，使视觉集中与强化。同时，在借代过程中，应适时地或在恰当的位置展开广告主题，以防止产生误导。应注意借代体的特征把握，力求特征明确，一目了然。

（9）比喻技巧。

“姑娘好像一朵花”，这是通常使用的比喻，选择某一事物来比喻广告所宣传的产品或主题，从而使受众产生良好的印象，深化记忆，是广告中比喻技巧的运用。

采用比喻技巧时应注意其可比性，选择的比喻体应给人良好的印象，合乎逻辑与情理，并为受众所认同。比喻不当，效果适得其反。同时，也要避免选用大家常用的比喻体，否则会显得创意平庸。

（10）证明技巧。

人们对事物的认识讲究实证，会以事实来验证自己的判断。广告中运用证明技巧，通过产品或服务可见、可证的演示，让受众一目了然产品或服务的性质，使广告认知明确，深具说服力。

使用该技巧时应注意把握其所要证明的东西，应是受众存有疑虑或最为关心的某一特点。这个特点恰恰是受众的利益点所在，通过有效的演示证明使其消除疑虑，增强信心。对受众已熟悉的特点则一般不需使用证明技巧。

（11）模糊技巧。

好奇心理使人们产生探究行为，越是不让看或看不清的东西反而会多看一会儿。在广告中使用模糊技巧旨在延长受众的认知时间，使得对广告多一些接触和了解，以达到诉求目的。

使用模糊技巧时应注意：必须使其与主题要求紧密关联；要注意运用此技巧之后的形象的合理性；辅以文案或旁白，以强化认知。

（12）倒置技巧。

图片的倒置，影视中的倒摄，这些超乎寻常的形态的出现会令人关注，继而猜想其出现的原因。在广告中使用该技巧，目的是引起受众的注意，延长其与广告的接触时间，以求对广告产生兴趣，并产生深刻的印象。

倒置技巧是设计者故意将图形、文字、环境处理成倒置的形态，因此，使用该技巧时应讲究其倒置的合理性，使人们看到倒置的形象后，经琢磨悟出道理才能发挥效用。若仅为倒置而倒置，不过是在吸引注意力，不能与受众进行沟通，广告仍是无效的。

（13）难题技巧。

难题技巧即在广告中有意设置并明确提出难题，促使消费者去思索，引发其求解的欲望，最后把解决问题的“答案”融入广告中，从而使消费者对广告的诉求有一个深刻的认识，并具有说服力强与记忆度好的特点。

使用该技巧应是有题可设，有难可解。设题要单一明确，不要故弄玄虚，防止弄巧成拙。对于一般性的问题，不宜设难。设难之后应有合乎情理与逻辑的解难，方能使人信服。

（14）悬念技巧。

广告中设置悬念，使受众在视听时心理上处于紧张或探求的状态。在广告中运用这种技巧，多是为了增加感知兴趣，使受众在视听广告时能保持兴奋，以揭晓谜底，从而就会记住产品或服务。

应用悬念技巧时应以设念合理为上，念必须有悬，其结果必须与产品或服务有一定的内在联系，悬念的设置也要讲究度，不宜使受众恐惧、惊吓过度，应注意受众的心理承受力。

（15）幽默技巧。

运用生活中富有幽默色彩的语言或情节，令受众看后开心一笑，在愉悦中接受信息，使广告的记忆度高，印象深刻。幽默技巧能提高受众对广告的关注与兴趣。广告中使用该技巧一般都能获得较好的效果。

使用该技巧时，应注意笑料中的“包袱”要奇巧，出乎意料，才会使人会心一笑。要避免低级趣味，否则会降低广告的公众形象；同时广告的刊播次数不宜过多，注意刊播的策略。

（16）趣味技巧。

趣味是幽默技巧之外的日常生活小趣味，生活中常常可见。把生活趣味的细节融入广告中，使广告受众看了广告之后品味画面，回味无穷，在愉悦中接受广告诉求就会产生明显的广告效果。

在使用该技巧时，应善于发现一些生活中司空见惯的深具趣味的细节，对其进行强化，并合情合理地融入广告之中，一气呵成。只有流畅的结合，才能使趣味深化，印象深刻。

（17）简洁技巧。

简洁是将广告诉求中关键的图形与形象进行减法处理，使个性突出，信息单一，形象强烈，是一种视觉冲击力大的广告表现技巧，更是一种化繁为简、提炼强化的过程。

在使用该技巧时应进行信息的设计处理，分清主次信息，抓住主信息强化提升，尽量淡化或去除多余信息的干扰，使画面单一突出，清晰有效；同时要防止把简洁当作简单化。简洁技巧追求的是以一当十的效果，只有这样，简洁才会更有意义。

（18）渲染技巧。

"烘云托月"是渲染技巧的实质。广告中通过渲染产品或形象的相关环境、场合、衬托体等，来烘托主体的优势与特点，加深受众对广告所传达的信息的理解，强化信息的感染力和记忆度。

使用该技巧时应注意选择恰当的衬托，营造气氛时应力求得体与到位；渲染环境时应注意主体的突出，防止喧宾夺主，因为所有的渲染都是为主体服务的。

（19）产品自身的演示技巧。

一个产品如果个性特征突出，就可以采用产品特写图形或影视特写镜头进行演示，使产品的个性特征得以强化，从而以其自身的形象语言给受众留下良好的印象，这是广告表现中常见的技巧。有的还可以用拟人化的表演构成情节，这样会更生动引人。

使用该技巧时，应审视产品是否有出色的、与众不同的个性特征，要注意对图形或画面的光影效果的处理，增强其感染力，背景应该简洁，这样才能有效地突出主体。

【教学互动4-1】

主题： 广告表现技巧

背景： 美国芝加哥一家美容院的广告是这样说的："不要对刚从我们这里出来的姑娘使眼色，她很可能是您的奶奶。"并配以正经严肃的口气。

问题： 你欣赏这个创意吗？你还看到了哪些广告创意使你印象深刻？为什么？

要求： 同"教学互动1-1"的"要求"。

■ 本章概要

□ 内容提要

•广告主题策划的关键是明确广告所要表达的中心思想，确保广告能真正发挥作用。广告主题的构成要素包括广告目标要素、信息个性要素和消费心理要素，既可以突出某一个方面，也可以突出其综合因素。广告主题策划应诉求明确、重点突出、信息丰富。广告主题的类型多种多样，在策划过程中要注意其侧重点，着重突出某一个主题。

•广告创意是广告主题的艺术表现。这种关于广告主题的艺术表现是创造性的，是一种从未有过的东西，其终极目的是促使消费者购买。广告创意的过程是一个复杂的智力活动过程。

•广告表现是与广告创意紧密相关的课题，是广告主题艺术化的过程，其目的是使广告得以有效地传播。

•AIDMA法则是广告表现的重要而基本的法则。广告表现战略的选择，广告表现方式的选择运用全都是为了提高广告传播的效果，最终达成广告的目标。广告表现策略和技巧多种多样，并会随着广告的实践层出不穷。

□ 主要概念和观念

▲ 主要概念

广告主题　广告创意

▲ 主要观念

广告定位理论　广告创意原则　AIDMA法则

□ 重点实务

广告主题的构成要素　广告创意的依据

■ 基本训练

□ 知识训练

▲ 判断题

（1）广告主题是广告所要表达的中心思想。（　　）

（2）一个广告的主题最好强调多种买主的利益。（　　）

（3）广告创意必须针对广告不同的目标对象。（　　）

（4）广告创意是广告表现的前提条件之一。（　　）

（5）所有产品都可以选择以情感诉求为广告的主题。（　　）

（6）广告创意就是将产品原始素材艺术化的过程。（　　）

▲ 选择题

（1）广告主题设计的要求有（　　）。

A.诉求明确　B.重点突出　C.信息丰富

D.层次分明　E.结构合理

（2）“五个阶段”创意法是由（　　）提出的。

A.大卫·奥格威　B.詹姆斯·韦伯·扬

C.亚瑟·科特勒　D.李奥·贝纳

（3）AIDMA中的M是指（　　）。

A.注意　B.兴趣　C.记忆　D.行动

(4) 能够影响消费者的心理活动的要素包括（　　）。

A.降低价格　　B.刺激欲望　　C.增强记忆　　D.引起注意

(5) 通过广告表现激发消费者兴趣的方法包括（　　）。

A.情感诉求　　B.健康诉求　　C.社交需求

D.娱乐诉求　　E.生理需求

▲ 讨论题

(1) 如何用“五个阶段”创意法为一种洗发水做广告创意？

(2) 如何理解广告主题策划的要求？请为某品牌手机列举出可以使用的广告主题。

□ 能力训练

▲ 案例分析

【训练项目】

案例分析-IV。

【相关案例】

美团买药“真的值得更多人知道”

背景与情境：根据艾媒咨询发布的《2021年夜间用药行业研究报告》显示，约89.9%的受访者表示，近一年内有过夜间生病或者家人需要用药的经历，但61%的人在夜间生病时选择忍耐，主要原因是夜间买药不方便以及不知道哪里有24小时药店。

近年，美团业务拓展到外卖之外，比如跑腿业务。新增的买药业务与成为“美好生活小帮手”的战略定位相吻合，主题非常明确。

广告中，先是说本想讲个故事，但选择直白的说出自己的信息：24小时都可以在美团买药。紧接着，又提示消费者，这是一个值得大家转给大家的广告。因为你老家的爸妈、深夜不敢出门的独居闺蜜、一换季就感冒的室友、身边的新手爸妈等，都需要知道。此时，这些场景已经打动了消费者，紧接着又强化情感传递，这个消息值得转给异地恋的另一半，转给手忙脚乱的他，告诉刚来这个城市的新同事，容易过敏的老同学，告诉你现在就想到的每一个人，24小时都可以在美团买药，平均30分钟就送到。每个画面上还贴心的附上生病该使用的药品名，让你立刻想把这个消息告诉你的家人和朋友。

最后，广告文案话锋一转，“我们并不希望你真的用到，但，它真的值得更多人知道”。所有内容都围绕一个主题，“24小时都可以在美团买药，真的值得更多人知道”。

看似没有特别的创意，文案平铺直叙，也没有更多美化，但表达直白不代表不能触动人的情感落点，不代表主题不明确。这些常见的场景，都在传递广告的主题，无形中在消费者脑海中完成了这一新业务的记忆。

资料来源　作者根据相关视频广告编写.

问题：《真的值得更多人知道》广告的内容发布有何特点？

【训练要求】

同第1章“基本训练”中本题型的“训练要求”。

▲ 实训操练

【训练项目】

根据广告信息决策的内容，进行三峰木业有限公司产品“三峰木门”的广告主题设计创意方案设计。

【训练步骤】

（1）将班级学生分成若干实训团队，每个团队确定一人负责。

（2）各团队学生结合操练项目，进行方案设计板块的分工。

（3）各团队学生以本章“广告主题、创意和表现”实务教学内容为依据进入角色，体验本项目模拟实训的全过程。

（4）各团队学生记录本次模拟实训的情境与步骤，总结实训操练的成功经验、存在的问题及解决的办法，在此基础上撰写《“三峰木门广告主题创意方案设计”实训报告》。

（5）在班级讨论交流、相互点评与修订各团队的《“三峰木门广告主题创意方案设计”实训报告》。

（6）在校园网的本课程平台上展出经过修订并附有教师点评的各团队《三峰木门广告主题创意方案设计实训报告》，供学生相互借鉴。

□ 课程思政

【训练项目】

课程思政-IV。

【相关案例】

后备箱再大，也不能装载暴力

背景与情境：某知名汽车品牌，为了说明后备箱的空间大，在印度用漫画的形式发布一组以“绑架”为主题的平面广告：意大利前总理贝卢斯科尼，绑架了3名性感的制服女郎；美国名媛帕丽斯·希尔顿，绑架了卡戴珊三姐妹；车王舒马赫绑架了维特尔、汉密尔顿和阿隆索。被绑架的每个人都被胶带封住嘴，手脚捆绑住塞在后备箱里而不拥挤，以此显示后备箱的宽大。

但因为近期印度犯罪率正在上升，这组广告既有嘲讽，又有推波助澜之嫌。所以，这组广告遭到印度民众的强烈抗议。

可见，广告创意再新奇，也要注意尺度、分清是非。

资料来源 作者根据相关资料编写。

问题：

（1）本案例中存在哪些思政问题？

（2）试对上述问题做出你的思政研判。

（3）通过网上或图书馆调研等途径收集你做思政研判所依据的行业道德规范。

（4）本案例对消费者的启示有哪些？

【训练要求】

同第1章“基本训练”中本题型的“训练要求”。

第5章 广告媒体决策

◆ 学习目标

通过本章学习，应该达到以下目标：

职业知识： 学习和把握广告媒体的含义、作用、种类及优缺点，广告信息传播的数量指标的计算方法，媒体选择的影响因素，媒体选择的具体计算方法，广告媒体的策略等理论与实务知识；能用其指导或规范本章认知活动和技能活动，正确解答“基本训练”中“知识训练”各题型的问题。

职业能力： 运用本章知识研究相关案例，培养在特定业务情境中分析问题与决策设计的能力；通过搜集、整理与综合“广告媒体决策”的前沿知识，撰写、讨论与交流《“广告媒体决策”最新文献综述》，培养“广告媒体决策”中“自主学习”的通用能力。

课程思政： 结合本章教学内容，依照“课程思政”的要求或标准，对相关案例中的企业及其从业人员行为进行思政研判，培养高尚的道德情操，树立社会主义核心价值观。

学习微平台

思维导图5-1

【引例】

创新媒体带来出乎意料的营销效果

背景与情境： 今天，自媒体越来越有市场号召力。凭借门槛低、运作简单、交互性强、传播面广、速度快等优势，其发展前景一片光明。与此相对比，传统的四大媒体被集体唱衰，报纸和杂志停刊的消息已经不再是新闻。

学习微平台

微课5-1 媒体创新的力量

然而，大众关注焦点的变化也让市场始料不及。随着一线品牌广告向传统媒体的回流，传统媒体如何进行再开发与创新成为人们探讨的热点。

各家电视台为了把观众留在屏幕前，纷纷引进和制作了大量综艺节目。这些综艺节目的取景地竟然意外带红了许多景点，包括那些之前并不能称为景点的地方。

正当电视台对引进综艺节目趋之若鹜之时，央视推出的一系列原创纪录片和文化类综艺节目凭借写实的拍摄手法异军突起，吸引了大批忠实的拥趸，而这些专题片也意外带火了很多产品。

《舌尖上的中国》节目的制作初衷是介绍全国各地具有地域特色的传统美食，传播中华饮食文化，令人意外的是，纪录片带火了一大批特色小吃店，继而带动了当地的旅游业发展。《舌尖上的中国》第三季第一期的主题是器具篇，随着社会发展、科技进步和新材料的应用，中国烹饪器具从陶器、青铜、铁器、瓷器到钢类产品，也发生了巨大变化。其中，最令人意想不到的是，节目一经播出，章丘铁锅在淘宝上就卖断了货。紧接着，其订购量连续翻番。

与带火了章丘铁锅的《舌尖上的中国》不同，《上新了故宫》是故宫博物院联合电视台和影视公司共同推出的文化类节目，旨在介绍故宫的同时传播中华优秀传统文化。随后，天猫平台上的故宫博物院文创旗舰店、故宫淘宝，甚至中国国家博物馆网店的销量都应声而起，故宫博物院文创旗舰店甚至发出公告：由于近期订单量较大，发货时间将会延迟至付款后的8天内。

近年来，更多的传播模式相继出现。例如，IP模式还打通了整个商业链条，整合了漫画、电影、游戏、周边产品等，因为具有风险较小、成本较低、收益较高等优势，所以发展较为迅速。

许多企业利用自媒体，创新广告媒体策略，成就了自己。比如途牛网2015年的新创意：只要心中有沙，哪里都是马尔代夫。在夏天最热的时候，成都沙湾路十字路口，一名男子赤裸上身，只穿着大裤衩，坐在马路边自己铺成的一片沙地上，拿着一杯饮料，摆出一副在马尔代夫享受阳光的表情，瞬间在各大社交媒体火了起来。这则通过微信朋友圈大肆传播的广告，成本极低，但带来了意想不到的效果；加上在传统媒体上的明星代言广告，途牛网的知名度与美誉度大幅上升，直逼行业领军企业。

资料来源 作者根据广告视频撰写.

5.1 广告媒体概述

广告活动的大部分经费都花在了媒体上，广告信息能否传递给消费者的关键也在于媒体。可见，如何把握媒体的特点，如何选择媒体，如何采取媒体策略，这些对企业或者广告公司来说十分重要，并能有效防止企业广告经费产生浪费。

5.1.1 广告媒体的概念

媒体又称媒介，就是指将信息传递给社会大众的工具。广告媒体是指借以实现广告主与广告对象之间联系的物质或工具。凡是能刊载、播映、播放广告作品，在广告宣传中起传播广告信息作用的物质都可称为广告媒体。例如，大众传播媒体（包括电视、广播、报纸、杂志）、路牌、交通工具、互联网、霓虹灯、商品陈列、橱窗、包装物以及产品说明书、企业名录等。

5.1.2 广告媒体在广告活动中的作用

（1）广告媒介策略是企业行销策略能否成功的关键因素之一。广告媒介策略是现代广告的主要策略之一，它与定位分析策略、创意策略、文案策略一起，构成了广告活动的主体。

（2）广告媒介的选择直接决定了广告目标能否实现。企业的广告目标是塑造企业与商品形象，促进并扩大商品销售。在广告媒介的选择和组合上，版面大小、时段长短、刊播的次数、媒介传播时机等，都对广告效果有一定的影响。延长广告时间包括广告时间的绝对延长和相对延长。一般而言，时间长比时间短更易引人注意，但是绝对延长时间即时间延长而内容枯燥乏味，反而会降低受众的注意力。相对延长时间即广告反复出现，增加广告的频率也会引人注意。但是，反复的频率也有一定的限度，过分频繁的反复，会使受众感到厌烦甚至产生对抗心理。因此，在广告媒介的选择上，采用媒介空间的大小和时间的长短，会直接影响到广告目标的实现。

（3）广告媒介决定广告是否能够有的放矢。任何一则广告其目标对象只能是一定数量或一定范围内的社会公众。广告目标对象是广告信息传播的“终端”，也是信息的“接收端”，社会公众或消费者又称为“受者”“受众”。撇开“受者”也就无所谓传播，广告也就会无效。如果在广告活动中对广告目标对象把握住了，但是对媒介却把握不当，那么整个广告活动也会前功尽弃。

（4）广告媒介决定广告的内容与采用的形式。在任何广告中都包含有“说什么”的问题，在不同的传播媒介上，“说的内容”和“说的形式”有着很大的不同，这是由不同的广告媒介的特点所决定的。对于某些广告活动，在其广告内容上要注意分析和把握其不同传媒的价值功效，以相适应的传播媒介去完成特定的广告信息传播。

（5）广告媒介决定广告效果。任何一个企业做广告都希望以尽可能少的广告费用取得较好的效果，或者以同样的广告费用取得最好的效果。由于广告费用中的绝大部分都用于媒介，所以从这个角度来分析，应该说是媒介费用决定了广告效果。按照国际惯例，在一种正常的经济运行状态中，用于广告媒介的费用占企业广告费用的80%以上。

5.1.3 广告媒体的种类

新媒体的不断涌现使广告媒体的分类日益复杂起来。在现代企业的广告策划活动中，常见的广告媒体主要有以下几种：

1）电视媒介与电视广告

（1）电视媒介的优缺点（见表5-1）。

表5-1 **电视媒介的优缺点**

优点	①是综合传播文字、声音、图像、色彩、动态的视听兼备的媒介，集字、声、像、色于一体，富有极强的感染力。既具备报纸、杂志的视觉效果，又具备广播的听觉功能，还具有报纸、杂志、广播所不具备的直观形象性和动态感
	②覆盖面广，公众接触率高。我国电视传播网早已覆盖全国范围，在网络媒体日渐发达的今天，电视收视率仍比较高
	③信息带有较强的娱乐性，易为受众所接受。电视媒介在四大媒介中，最具有娱乐性
缺点	①信息稍纵即逝，不易存查。电视媒介作为特殊的电波媒介，存在电波媒介转瞬即逝、难以存查的局限，当观众不是聚精会神地观看广告节目时，这一局限十分明显
	②电视广告片本身制作成本高，周期长，且租借费用很高

（2）电视广告制作上的技巧。

①电视广告创作的基础。

A.把握和分析商品背景信息确定广告主题。电视广告创作的第一步，就是尽量从各个方面去了解广告商品的一切信息，包括该行业的整体形势、公司背景、商品特点、商标、包装、销售、以往的广告、同类竞争对手背景、主要经销商特点等。有的广告主希望将商品的几个优点在同一条广告内同时展示，但因此常常会产生不良效果。因为电视广告属于瞬间传达，所以只有在有限的时间里传达最主要的信息，才能产生效果。1996年戛纳广告节主席罗杰先生在分析发展中国家的广告误区时说："含太多的信息、太多的噱头、太多的陈词滥调、太多的对话、太多的附加成分、太多糟糕的预先测试、太多的科学内容、太少的热情，并且太低估受众的智力。"

B.基于市场现状确定广告对象。广告商品总是特定群体的消费品，这就决定了广告并不能针对所有人而做，只能针对特定的广告对象。针对不同的目标对象，应该突出不同的创意和文案表现。

C.把握视听心理确定广告方式。在进行电视广告创作之前，确定了广告主题、广告对象，接下来就要确定广告方式。

②视听心理分析。视听心理是通过视听觉器官的感受而产生的心理现象和心理过程，主要有刺激、兴奋、注意、反应、认知、印象、感受、记忆、联想、思维和欲求等。从视觉和听觉来看，在电视广告中，凡是越使人印象深和越简单明了的东西越能保持记忆，适当的反复也能巩固记忆。在听觉记忆和视觉记忆对比方面，视觉记忆往往强于听觉记忆。因此，电视广告的重要信息或主要内容常常采用视觉形式来传达。纯粹听觉的广告能够吸引人15%的注意力，纯粹视觉的广告能够吸引人35%的注意力，而电视广告则能够吸引人75%的注意力。视听心理活动的时间对于电视广告设计和制作有着直接的要求。比如，1～2秒钟之内，电视广告应该能够引起人们的视听注意，超过2秒钟还未引起注意则会使人产生消极的心理作用。一般情况下，在3～6秒钟内，电视广告就要完成视听觉的完整表达，如果超过6秒钟，电视广告还不能让人看懂或听懂，就会令人产生反感。

（3）电视广告表现形式。

①感知型。这种类型的电视广告采用自然的手法进行介绍，给观众以更多的信息，并留下较深刻的感知印象。

A.介绍型。这是把广告信息直接传播给受众的一种类型，目的是告诉人们有这么一件事。这种方式的电视广告一般采用简单的切换镜头、重景、融入和简单的移动拍摄，多用中摄镜头，配以主题音乐和新闻风格的口播。

B.演示型。这是用来介绍产品特征、功能、使用方法和工作原理的电视广告类型。通过简单明确的演示，给人以可信赖之感。这种类型一般采用尽可能少的镜头和剪辑，多采用中摄和中特写，配以轻快的音乐和亲切的谈话。

C.名人推荐型。这种类型的电视广告通常会塑造一个消费者领袖人物，或直接邀请知名人士进行推荐。在拍摄时多用半身摄和中特写，选择正面角度和斜线构图，配以有个性的语言，尽量少用音乐和音响。

D.采访型。这是以现场记录的表现形式来介绍他人的意见、看法和做法，以达到让受众了解和理解的目的。

E.图解型。这种类型用来介绍抽象的原理以及产品的结构、特性、功能和运动，常通过图表和图形来表现。

②情感型。这种类型的电视广告以艺术表现手法来激发受众的情感，并唤起欲求。

A.欲求表现型。通过采用表现高度情感的手法来造成人们观念上的欲求。

B.拟人型。赋予商品人的特性来表现商品的特点。

C.幽默型。电视广告中的幽默只是一种表现手法而非目的，不能为幽默而幽默，而应使幽默为传播广告信息服务。

D.戏剧型。这是指把电视广告内容编成情节简单的戏剧小品的广告类型。

E.喜剧型。这种类型的广告要求情节内容生动有趣，结尾往往出人意料。

F.刺激型。这种广告有意地揭示商品或事物的矛盾、差别和问题，使广告受众在感情和心理上偏向或支持自己。

③理智型。对于这种类型的广告诉求，受众要通过思维分析和判断，才能够判断广告主题、理解广告内容。

A.号召型。这种广告主要用于非商业的电视广告，鼓励人们赞同或拥护某种观念、支持某一事业、解决某种社会问题。例如，募捐、保护妇女儿童、母乳宣传和节约能源等电视广告多属于这一类。

B.公益型。在这种广告中，企业以非商业性的面目出现，表现出对社会问题的关注，彰显社会责任。

C.噱头型。这也是西方盛行的一种广告方式，即一开始不直接表现广告的主信息，而把人们的思路引向不可思议的地方，以激起人们的好奇心。

D.比较型。在广告中通过与同类商品和事物的比较，突出其长处和特性，使受众在不知不觉中接受广告主题。

E.说服型。采用充足的理由和令人信服的事例，强化或改变人们的观念与行为，此类电视广告常用真实自然的画面和普通镜头拍摄，以解说为主，话语声要果断有力，并配以背景音乐和效果音响，以达到强化说服的目的。

2）广播媒介与广播广告

广播是以声响、语言、音乐来诉诸人们听觉的信息传递过程。

（1）广播媒介的优缺点（见表5-2）。

表5-2 **广播媒介的优缺点**

优点	①信息传播迅速，时效性强。在四大传播媒介中，广播是最为迅速及时的媒介
	②信息受众广泛，覆盖面大。由于广播不受时间和空间的限制，所以只要有收音机就可以收听
	③信息传播方便灵活，声情并茂。广播信息传播方便灵活，可以运用语言的特点吸引听众
	④制作简便，费用低廉。广播广告从写稿到播出制作简单，花费较少，并且在各种广告媒介中，广播广告收费最低，最为经济
缺点	①对于需要表现外在形象的产品，广播媒介难以适应。广播毕竟无形，听众不能看到产品的外观、色彩和内部结构，因此难以传达视觉形象
	②广播的信息转瞬即逝，不易存查。广播广告传播及时迅速，但稍纵即逝，特别是在听众对广告内容毫无心理准备的情况下，就更难记住广告的内容
	③广播盲目性大，选择性差

在西方国家的一些传播学和广告著作中，常把报纸、杂志等印刷媒介称为“选择型媒介”，把广播、电视等电子传播媒介称为“闯入型媒介”。之所以这样区分，是因为读者一拿到像报纸、杂志这样的印刷媒介，就会尽可能有选择地去阅读自己感兴趣的栏目和内容。

（2）广播广告的制作技巧。

①广播广告的要素。

我们把构成广播广告的语言、音乐、音响称为广播广告三要素。

A.语言。

广播广告是语言的艺术。在设计广播广告时，创作广告词一定要明确——听众是看不到这些广告词的，他们只能通过声音了解这些广告词。因此，应该为听而写，而不是为看而写。如“切忌”与“切记”等，在广播广告中就使听众难以分辨清楚。

B.音乐。

音乐是一种采用有组织的、和谐的乐音来表达思想感情，反映社会生活的艺术，它的基本构成要素是旋律和节奏。音乐最主要的功能是表象功能。人们能够利用音乐构造“形象图画”。但是，音乐的表象功能同听众个人的受教育程度、经历、性格、修养等有着密切关系，直接影响到个人的联想。音乐同语言等艺术紧密地结合在一起，而音乐的基本构成要素是旋律和节奏，这就决定了广播广告的语言表达要素也是旋律和节奏。在我们选择音乐时要注意它与广告语言的旋律和节奏的和谐，贴切的音乐必能为广告添彩染色，使其魅力倍增。

C.音响。

广播广告中的音响要素，是运用专门器具和技法，模拟或再现现实生活中的各种声响，如风声、雨声、雷声、商品生产或使用时的声音等，再现或烘托环境气氛，增强广播广告的感染力。音响有着强烈的提示和暗示作用，它能表现人的行为及人和自然的物质变化，从而加强听众的印象。

②广播广告的类型。

常见的广播广告，主要有以下5种类型：

A.直接陈述型广告。

这种类型的广告是由一位或两位播音员播发广告词，直接向听众陈述广告内容。这类广告一般都会配上音乐或音响。

B.对话型广告。

由两个或两个以上的人以对话的方式介绍广告商品，这种类型的广告，比直接陈述型广告要活泼和容易吸引听众。

C.小品型广告。

小品型广告就是以短小的戏剧、曲艺等表现形式来介绍商品的广告。

D.歌曲型广告。

歌曲型广告即采用歌曲的方式来做广告。在做歌曲型广告时，曲调要悠扬悦耳，歌词应通俗顺口，韵律须简明浅显，使听众易学易记。

E.综合型广告。

这是指综合以上两种甚至两种以上的形式制作的广告。

广播广告的类型不限于上述几种类型，人们还能在实践中不断地创造出新的形式。

③广播广告的基本要求。

A.广告内容要简短、精练。

广播广告的广告词有时比路牌广告、电视广告和一些报纸广告的广告词要长一些，但是，仍然要求简短和精练。俄国文学家契诃夫有句名言：“要知道在大理石上刻出人脸来，无非是把这块石头上不是脸的地方都剔掉罢了。”他还说：“要是您在头一章提到墙上挂着枪，那在第二章或第三章里就一定得开枪。如果不开枪，那支枪就不必挂在那儿。”契诃夫虽然是在讲文学创作，但这个道理也完全适用于广播广告的设计制作。

B.广播广告应做到一则广告突出一个主题思想。

对于许多听众而言，在收听广播时，往往注意力不是很集中。因此，广播广告应该进行某一方面的直截了当的宣传，并尽量说全产品名称、商标、适用范围和优点。同时，要反复强调主题，以加深听众对广告的印象。

C.采用重复的方法强调商品品牌或企业名称。

广播广告一定要采用合理重复的方法，来强调商品的商标或商品名称，以加深听众的印象。一则一分钟左右的广播广告，对品牌的强调应不少于三次。

D.广播广告的语言表达要通俗化、口语化和韵律化。

广播广告本身就是以语言为主体的广告宣传，语言的选择和运用至关重要。广播广告语言一般应采用通俗化、口语化和韵律化的形式，以便于受众理解和记诵。

E.广播广告要寻求音响效果与文字、音乐的最佳组合。

在广播广告的作曲、选曲上应力求简单，选择一种能有助于听众接受的记忆氛围，以强化听众对广告的记忆。要选择能够烘托音乐或体现广告主题的音响效果，使广告音乐和音响成为广告语言的有力补充。此外，广告的节奏也是应该注意的问题。

3）报纸媒介与报纸广告

就娱乐性和生动性而言，报纸远远逊色于电视，然而作为现代社会的一个主要信息载体，报纸却历久不衰。

（1）报纸媒介的优缺点（见表5-3）。

表5-3　**报纸媒介的优缺点**

优点	①版面大、篇幅广，可供广告主充分地进行选择和利用。报纸图文并茂，其特殊的新闻性能够增加报纸广告的可信度。报纸的编排方式灵活，使得广告文稿替换比较方便
	②存留时间长，便于查找。报纸媒体不同于电视和广播媒体，读者不受时间限制，可随时阅读或重复阅读。另外，读者还可以通过报纸查找过去的信息资料
	③广告费用低。这是报纸媒体与电视媒体的主要区别之一。对大多数中小型广告主来说，是有能力承担广告费用的，并且广告投资风险也相对较小
	④发行面广，覆盖面宽。报纸是较为传统的媒介形式，其发行对象明确，选择性强。在我国，报纸有旬报、周报、日报、晚报、晨报等形式。报纸的高出版频率和定时出版的特性，使得信息传递准确而及时

续表

缺点	①在编辑方面内容繁多，易使读者分散对广告的注意力，加之版面限制，经常造成同一版面的广告拥挤不堪，影响读者的阅读体验
	②在内容上众口难调。报纸并不是根据读者的职业和读者的受教育程度来发行和销售，同时面向不同年龄、性别、职业和文化程度的读者，报纸的作用不尽相同
	③印刷比较粗糙，色彩感差。报纸多为黑白印刷，彩色印刷费用较高，所以图片色彩比较单调
	④发行寿命短暂，利用率较低。由于报纸出版频繁，使每张报纸发挥的时效都很短。一般情况下，许多读者在翻阅一遍之后即顺手弃置一边

（2）报纸广告的表现技巧。

①报纸广告布局。

大卫·奥格威系统地分析了报纸广告布局的各类问题，提出了广告布局准则，具体内容如下：

A.在报纸或杂志上刊登的广告，必须设计得符合该报纸或杂志的风格，要把设计原稿实际贴在报纸或杂志上，来初步查看其广告效果。

B.使用编辑设定的布局应避免罐头式的编排，不要玩弄小技巧，以免搞乱整个布局。

C.使用视觉的对比，比如“商品使用前和使用后设计在一个版面，用不同的视觉效果”。

D.不要用黑底白字，因为它不好念。

E.段落要分明，在每一段的前面最好有标识。

F.尽量缩短“句子”与“段落”，第一个句子不要超过6个词。

G.在每一段当中，使用“↑”“□”“*”“注”等记号使读者易读本文。

H.使用标志、插图、字体、画线，以打破广告文本上的单调。

I.不要把文案放在照片上面。

J.不要把每一段落编排得四四方方，每段最后一行的空白，作为过渡是必要的。

K.在广告文本上，不要使用粗黑体，赠券要放在最上面的中央。

L.不要只为了装饰而使用文字。

②报纸广告的刊登与形式。

A.报纸广告的刊登：a.使用突出醒目的标题；b.配以简洁明快的构图；c.选择好广告的刊登时机；d.选择好具体的报纸广告媒介；e.确定报纸广告版面的大小、位置；f.把握广告刊登频次。

B.报纸广告的外在表现形式。a.纯文字型广告：这是不含任何图片，单纯以文字来表现广告内容的广告，至多配用一些网底、花线。b.黑白广告：这种广告是分类广告及专栏广告的另一种叫法。c.套红广告：这种广告是将广告的标题或广告的内容都套以红色以使广告更醒目、更突出，从而产生良好的视觉效果。d.图文并茂型广告：在报纸广告中，既有文字，又有图像表现广告内容的称为图文并茂型广告。e.空白广告：它是指利用大面积空白作为广告的背景，从而通过虚实的对比强调、突出广告主题的一种广告形式。f.报眼广告：在报纸的头版与报头位置平行相对的版面为报眼，利用这一版面刊登的广告就是报眼广告。g.整版广告、跨版广告：整版广告是指利用报纸的一个版面刊登广告，跨版广告是报纸对开设计的占到两个版的广告。h.中缝广告：在对外横排的报纸展开之后，两个版面之间有上下贯通的缝隙，利用这个版面刊登的广告就是中缝广告。i.刊头广告：刊头广告是散见于报纸非广告版位各种文章中间，以刊头形式出现的广告。

4）杂志媒介与杂志广告

（1）杂志媒介的优缺点（见表5-4）。

表5-4 **杂志媒介的优缺点**

优点	①面向的对象明确，针对性较强。杂志一般是针对某一专业、某一读者群进行宣传、出版，其内容不像报纸、电视、广播那样包罗万象
	②版式灵活、印刷精美、图文并茂。杂志广告的编辑极少不规则地划分版面，力求整齐统一，编辑较报纸更为精细
	③有效使用期长，保存期久。在四大媒介中，杂志广告的寿命最长
	④读者比较固定，较易接受杂志的宣传。杂志具有明确而稳定的读者群体。一般来说，其读者文化层次较高，对杂志有比较持久的兴趣
缺点	①周期较长，灵活性较差。杂志的出版周期少则七八天，多则半年或一年，因此容易失去许多广告传播的最佳时机
	②专业性强，传播面窄。除少数杂志具有百万份以上的发行量外，大多数杂志发行量较小，影响面比不上报纸、广播、电视
	③制作比较复杂。杂志广告多为彩色印刷，制版费、印刷费均高于报纸，同时，杂志广告只有刊发在封面、封底、封二、封三的位置上才会起到显著的效果

（2）杂志广告的表现技巧。

① 杂志广告版面的注意度分析。杂志广告版面一般分为封底、封二、封三、封面、扉页以及插页几种。在几种广告版面上，注意价值最大的为封面，封底次之，再次为封二、封三和扉页，再后为插页，正文前后的小广告和补白广告为最次。但是，如果在中心插页做跨页广告，则相当引人注目。

② 杂志广告的制作技巧。杂志作为一种视觉媒介，在进行广告的制作时应该注意以下几个方面的技巧：A.使用突出而醒目的广告标题；B.运用逼真的图片和鲜明的色彩强化广告主题；C.利用艺术化、形象化的语言表述产品或企业的特点。

【小资料 5-1】

四大广告媒体一般特性比较见表 5-5。

表 5-5 四大广告媒体一般特性比较

比较项目 / 媒体类型	报 纸	杂 志	广 播	电 视
技术特性	印刷	印刷	电波	电波
传播特性	视觉	视觉	听觉	视听
表现形态	平面	平面	立体	立体
及时性	日常	周期长	及时	较快
可保存性	不强	强	差	不强
技术复杂性	易	成熟、较易	较难	最复杂
信息量	最大	较小	最小	较大
选择对象的能力	较强	强	不强	一般
表现力	不强	较强	强	最强
适用范围	较广	不广	较广	最广
成本费用	低	较高	较低	最高

资料来源 李宝元. 广告学教程［M］. 2版. 北京：人民邮电出版社，2002.

5）网络媒体

网络媒体是一种新型的广告媒体。随着科学技术进步与经济的不断发展，互联网已成为人们日常生活的一部分，人们利用互联网这一载体进行广告宣传已成为一种趋势。

中国互联网络信息中心（CNNIC）发布的《中国互联网络发展状况统计报告》显示，截至 2022 年 6 月，我国网民规模为 10.51 亿人，互联网普及率达 74.4%；手机网民规模达 7.88 亿人，上半年新增手机网民 3 509 万人，较 2017 年年末增加 4.7%。网民中使用手机上网人群的占比由 2017 年的 97.5% 提升至 98.3%，网民手机上网比例继续攀升。2002—2021 年中国互联网上网人数如图 5-1 所示。

1996年，全球网上广告收入为3.12亿美元；2014年，全球数字广告支出达到1 460亿美元；1998年，中国大陆的网络广告金额约为200万美元，绝大多数广告客户来自国际大公司；2014年，中国传媒产业总值超过万亿元人民币大关，达11 361.8亿元，较上年同比增长15.8%，并且网络广告收入首次超过电视广告；2018年，中国传媒产业总规模达20 959.5亿元人民币，首次突破2万亿元大关，互联网已成为全球传媒业发展的重要驱动力。

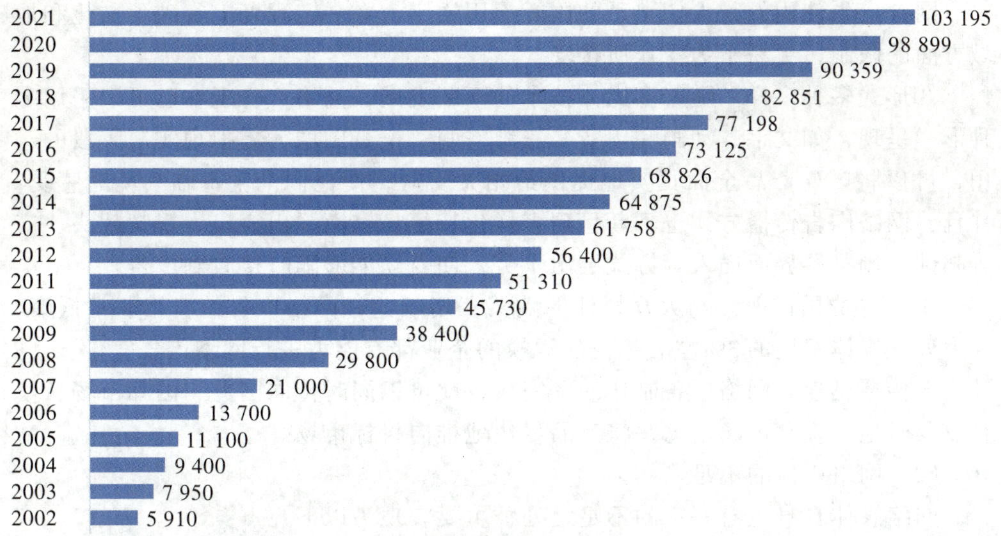

图 5-1　2002—2021 年中国互联网上网人数（单位：万人）

资料来源　作者根据国家统计局数据绘制.

从传媒行业细分市场发展状况看，网络媒体保持良好发展态势，传统媒体继续下行。其中，广播电视行业虽然整体收入基本与上年持平，但根据国家广播电视总局财务司的数据，2017年广播电视广告收入首次负增长，较2016年下降1.84%。报刊广告和发行则继续“双降”，整体市场下滑14.8%，其中报纸广告市场的跌幅更是超过了30%，市场整体规模不足150亿元。图书和电影是传统媒体中仍能保持两位数增长的市场，但和网络媒体相比，其规模相对较小。

2017年，中国网络广告市场规模超过3 800亿元，网络游戏收入首次突破了2 000亿元，网络视频市场规模也将近1 000亿元，并以30%的速度快速增长，网络广告、网络游戏、网络视频成为拉动传媒产业发展的三大动力。移动互联网已经超过传统互联网的市场规模，移动广告占网络广告市场规模的比例达到69.2%，甚至超过了传统媒体广告市场总和。

（1）网络媒体的优点。

与其他广告媒体相比，网络媒体具有如下优点：

①传播范围广泛。通过互联网可将有关企业或产品的信息传递到世界各地。根据国际电信联盟发布的数据，2010年全球的互联网用户仅为20亿，2014年为27亿，2015年已增至30亿，占全球总人口的40%。

②跨越时间、地域和文化的限制。传统的大众媒体通常都有一定的限制性特征，如果要将国内发布的广告向国际市场发布，则会遇到目标市场上受众的文化性差异、地域性差异以及接触时间等方面的问题，同时还要涉及政府部门批准、在当地寻找广告代理人等复杂的问题。而通过网络媒体，广告主发布广告就可以避免传统的大众媒体向国际市场发布广告时会遇到的重重障碍。

网上广告可以储存在广告主的服务器中，受众在浏览时间的选择上具有更多的自由。

网上广告使用的是人们熟悉的国际通用文字，在一定程度上突破了文化和地域方面的限制，更易于为受众所接受。

③形式多种多样。随着多媒体技术的不断发展，网络广告现在已可以采用多种形式呈现，如文字、动画和声音。三维空间、全真图像、虚拟现实等手段的运用，可以将广告产品全面真实地提供给相关受众，使他们产生身临其境的感受。并且，网络广告传播方式也不断呈现多样化特征。页面弹出窗口、视频片头、广告邮件、浏览器界面插入等方式层出不穷，使受众能够随时接收到广告。

④广告费用低廉。与大众媒体的购买费用相比，网络广告的费用非常低廉，仅为大众媒体费用的3%左右。任何规模的企业都有能力进行网络广告宣传。

⑤传播迅速。网络广告制作一经完成，就可以同时传向国内、国际市场，使企业及时地捕捉到市场信息，将产品尽快地推向目标市场。

（2）网络媒体的不足。

网络媒体自身也有一定的不足之处，主要表现为以下几点：

① 广告效果难以评价。网上用户的规模及网站公布的访问率、热门网页与栏目、访问繁忙时段等都是广告主进行网络广告决策的依据，但我国目前尚无统一的网站访问量统计和分析系统，也无一家专业审计机构能够公正、权威地评估诸多网站的访问量并提出一个通行可信的评估标准。因此，客户就很难对网站的优劣加以辨别，并评估其广告效果。

② 网络媒体技术要求高。网络媒体要求广告人员具备很高的技术素质、良好的文化素质和正确的价值取向，这在一定程度上限制了网络广告的发展；另外，习惯了传统媒体效益分析报告的广告主面对一份与过去迥然不同的数据报告是很难适应的，大量的新名词常常使他们眼花缭乱，不知所云。

③ 受众不明确。网络广告具有匿名的特征，使广告主无法辨清媒体受众是男是女，是大人还是小孩，说的是真话还是假话，这也在一定程度上影响了资料搜集和调查分析的准确性。

④ 网络广告无处不在，易被屏蔽。随着技术的不断进步，很多网络广告传播方式可以被屏蔽或忽略。而且，无处不在的广告也易使人产生厌烦情绪，广告效果会适得其反。

6）其他广告媒介

（1）DM与IDM广告。

①DM广告。DM（direct mail或direct mailing）在我国一般译为“直邮”，它是指直接向目标公众送达广告信的一类媒介。

DM广告在盛行的时期里，其形式除传单、折页、明信片、小册子、图表、样本目录、日历等印刷品外，最特别的要数推销信。推销信十分讲究，为缩短写信人与读信人的距离，有的以红笔附加眉批注解，或在“限量特价”字样上画个大圈，在“免费，请把握良机”字样下方加线，以吸引读者。与推销信同时邮寄的还有广告印刷品，使收信人不知不觉中就接受了DM的广告内容。

②IDM广告。到了20世纪50年代，DM发展为包括电话行销、传真行销、印

刷品直递、传送公众礼品等各种相关的综合性的直销形式，即“整合性行销”（integrated direct marketing），简称IDM。

IDM是将各种直接行销的媒体组合起来，互补互辅，发挥其整体的合力。如果说DM只是一种平面的直递广告印刷品，那么IDM则是一种立体的、多功能的、更完整的直接行销战术组合。在一些西方国家，DM和IDM与广播、电视、报刊并称为广告传播的四大形式（或四大传媒）。IDM广告是利用多种媒体所进行的广告信息传递，其形式主要有以下几种：

A.邮递信函。它是通过邮局将推销信直接寄给消费者或用户的广告媒介。

B.报纸夹送。它是将制作精良的印刷品夹在报纸中，由报社通过零售商送到读者手中。这种配送均以彩色套印的全开或对开规格为主，适合于各类促销活动。

C.电话购物和传真行销。随着通信技术的发展，电话购物和传真行销应运而生，顾客可以通过电话与传真，订购具有一定价值的耐用消费品和一定数量的日常生活用品，销售商可以根据客户需要按时按量地将商品送至顾客家中。

D.直递取送。在各类公共场所，特别是客流量较大的机场候机厅、火车站候车室、地铁出入口、宾馆大堂、商场的货架上，随处可见随手可得的各种精美的印刷品广告。

E.持卡消费。在消费卡上配以醒目的广告画面和广告文案，进行企业形象与商品宣传。这些消费卡包括饭店优惠卡、地铁专用卡、购物折扣卡、俱乐部会员卡等。

F.公众礼品。这是以小礼品附带传播信息的广告形式，如挂历、纸扇、火柴、饮料盛具、餐巾纸等，这些媒介所产生的广告效应已经大大超过了这些广告礼品本身的价值。

（2）户外广告媒介。

户外（out door）广告简称为OD广告，是指在露天或公共场所运用一些室外特定的手段向消费者传递信息的广告形式。

①户外广告的种类。

A.招贴、海报。它们属于户外广告中最原始、最传统的形式。这类广告具有设计新奇，制作、印刷精美的特点，对消费者具有很强的吸引力。

B.路牌媒介广告。这是指设立于街头、路边以油漆绘制或喷绘制成的表现广告商品特性或企业精神的巨型广告牌。由于在较长的时间里，广告牌固定地设置在街头、路边，所以它既能对行人进行广告宣传，又能客观地起到美化环境的作用。

C.交通媒介广告。这是指设置在公共车辆、船舶、飞机内部的广告。交通媒介因其乘载人员的流动性大、接触的人员多、人员阶层分布广泛而成为很有影响力的地区性广告宣传媒介。

D.液晶屏媒介广告。液晶屏是户外广告中表现力最突出的一种，其不断变换的图像是夜间最吸引公众注意力的广告媒介。随着大屏幕技术的进步以及成本的大幅下降，液晶屏幕迅速普及，并越做越大。

E.新型户外广告媒介。在20世纪90年代，户外广告媒介已经不单纯是铁皮广告牌和霓虹灯的天下了。建筑墙体、立体造型、飞艇、充气拱门甚至公共厕所等能映入人们眼帘的景物正越来越多地成为广告媒介。

②户外广告的优点。

A.地理方位的可选择性。广告主可以在自己认为最需要广告来支持促销的区域、地点设置户外广告。一般户外广告大都选择在繁华区、交通要道、公园、广场、娱乐和服务中心、高层建筑和车站码头等区域。

B.传播信息的持久性。户外广告一经设置，就能在选定的区域内持续地向社会公众传播广告信息，不断地向人们提示广告的内容。

C.信息表现上的直观性。户外广告既可以是印刷的、漆绘的、喷绘的，又可以是五光十色的（如灯箱广告，能够显示其高质量的彩色效应）。有些立体广告，更具有展示效果，从而增强了广告信息的直观性表达。

③户外广告的缺点。

A.易损性。户外广告媒介受自然环境影响较大，其外观容易被恶劣天气或破坏性行为损坏。

B.灵活性较差。由于大多数户外广告是静态的和固定的，所以在内容表现上缺乏一定的灵活性。

C.大型户外广告展示成本较高。户外广告牌和液晶屏的建设周期较长，成本较高，并且需要通过政府部门的审批，其手续比较复杂。

（3）POP广告。

①POP广告的含义。

POP是英文point of purchase的缩写，意为“售点”或“销售现场”。因此，POP广告又叫售点广告或销售现场广告。它包括商品销售场所的广告牌、霓虹灯、电子闪光灯、灯箱、货架陈列、橱窗、招贴画、商品招牌、门面装饰等，还包括在售点发布的各种媒介广告，如包装纸、奖券、有线广播、录音、闭路电视等。其中最重要的是以商品本身为媒介的陈列广告。

②POP广告的功能。

POP广告的功能可以概括为以下几个方面：A.商品信息的告知；B.引起注意，让顾客的脚步停留在商品面前；C.加深顾客对商品的认识程度，诱发顾客的潜在愿望，形成冲动性的购买；D.制造卖场气氛，增进消费者的兴趣；E.通过提供良好的购物环境，提升企业形象；F.伴随着销售额的上升，使顾客对生产者产生认同感。

③POP广告媒介种类。

POP广告媒介的种类如下：A.店面式，店面被称为“店铺的门脸”；B.柜台式，在柜台上陈列，以引人注目；C.悬挂式，从天花板、梁柱上垂吊下来，在售卖场展示；D.壁面式，以海报、装饰旗、垂幕、吊旗为主，兼有美化壁面的功能；E.落地式，放置在店内外的地板上，多数是大规格的实物媒介；F.吊旗式，以小旗帜装饰店内外，形成展销的浓厚气氛；G.动态式，用隐藏式电动机上下左右回转，制作时要注意焦点；H.光源式，利用光源将文字、图案照亮展示，以增强视觉效果；I.价目表与宣传卡式，把价目表与宣传卡片置于橱窗旁边或直接与商品附在一起；J.贴纸式，把印刷品粘贴在壁面或玻璃上；K.橱窗式，放置在橱窗内以烘托样品形象或者附上具有装饰效果的精致印刷品；L.指示标志或指示方向，在销售现场设置指示标志或指示方向，以引起人们的注意。

按照陈列地点与表现方式的不同，一家商店内可使用的主要购物现场广告应选择相应的搭配。

④店外POP广告与店内POP广告。

A.店外POP广告。它的主要功能是“识别”和“诱发”。“识别”就是使消费者迅速地、不费力地了解商店的性质和面貌。

橱窗广告是现代商店店外POP广告的重要组成部分。它是以视觉刺激为主，通过实物来激发消费者对商品的兴趣和关注。橱窗广告的特点是真实性、空间性和适应性。

B.店内POP广告。店内POP广告包括柜台广告、货架广告、墙面广告、地面广告等。这些广告是最接近消费者的广告，具有直接促进消费者决策的作用，能够起到无声推销的作用。店内POP广告，应做到醒目、高雅和精致。

（4）电影媒体。

近些年来，广告无孔不入，已经深入渗透到影视片的情节、场景、对话和道具中。这种隐形广告与影视片密不可分，在不知不觉中引导观众。可口可乐公司收购了哥伦比亚影业公司49%的股份后，大踏步进军影视制作行业。影片《墨菲的浪漫史》刚开始，女主角莎莉菲尔德带着儿子走在得克萨斯一个市镇的街上，经过一家商店时只见两个橱窗上都贴着醒目的红底白字“可口可乐”商标，门口也有一张。她走进酒吧，坐上高凳，店主忙过来殷勤招呼。沙莉说：“我要半杯香蕉汁，啊，不，来1罐儿可口可乐。”店主问：“1罐儿可口可乐?”沙莉应道：“对，1罐儿柠檬可口可乐。”在这里，观众几次看到可口可乐的商标，几次听到可口可乐的名字，又不知不觉地将可口可乐与温暖的酒吧和殷勤的服务联系起来，留下了深刻的印象。在影视片中加入广告，必须合情合理，不能生拉硬扯，到处乱插。无论是对话还是表演都要自然贴切，不留痕迹，否则就会引起观众反感。

为了加大宣传力度，很多大型企业投入重金专门拍摄和制作广告影视片。例如，大型知识性动画片《海尔兄弟》，就是讲述一对由智慧老人所创造的，两个分别穿着黄色和蓝色短裤的卡通小男孩，为解决人类面临的灾难，为解开无尽的自然之谜而环游世界，从太平洋穿越北美洲、南美洲、南极洲、大洋洲、非洲、欧洲、亚洲，最后回到他们的诞生地太平洋的神奇历险故事。故事情节跌宕起伏，跨越时空，蕴含丰富的自然、历史、地理、人文等社会科学知识，具有趣味性、娱乐性，使人们在观赏影片的同时也记住了海尔公司。

电影媒体是一个很有潜力的广告媒体。其优点是制作简单、成本较低、信息量大，可以充分展示商品的功能和特点；缺点是影响面小，单纯的电影广告易引起观众反感，需要在制作上独具匠心。例如，冯小刚导演的作品《非诚勿扰》在杭州西溪国家湿地公园拍摄后，该公园一跃成为电影上映当年最受关注的旅游地之一。

据心理学家分析，这种广告能产生积极的潜意识联系，因为当观众看电影时会降低防备心理。调查发现，在离场时，记得影片中所出现产品的观众高达85%。当然，在影视作品当中插入广告需要投入较高的费用。

除了上述已经分析到的广告媒介之外，还有许多新型的广告媒体形式，如特制品、纪念品、饰物、服装等。随着科技的不断进步，越来越多的新产品、新材料将会成为新的广告媒介，广告的形式也会日益多样化。根据有关媒介报道，美国可口可乐和百事可乐两大饮料公司在1996年把在地球上没有分出输赢的广告战转移到太空，分别借助美国的“奋进”号航天飞机和俄罗斯的“和平”号轨道空间站开展了新一轮的广告攻势。“5月19日，美国奋进号航天飞机升空，除随机携带卫星以及一大批科学实验设备和材料外，还把可口可乐公司最新配方的可口可乐、减肥可乐和橘子水带上了太空。5月20日，两名俄罗斯宇航员把一个半人多高的蓝色百事可乐易拉罐模型，通过太空行走悬浮到了‘和平’号轨道空间站外”。两家公司把广告推向外层空间，在航天领域进行广告宣传，出人意料。

新广告媒体的出现，需要科学技术的推动，还需要广告策划者根据具体的策划实践以及个人的智慧来发现。例如，丹麦首都哥本哈根的脚踏车就是一个新型的广告媒体。在哥本哈根，旅客只要付20元丹麦币就可以自由地骑脚踏车到各地兜风办事，事后把车子放回原处，再取回20元丹麦币。有一个商人表示愿意免费提供5 000辆脚踏车，条件是能在车身上做广告。市议会经讨论批准了这一请求，这对一向不准做户外广告的哥本哈根市来说既特殊又新颖。因此，许多广告主与该商人签署了为期4年的广告合同。

中东地区的一家禽蛋公司特地选出1 000万只黄蛋壳鸡蛋，在每只蛋壳上印上“柯达”彩色胶卷的商标，然后运销到南美的一些国家和地区。柯达公司付给这家禽蛋公司的广告费用是5 000万美元，这也是一种非常新颖的广告媒体。

新媒体的研究开发无时无刻不在进行中。当下，社交软件占据用户大部分业余时间，社交软件中的各类广告也开始层出不穷，甚至无法自主关闭，不仅侵占资源，而且违背用户意志。

我们相信，随着社会的发展、科学技术的进步，一定会有更多更新的广告媒介形式出现。但不管什么形式的广告，都应该尊重用户，尊重事实，科学使用各类媒体，才能达到应有的传播效果。

【同步案例5-1】

线上线下媒体融合的力量

背景与情境：2022年1月，小红书在上海和武汉开了46个“小红薯慢闪店”，每个小红书用户都可以领到一个烤红薯，还有一把定制小勺子钥匙扣和一封手写信。

此前，小红书发布一则广告视频，通过取材近几十位用户的笔记和评论，展现生活点滴的温暖瞬间，“在分享、表达自己的同时，也在不经意间温暖别人，正是这些大大小小的温暖，让小红书里的每个小红薯，哪怕再平凡的日常，也得以在场”。

传递这些温暖，是“小红薯慢闪店”的初衷，用冬天里平凡却温暖的一颗烤红薯来回馈社区里的温暖。

小红书用户的昵称就是小红薯，在小红书发展战略调整为“生活方式社区”后，小红书不仅发布了多个广告视频，还利用线下结合线上的各类活动，来增加用户黏性。此次，小红书发布“小红薯的温暖”话题，一个多月的浏览量已达2.3亿，引发广泛参与。

问题：使用新媒体推广品牌就一定会取得好的效果吗？

分析提示：任何媒体都是手段，关键是运用媒体的人，是人的与时俱进的观念。

【小思考5-1】

问题：各种广告媒体所具有的共同特性是什么？

理解要点：不同的媒体具有各自不同的特性，如传播的范围、对象、速度等，但从总体而言，广告媒体具有如下特性：①物质性。广告媒体是看得见、听得到或者摸得着的物质形式。②信息性。广告媒体将各种广告信息传达给受众，以加深人们头脑中对该产品的印象，激发其购买欲，从而实现广告的目的。③时间性。广告媒体传播信息具有保留时间长短不同、传播速度有快有慢的特性。如广播、电视、互联网等媒体传播广告信息速度最快、最为及时，而报纸、杂志、书籍等印刷媒体在时效性方面就差一点。因此，广告主在制订广告计划时，要依据产品的特点及市场营销策略的要求，选择时间性强弱不同的广告媒体。④空间性。广告媒体传播信息的范围、空间各不相同，对受众的影响也有所不同。媒体的传播范围和空间的选择，应与传播范围内的广告目标受众特征相符。⑤适应性。广告媒体因物质形态不同，具有不同的适应性。广告主可以根据广告信息发布的范围、受众多少、地区远近、对象阶层、时间长短以及速度快慢等不同要求，选择适应性不同的广告媒体，以提高信息传播效果。

5.2 广告媒体选择

广告媒体是传播广告信息的手段和工具，离开了广告媒体，广告信息就无法传播。在广告活动中，选择的广告媒体不同，广告策划的内容、广告费用以及广告效果等也就不同。

广告媒体选择是指根据广告目标的要求，以最小的成本选择合适的传播媒体，把广告信息传达给预定的目标消费者，并保障接触者的数量和接触的次数。其中心任务就是比较广告目标与媒体之间的差距，并根据广告目标的要求选择广告媒体。

5.2.1 确定广告信息传播的数量指标

选择广告媒体时，必须首先确定广告信息传播的数量指标。常用的数量指标主要有以下几种：

1）收视率（audience rating）

收视率是在对广播、电视等电波广告媒体进行媒体量的研究中得出的定义，它是指某一地区范围内收看（收听）某一电视台（广播台）的某一特定电视节目（广播节目）的人数与被调查人数的百分比。收视率的研究有助于广告用户了解在电波媒体及其中的某些特定节目做广告能达成怎样的效果。收视率是广播电视媒体中最重要的术语。广告主和广告公司根据该指标购买广播节目和电视节目，以判断他们的广告信息将能到达多少人，计算这些人将会多少次暴露于广告信息之中。外国的广播电视经营者，常用该指标来评价节目的普及情况。如果某一节目的收视率高，该节目就可以继续播放；反之，就有可能被停播。信息收视率也是广播电视经营者确定广告刊播收费率的标准之一。通常，节目收视率高，则刊播广告的单位费用越高。

2）开机率（homes using TV，HUT）

开机率是指一天中某一特定时间打开电视机的家庭与拥有电视机的家庭的百分比。广播与此相同。例如，某一目标市场上有1 000户家庭拥有电视机，在某年12月3日14～18时有125户在收看A节目，100户在收看B节目，50户在收看C节目，25户在收看D节目，则此时的开机率为30%。

开机率的高低，因季节、一天中的时段、地理区域以及目标市场的不同而不同。这些变化反映了目标市场上消费者的生活习惯和工作形态。早晨因人们去工作而开机率低；傍晚当人们回家时则开机率高；深夜人们逐渐入睡，开机率又降了下来。

经调查发现，电视与广播的开机程度有互补性；当电视开机率较高时，广播的开机率较低，反之亦然。

3）节目视听众占有率

节目视听众占有率是指在一定时间内收看某一特定节目的消费者家庭数目占总开机家庭数的百分比。依照上例，节目B的视听众占有率为33.3%（总开机户为300户，而收看B节目的户数为100户）。节目视听众占有率并不表示拥有电视机的户数，而只是说明在某一特定时间里那些正在看某节目的家庭数。

收视率、开机率与节目视听众占有率有密切的关系，它们相互间的计算公式如下：

收视率=开机率×节目视听众占有率

节目视听众占有率主要由以下因素决定：

（1）何时播映。

（2）该节目播映时与其他电视台有关节目的竞争状况。

（3）该节目前后播出的节目。如果在该节目前播出的节目非常有吸引力，观众就不会立即转换频道；同样，如果在它之后播出的节目很精彩，观众就会非常留意该频道。

（4）节目内容。是纪录片，还是电视连续剧，将直接影响节目视听众占有率。

（5）节目的发展情节等。

4）总收视率（gross rating points，GRPs）（毛评点）

总收视率是指在一定时期内某一特定的广告媒体所插播的某广告的收视率总数。例如，一个媒体或媒体节目的收视率为30%，广告插播5次，则总收视率为30%×5= 150%。表5-6为13次通过4个插播广告的具体情况，说明送达的总收视率为200%。

表5-6 **总收视率计算表**

节目名称	家庭平均收视率（%）	插播次数（次）	总收视率（%）
节目A	20	2	40
节目B	15	4	60
节目C	25	2	50
节目D	10	5	50
合 计	无	13	200

【同步案例5-2】

逆势成长的电梯广告

背景与情境：媒体和资讯的丰富，使人们的时间和记忆趋于碎片化，抓住消费者的注意力更加困难。电梯媒体可以辐射我国3亿在城市生活的人群，是城市消费主力高频接触广告语的主流媒体平台。

电梯具有密闭性和狭窄性，加上刚性乘坐频率和时长，使用户频繁暴露在广告中。这种低干扰的场景，广告对用户构成了高频且强制的触达，从而具有较高的广告记忆度。BOSS直聘“找工作，我要跟老板谈”、瓜子二手车“没有中间商赚差价”、飞鹤“更适合中国宝宝体质”等成为耳熟能详的广告语，都是在电梯媒体上得到高效传播的结果。

在传统媒体广告投放大幅度下降的时代，电梯广告却成为制造流行广告语的主流阵地。2020年，流行广告语的主要记忆渠道八成来源于此，是为数不多保持高速增长的传播渠道，具有极强的引爆品牌价值的能力。

问题：现代企业的广告媒体应该如何选择？

分析提示：进行媒体选择时，要注意非主流媒体的力量。从2015年起，网络广告收入首次超过电视广告收入，尤其是移动广告增长比例更大。广告主应把握时机，综合使用广告媒体。

5）视听众暴露度（impressions）

视听众暴露度是指在特定时期内收看、收听某一媒体或某一媒体特定节目的人数总和。视听众暴露度以个人数目（或家庭数目）来表示，而不是用百分数来表示。其计算方法是：

视听众暴露度=视听总数×收视率×发布次数

6）到达率（reach）

到达率是指某一特定媒体广告的受众群体占群体总数的百分率。若广告排期表设定在4个电视节目中，面向100个电视家庭，其中有30个家庭至少看到了4个节目中的一个，则到达率为30%。计算到达率，不管广告受讯者暴露于广告下多少次，都只计算1次。它所描述的就是有多少视听众会看到你的广告。以美国的《读者文摘》为例，平均每期的阅读寿命为11~12周。就是说，从杂志开始发行需经11~12周才能到最后一位读者；户外媒体与交通媒体的到达率的周期通常是1个月。

计算到达率时，一位观众不论他看到或听到特定广告信息多少次，都只能计算1次。到达率适用于一切广告媒体，唯一不同之处是表示到达率的时间周期长短各异。一般而言，电视、广播媒体到达率的周期是4周，这是由于搜集、整理电视、广播媒体的有关资料要花费4周的时间；杂志、报纸的到达率通常以某一特定发行期经过全部读者阅读的寿命期间为计算标准。

7）暴露频次（frequency）

暴露频次是指消费者个人或家庭暴露于广告信息中的平均次数。暴露频次与到达率指标一样，在所有广告媒体中都可以使用。需要强调的是，暴露频次指标是指平均暴露频次。

到达率、暴露频次和收视率三个指标常用百分数表示（但没有百分数的记号），都用以衡量一则广告计划送达的人数或家庭数。“到达率”表示广告策划者希望多少媒体受众一次或多次接触到该广告信息；暴露频次说明该广告信息将到达媒体受众的“平均次数”；总收视率是到达率和暴露频次的产物，表示该广告信息将到达媒体受众的重叠百分数“毛额”。

暴露频次的计算公式是：

$$暴露频次=\frac{总收视率}{到达率}$$

【小思考5-2】

资料：2个刊播计划的到达率与暴露频次的比较见表5-7。

表5-7 **到达率与暴露频次的比较**

具体项目	刊播计划1	刊播计划2
电视联播网特级时段	插播10次	插播5次
电视联播网日间时段	插播20次	插播53次
到达媒体受众	80%	75%
平均暴露频次	2.2次	4.2次

刊播计划1的广告要在电视联播网特级时段插播10次，并在电视联播网日间时段插播20次；刊播计划2的广告要在电视联播网特级时段插播5次，并在电视联播网日间时段插播53次。

根据到达率和暴露频次的指标，广告策划者就能基于两个广告计划到达多少人，以及每个人到达的平均频次来比较这两个计划。

问题：

（1）如果以到达率为唯一评判标准，广告策划者会选择哪个计划？

理解要点：广告策划者会选刊播计划1。

（2）如果认为在广告刊播中暴露频次更为重要，广告策划者会选择哪个计划？

理解要点：广告策划者会选刊播计划2。

8）每千人成本（cost per thousand method，CPM）

每千人成本是指对指定人口送达1 000个视听众产生暴露度的成本。其计算公式如下：

$$CPM=\frac{广告费用(元)}{视听众暴露度或人数(以千人为单位)}$$

广告策划者可以用每千人成本这一指标来选择广告媒体，以每一节目送达的视听众来衡量要付的价格。表5-8就是用每千人成本来选择广告媒体的一个实例。广告策划者面临着购买杂志A或杂志B两种选择。

表5-8　**A、B杂志每千人成本计算表**

元/页（彩色）	读者（千人）		每千人成本（元）	
	全体妇女	18～49岁的妇女	全体妇女	18～49岁的妇女
杂志A：64 600	17 460	11 900	3.70	5.43
杂志B：46 940	12 680	9 110	3.70	5.15

通过比较可知，杂志A与杂志B的送达人数和广告成本都不同。如果对全体妇女计算，杂志A和杂志B的每千人成本相同。如果媒体计划的目标是送达18～49岁的妇女，那么杂志B比杂志A的每千人成本低，这就说明杂志B更有效率，应选择杂志B。

9）有效到达率（effective reach）

有效到达率也称有效暴露频次，是指在一特定广告暴露频次的范围内，有多少媒体受众知道该广告信息并了解其内容。有效到达率是用来解答“多少广告才够”这一问题的。

产品的有效到达率是由多种因素决定的，主要包括产品的购买周期、广告信息的复杂程度、产品的市场地位、品牌的知晓度以及广告媒体的传播特性等。外国专家对最佳程度的广告频次做了大量的研究，以下是一些公认的结论：

（1）广告宣传暴露1次没有任何价值。

（2）第2次暴露才会有一些效果。

（3）在一个月或一个购买周期中需要3次暴露，才能产生预期的广告效果。

（4）广告宣传在达到一定的暴露频次以后，宣传效果递减。

（5）广告宣传在达到某一程度的频次时，广告效果为零，甚至会产生负效果。

在图5-2的理论模式中，暴露3次以下的广告没有任何价值。最佳的暴露频次是6次。当暴露频次超过8次时，媒体受众就会对广告信息感到厌倦，其后的广告暴露将没有任何效果，并可能产生负效果。

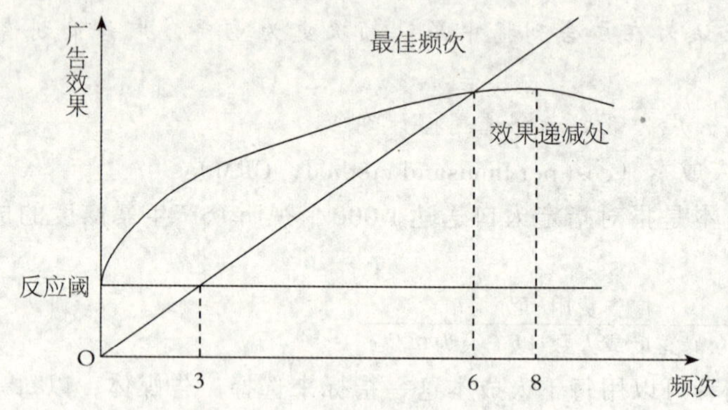

图5-2 广告有效到达率与频次

5.2.2 选择广告媒体应考虑的因素

学习微平台
微课5-2
广告媒体决策的影响因素

广告媒体决策就是在众多的媒体中做出决策，以最经济的广告支出实现最佳的广告传播效果。影响媒体决策的主要因素有：

（1）产品特性。不同的产品特性对媒体有不同的要求。技术性能高的，可采用报纸、杂志做详细的文字说明，也可以用电视短片详细介绍。对于特别需要表现外观和质感的商品，如服装、化妆品，就需要借助具有强烈色彩的宣传媒介，电视、杂志能更好地表现其视觉效果，而广播、报纸等媒介就不宜使用。

（2）沟通对象的媒体习惯。有针对性地选择媒体，奉行"以人为本"的原则，使广告沟通对象易于接受，是增强广告促销效果的有效措施。例如，生产玩具的企业若将学龄前儿童作为目标沟通对象，则绝不能在杂志上做广告，而最好在电视上做广告。若广告信息的传播对象是青年，那么《中国青年报》《读者》就是理想的媒体。

（3）信息类型。比如，若宣传明日的销售活动，必须在电视、报纸等时效性强的媒体上做广告。若信息的传播对象仅局限于某一地区，则在地方性媒体上做广告即可，不需要动用全国性媒体。以文字为主的信息，选择报纸、杂志等印刷媒体会较适宜；以画面及动作为主的信息，则以电视广告最为适宜。

（4）媒体成本。不同媒体所需的成本不同。电视广告是最昂贵的媒体，而报纸则较便宜。不过，最重要的不是绝对的成本数字的差异，而是目标对象的人数与成本之间的相互关系。如果用每千人成本来计算，可能会出现电视广告比报纸广告更便宜的情形。

（5）竞争态势。广告商品竞争对手的有无及其选择媒体的情况和所花费的广告支出的多少，对企业的媒体选择有着显著的影响。如果企业尚无竞争对手，那么它就可以从容地选择媒体和安排广告费用；如果企业竞争对手尚少，还不足以对它产生重大影响，只需在交叉的广告媒体上给予重视；如果竞争对手多而且强大，在企业财力比较雄厚的情况下，就可以采取正面交锋，以更大的广告开支在竞争媒体上以及非竞争媒体上均压倒对方；若该企业财力有限，无法支付庞大持久的广告开支，则可以采取迂回战术，或选择其他媒体，或在同样的媒体上避免正面交锋而将刊播的日期前移或拖后。

长期以来，电视在广告媒体中占有主导地位，而其他媒体则被忽视了。广告策划者开始注意到，由于电视节目越来越多样化，电视广告的效果已开始下降。目前，电视广告节目在电视中播放的时间越来越短，但数量却越来越多，观众的注意力和广告效果正在日趋下降。电视联播节目的观众逐渐被其他媒体夺走了。此外，一些企业已发现采用印刷广告和电视广告相结合的方法，通常比单独使用电视广告的效果要好。这说明广告主必须隔一段时间就要对不同的媒体进行检查评估，以确定最适合的广告媒体。

【小资料 5-2】

M.赖尔的“主要媒体效果比较表”见表5-9。

表5-9　**M.赖尔的“主要媒体效果比较表”**

项　目	电　视	广　播	杂　志	日　报	户　外
目标传达（18岁以上的妇女）	A	A	A	C	C
创造情绪的能力3	A	C	B	C	D
消费者参与媒体	A	B	B	C	C
视觉特征	A	D	B	C	B
支配感觉	A	B	B	B	B
都市集中	A	A	B	A	A
市场弹性	A	A	B	A	A
季节弹性	B	A	A	A	B

注：A表示优秀，B表示良好，C表示尚好，D表示不适合。

资料来源　苗宇. 公司广告媒体和广告代理［M］. 昆明：云南大学出版社，2001.

5.2.3　选择广告媒体的具体方法

西方广告专家为选择广告媒体建立了许多数学模型，下列几种是广告策划者最常用的。

1）线性规划法

线性规划法是指在一定的限制条件下，通过媒体组合以使广告有效暴露频次最大化的方法。利用线性规划法选择广告媒体的实例如下：

求：3 100X1+2 000X2+2 400X3=E的最大值。

限制条件：15 000X1≥250 000

0≤X1≤52

1≤X2≤8

6≤X3≤12

式中：X1，X2，X3是指3种广告媒体；

3 100X1是指媒体X1每发行1次可得到3 100个有效暴露频次；

2 000X2是指媒体X2每发行1次可得到2 000个有效暴露频次；

2 400X3是指媒体X3每发行1次可得到2 400个有效暴露频次。

广告策划者将设法购买某一媒体的适当发行量，以便使有效暴露频次E达到最大化。广告策划者的广告预算为50万美元，不许超支。媒体X1每发行1期的成本是1.5万美元，媒体X2为4 000美元，媒体X3为5 000美元。此外，广告策划者想在媒体X1上至少支出25万美元。媒体X1一年发行52期，X2为8期，X3为12期。广告策划者至少想购买1期媒体X2和6期媒体X3。

最佳的有效暴露频次的媒体组合，可以通过以上方式求出，但这种方法也有一定的局限性：

（1）线性规划法的前提是假定重复暴露的边际效果保持不变；

（2）假定媒体的成本固定不变；

（3）该方法不包括视听者重复的情况；

（4）该方法无法安排广告的具体刊播时间表。

2）顺序探索法

顺序探索法是指根据广告媒体有效暴露频次的大小顺序来依次选择媒体的一种方法。该方法每次只选择一个媒体，先购买该媒体一周，对于其余可供选择的媒体则根据媒体受众重叠和可能的媒体费用折扣情况而重新予以评估。如果上一周的有效暴露频次低于最佳水平，则在下一周进行第二次选择。有效暴露频次的最佳值是几个营销变量和媒体变量的函数。此过程继续下去，直到达到最佳的有效暴露频次。达到这一点，再考虑下周新媒体的选择。这个循环过程一直继续到完成全年的广告计划为止。

顺序探索法与线性规划法相比，有如下优点：

（1）制定广告刊播时间表与媒体选择可同时进行。

（2）可解决媒体受众重叠的问题。

（3）可解决媒体费用折扣问题。

（4）这一方法结合了诸如品牌转换率和暴露系数等重要变量。

3）模拟模型法

模拟模型法用于估计任何已知的媒体计划的暴露价值。例如，假设某媒体有

2 944个使用者，他们是某国家或地区人口按性别、年龄、社会阶层、就业状况和教育程度划分的代表。每个人的媒体选择是由该人的社会经济特征和所处地点的媒体分布概率决定的。把特定的媒体时间表与假定人群相组合，计算机就会列出暴露在每个人面前的广告频次和类型。在假设年度的经营结束后，即可绘制出简明的图表，用来表示该广告时间计划表可能达成的效果的概况。广告策划者便可以判断出拟议中的广告媒体时间表的受众特征与接触人数、频率特点等方面是否会令人满意。

模拟模型法是对线性规划法、顺序探索法的补充。它自身也有一定的不足，如假定人口的代表性特征在通常情况下是很难把握的。

4）媒体计划运算模型法

媒体计划运算模型法是处理细分小市场、销售潜力、暴露概率、媒体受众边际反应递减率、遗忘、季节性和广告费用折扣等现实媒体问题中出现的大量营销和广告变量的一种计算机模拟法。这种模型提出问题，而由广告主提供有关数据，随即在几秒钟内就能得到最佳的媒体安排表。广告策划者变换输入计算机的资料，就可发现不同变量对广告效果的影响。

该方法只能作为广告策划者进行判断决策的一种辅助手段，而不能取代决策本身，因为计算机模型不可能包括所有广告策划的变量。最终的媒体计划应是计算机的超逻辑智力和人的想象力与判断力的共同产物。

5.3 广告媒体策略

5.3.1 广告媒体策略的含义

广告媒体策略是指广告策划者根据广告对象（企业或产品）的特点确定广告媒体目的，并确定实现这些目的的途径。它是广告策划者运用各种媒体进行广告宣传活动的指导方针。

根据定义可知，广告媒体策略的主要内容包括：

（1）确定广告媒体目的。

（2）确定实现该目的的具体途径，如在该广告活动中要使用哪些媒体，每种媒体要使用多少次，每种媒体的广告开支是多少，在一年中的哪些时期使用该媒体等。

广告策划者在制定媒体策略时，要对媒体特性进行深入了解，如媒体如何发挥作用、媒体如何被消费、如何使用媒体才能产生理想的效果等。

5.3.2 确定广告媒体目的

广告媒体目的是指广告媒体在一定预算额度内，传达给目标市场消费者的是什么。通常情况下，广告媒体目的要回答以下问题：

1）目标视听众目的

要明确广告传播的目标受众，即目标视听众。广告产品潜在的顾客一般以他们的社会经济特征（如年龄、性别、民族、收入、教育、家庭规模以及职业、社会阶层等）来加以确定。另外两种确定目标视听众的方法是以广告产品的购买者、使用者和消费者的心理特征、生活方式的特性为标准来确定。如果确定一个群体以上的目标视听众，就要明确指出相对于该广告媒体而言，目标视听众的重要程度。例如，广告策划者已确定该产品的目标视听众是公司白领职员，其中白领男士占60%，白领女士占40%。在选择广告媒体时，就要落实这一比例。

2）媒体信息的目的

通过广告媒体向目标视听众传达有关企业或产品信息。常见的媒体信息目的主要有以下几种：

（1）提高产品（或服务）品牌的知晓度；

（2）促使消费者改变不利于本品牌产品的某种态度；

（3）向消费者介绍一种新产品；

（4）加强广告主的促销推广活动；

（5）提醒老顾客以建立他们对该品牌的忠诚度；

（6）与一种新上市的产品展开竞争；

（7）为该产品的推销人员提供支持。

3）广告何时出现

媒体目的中应包括广告在特定媒体上出现的时间，常见的广告出现时间有以下几种：

（1）在产品销售旺季之前出现；

（2）在一年内均匀地出现，以顺应每月的产品销售；

（3）在企业开展促销活动时出现，以支援企业的产品推广活动；

（4）当竞争产品进行广告宣传时出现；

（5）在新产品上市前出现；

（6）当季节变化、节假日来临之际出现。

4）广告在何地出现

广告媒体开支的大小与产品销售额的高低、配销状况等密切相关，因此要确定在不同地区广告出现的先后顺序。在确定广告出现的地域时，要考虑以下问题：

（1）全国性、区域性与地方性广告的相互配合；

（2）人口密度；

（3）产品在不同地区的销售状况；

（4）产品销售种类的特性；

（5）各个地区市场上同类产品的竞争状况。

5）应安排多少广告

应安排多少广告是指在一段时间内为达到预期的广告效果，某一广告应该有多少到达率与平均频次。企业的营销目的、媒体目的、市场地位与竞争压力、品牌的市场地位等都会影响广告宣传中所需要的到达率与平均频次的标准。表5-10列出了强调到达率和平均频次的情况。

表5-10　　强调到达率和平均频次的情况

强调到达率的情况	强调平均频次的情况
新产品	竞争者强大时
扩展中的类别	产品信息复杂时
副品牌	经常购买的产品
竞争力强的品牌的加盟	品牌忠诚度弱时
广泛的目标市场	目标市场狭窄时
不经常购买的产品	消费者对品牌或产品类别抗拒时

【小资料5-3】

影响广告发布的最低有效频度的因素见表5-11。

表5-11　　影响广告发布的最低有效频度的因素

商品	新产品	新产品过去没有广告积累，因此最低有效频度的值会高于已经有广告铺垫的产品
	复杂性	复杂的产品需要较多的说明，因此最低有效频度的值高于简单的产品
	市场占有率	市场占有率越高的产品，有效频度的值越低
市场状况	市场区隔	市场细分越准确，策略越正确，广告需要的最低有效频度的值越低
	细分的指标	心理细分的市场细分标准可以降低最低有效频度的值
	竞争状况	消费者的品牌忠诚度越低，需要的最低有效频度的值越高
		消费者群体平均年龄越低，需要的最低有效频度的值越低
		竞争品牌广告活动活跃时，需要的最低有效频度的值比较高

5.3.3　广告媒体分配的策略

广告媒体分配策略是实现媒体目的的途径，用来说明媒体目的是如何实现的。广告媒体使用策略主要包括广告媒体地区上的分配策略和时间上的分配策略。

1）地区上的分配策略

广告媒体使用的地区分配策略主要有三种类型：广告预算完全投入到全国性媒体上；全国性媒体与地方性媒体结合使用；只使用地方性媒体，或者在国内相当大的部分使用地方性媒体。为了正确地选择媒体地区分配策略，广告策划者要对品牌销售和产品类别销售的情况进行分析，常用的方法有：

（1）品牌发展指数法（brand development index）。

该方法用来说明某品牌产品销售与某类产品销售的关系，以显示在整个市场中该品牌在何处销售多，在何处销售少。计算公式如下：

$$品牌发展指数=\frac{某品牌产品销售比重}{某类产品的销售比重}$$

例如，某品牌在天津地区的销售比重为24%，该类产品的销售比重为25%，其品牌发展指数为0.96，表明在天津地区该品牌销售与同类别销售相配合。如果品牌发展指数大于1，则表明某品牌产品的销售比重大于这类产品的销售比重；如果品牌发展指数小于1，则表明该类产品的销售比重大于它的品牌销售比重。

品牌销售如果配合类别销售，广告费用就可以与产品在目标市场上的销售状况相一致。

【小思考5-3】

问题：如果品牌销售与类别销售之间有较大的偏差，广告策划者应怎么办？

理解要点：通常的做法是，先确认有成长潜力的地区市场，再对其进行广告投资。

（2）品牌与类别对比法。

将不同地区某品牌产品的销售趋势与该类产品的销售趋势进行比较，以确定广告媒体在地区上的使用情况。通常，将不同的目标市场根据图5-3的标准进行分类，以决定是否在该地区进行广告宣传。

品牌发展 \ 产品类别发展	低	高
高	品牌强但消费者花费低 增加的广告投入无效果 寻求增加类别购买频次	品牌销售与类别销售已达饱和 增加的广告投入无效果 维护市场地位的广告投入 保持市场需求的广告投入
低	销售旺季限制广告 无销售潜力品牌疲软 支援推广活动以避免配销疲软	竞争激烈，品牌相对疲软 增加的广告投入可能有效果 在销售旺季增加广告频次 寻求密集的广告推广活动

图5-3　目标市场划分类别图

2）时间上的分配策略

广告媒体使用的时间安排策略可以划分为长期安排策略和短期安排策略。

（1）长期安排策略。

广告策划者必须决定将一年的广告按季节性和预期的经济发展来安排时间。假如某产品销售量的70%产生于5月到10月的温暖月份，则广告策划者可有三种选择：

① 可顺应季节的变化调整广告支出；

② 可按产品季节变化的相反方向来安排广告支出；

③ 全年平均使用广告预算。

与上述三种选择相适应，常用的确定广告媒体使用进度的方法有先多后少法、滚雪球式渐次加强法和水平支出法三种。

①先多后少法（big early，little late method）。

它的字面意思是先投入较多的广告媒体费用，租用或选定刊载广告场地或版面，在一个时期内展开强烈的广告攻势。当产品（或服务）在市场有一定知名度以后，再逐渐缩减广告媒体开支。

②滚雪球式渐次加强法（snow balling or crescendo method）。

采用这种方式选择广告媒体，开始是试探性的，先在某一特定的市场范围内运用几种接近目标市场的媒体将产品的特点逐一、渐次地进行广告诉求发布，以加强人们对某品牌产品市场竞争能力及其在同类产品中的差异性的了解。在探清市场不同层次的消费需求之后，逐渐扩大广告媒体的影响范围，媒体使用的次数逐渐增多，广告信息的影响范围越来越大，声势也越来越大，直至随着需求量与日俱增，生产规模日益扩大，产品从单一品种生产发展到系列化产品生产，市场由国内市场扩展到国际市场。

③水平支出法（level-expenditure method）。

采用这种方法选择广告媒体，每次广告活动所投入的广告费用都基本相同。例如，日常生活用品广告，除节假日可能要采用多种媒体展开广泛的广告活动从而增加一些费用外，一般在一定年度、季节内，每月用于某种媒体的广告费用都基本不变，其广告传播信息也只是起到“提醒”注意的作用。

（2）短期安排策略。

短期安排策略是指将一组广告在一段时间内展露分配，以达到最佳效果。短期安排必须考虑以下因素：

① 购买者频率，指新的购买者在市场上出现的频率。该频率越高，则广告接触这些新顾客的次数就应更加连续。

② 购买频率，指在一定时间内，一般购买者购买该产品的次数。购买频率越高，则广告就应更加连续。

③ 遗忘率，指购买者忘记此品牌的速度。遗忘率越高，则广告就应更加连续。

广告策划者必须在连续性广告、飞翔性广告、脉冲性广告、完全集中性广告之间作出选择。

A.连续性广告，指在一定时间内均衡地安排广告展露时间的广告实施形态。

这种广告的优点有：

a.能维持消费者的记忆；

b.能包括整个购买周期；

c.由于连续地展露广告，可以通过与媒体的协商优先在价格、广告时间或者版面上进行选择。

这种广告的缺点有：

a.比其他广告实施计划费用高；

b.可能出现过多的广告展露，而反复的暴露会引起消费者注意力降低；

c.由于费用上的问题只能选择有限的媒体。

在产品开拓市场时期，以及经常购买产品的消费者有明显的特征时，常用这种广告策略。

B.飞翔性广告，指在一定时间内集中安排广告活动，过了一段时间以后不安排广告活动的广告实施形态。

这种广告的优点有：

a.根据购买周期安排广告活动，因此能有效地使用广告费用；

b.在一定时间内集中安排广告，因此可以利用一个以上的媒体；

c.竞争企业利用连续性广告实施形态时，会在一定时间内增加自己企业的广告暴露。

这种广告的缺点有：

a.过多的暴露，在广告活动期间也可能降低广告效果；

b.在不安排广告活动的期间，消费者的知晓度会下降；

c.在不安排广告活动期间，随着竞争企业的努力也许会把竞争优势让给竞争企业。

C.脉冲性广告。它是在一定期间内连续地安排广告活动，但根据广告量给予适当变化的广告实施形式。这种形式就是结合连续性广告形式和飞翔性广告形式的长处而创造出来的。

这种广告的优点有：

a.既能维持消费者的记忆，又能提高广告效果；

b.根据购买周期安排广告活动，因此可以直接引发消费者的购买；

c.企业采取连续性广告形式时，可以比竞争对手增加更多广告暴露频次。

这种广告的缺点有：

a.不适合于季节性强的短期性产品；

b.受竞争企业动向的影响；

c.在选择媒体以及广告时间或者版面时有一定的困难。

主张选择脉冲广告活动形式的策划者认为，通过这种形式可以让消费者更全面地掌握信息，并且可以节省广告费用。

D.完全集中性广告。这种形式要求把广告预算集中用在一段时间内。这种形式的广告活动是飞翔性广告形式的特殊情况。

这种广告的优点有：

a.在较短的时间内能引起消费者的关注；

b.有助于提高消费者对成熟期产品的再知晓度。

这种广告的缺点：不太适合于新产品，因为新产品刚上市的时候在一段时间内需要安排较长时间的广告活动。

总之，各种广告实施形式各有其优缺点，由于产品的特征、目标消费者的特性、市场特性等不同，各种形式的效果也不同。不存在在所有市场上都适用的广告实施形式，只有根据实际情况安排广告活动，才会有效。

（3）采取广告媒体组合策略时应注意的问题。

①媒体组合立体传播效应。

A.延伸效应。各种媒体都有各自覆盖范围的局限性，如果将媒体组合运用，则可以增加广告传播的广度，延伸广告的覆盖范围。广告覆盖面越大，产品知名度就越高。

B.重复效应。由于各种媒体覆盖的对象有时是重复的，所以媒体组合使用将增加部分广告受众接触广告的次数，也就是增加广告传播的深度。消费者接触广告次数越多，对产品的购买冲动就越强。

C.互补效应。此效应即以两种以上的广告媒体来传播同一广告内容，对于同一受众来说，其广告效果是相辅相成的。由于不同的媒体各有利弊，所以组合运用媒体能取长补短、相得益彰。

②媒体组合策略的方式。

A.视觉媒体与听觉媒体的组合。视觉媒体指借助视觉要素表现的媒体，如报纸、杂志、户外广告、招贴、公共汽车广告等。听觉媒体主要指借用听觉要素表现的媒体，如广播、音像广告。视觉媒体更直观，给人以一种真实感；听觉媒体更抽象，可以给人丰富的想象。电视可以说是视觉和听觉完美结合的媒体。

B.瞬间媒体与长效媒体的组合。瞬间媒体指广告信息瞬时消失的媒体，如广播、电视等电波电子媒体，由于广告一闪而过，信息不易保留，因而要与能长期保留信息、可供反复查阅的长效媒体配合使用。长效媒体一般是指那些可以较长时间传播同一广告信息的印刷品、路牌、霓虹灯等媒体。

C.大众媒体与促销媒体的组合。大众媒体指报纸、电视、广播、杂志等传播面广、声势大的广告媒体，其传播优势在于“面”，但这些媒体与销售现场相脱离，只能起到间接促销作用。促销媒体主要指邮寄、招贴、展销、户外广告等传播面小、传播范围固定、具有直接促销作用的广告，它的优势在于“点”。若在采用大众媒体的同时又配合使用促销媒体，就能使点面结合，起到直接促销的效果。

③采用广告媒体组合策略时需要注意的问题。

A.媒体组合策略较适合于开拓新市场及推出新产品时使用。

B.媒体组合使用要耗费大量的广告费，因此只适合有经济实力的大中型企业。

C.媒体组合运用较复杂，不能随心所欲，因此应建立在研究分析和计划的基础上。

【同步链接 5-1】

二十大后中国户外广告的新机遇

二十大报告中提到的几个关键词，为中国户外广告发展带来了新机遇。

第一个关键词是：实体经济，报告提出“建设现代化产业体系，坚持把发展经济的着力点放在实体经济上”。2022 年 10 月 23 日下午，国内中金公司、国泰君安、海通证券等多个机构也同时发布公告，提出未来的战略方向：支持国家的实体经济发展，这点对户外广告行业很有利。首先，户外广告的载体都是真实存在的硬件设施，本身就属于实体广告位；其次，中国的户外媒体经营企业多达 42 万家，这批企业也是国民实体经济的重要一环；最后，户外广告是很好的品牌助推器，能助力实体经济中的民族品牌成长。所以国家要发展的实体经济，必然会覆盖户外广告这种实体经济行业。

第二个关键词是：高水平社会主义市场经济体制，报告提出："毫不动摇巩固和发展公有制经济，毫不动摇鼓励、支持、引导非公有制经济发展，充分发挥市场在资源配置中的决定性作用，更好发挥政府作用。"这点其实是给现有中国市场经济吃了一颗定心丸，证明国家依然会稳定发展经济，无论是公有制经济还是非公有制经济，都会得到鼓励、支持。中国未来经济依然会发展良好，经济不断向前发展，自然会需要各种广告。

第三个关键词是：发展经济着力点，报告提出："坚持把发展经济的着力点放在实体经济上，推进新型工业化，加快建设制造强国、质量强国、航天强国、交通强国、网络强国、数字中国。"把这段话结合当前经济情况，我们发现中国市场上，国家和资本重点支持的几大产业中，除了军工航天和户外广告关联不大之外，其他的七大产业几乎都是户外广告行业的大客户。

资料来源 佚名.看完二十大报告全文，我断定中国户外媒体广告的未来更好了［EB/OL］.［2022-10-31］. https://www.toutiao.com/article/7160606939133772329. 引文经删节。

【教学互动5-1】

主题：广告媒体分配策略。

背景：永和大王公布了2018年的自媒体运营方案。官网与互动平台紧密合作，利用微信、微博建立客户沟通、互动和活动入口，推送最新活动，促进销售；利用大众点评网促销和导流，显示出永和大王媒体策略的改变。

问题：你认为哪些产品应加大网络广告力度，尤其是自媒体广告推送的业务？为什么？

要求：同"教学互动1-1"的"要求"。

■ 本章概要

□ 内容提要

•近十年来世界媒体形态急剧变化，因此在市场竞争中就需要企业更有效地运用广告媒体。本章介绍了各种媒体的传播特点、传播效果和局限性，分析了媒体发布的策略，尤其是媒体广告发布时间的决策方法，对各种媒体组合策略的研究和运用也会给读者以启示。

□ 主要概念和观念

▲ 主要概念

媒体　广告媒体选择　收视率　开机率　节目视听众占有率　总收视率　视听众暴露度　到达率　暴露频次　有效到达率　线性规划法　顺序探索法　广告媒体策略

▲ 主要观念

广告媒体选择方法　广告媒体组合策略　广告媒体分配策略

□ 重点实务

广告媒体的作用　选择广告媒体应考虑的因素

■ 基本训练

□ 知识训练

▲ 判断题

(1) 大众传播媒体是指电视、广播、报纸、互联网四大媒体。 ( )

(2) 从市场需求、企业和产品的实际出发深入研究各种广告媒体的优缺点，是选择广告媒体的前提。 ( )

(3) 新产品上市的时候，应该采取完全集中性广告策略。 ( )

(4) 媒体组合策略更适合中小型企业。 ( )

(5) 开机率固定，节目视听众占有率越高，收视率就越高。 ( )

▲ 选择题

(1) 作为广告媒体，电视的主要优点有（ ）。

A.覆盖面广　　B.表现力强　　C.经济实惠

D.节目娱乐性强　　E.针对性强

(2) 与其他广告媒体相比，网络媒体的主要优点有（ ）。

A.传播范围广　　B.跨越时间、地域和文化的限制

C.形式多种多样　　D.广告费用低廉　　E.传播迅速

(3) 户外广告的种类主要有（ ）。

A.招贴、海报　　B.路牌媒介广告　　C.交通媒介广告

D.霓虹灯媒介广告　　E.新型户外广告媒介

(4) 与其他媒体相比，杂志媒体的主要优点有（ ）。

A.针对性强　　B.信息的生命周期较长　　C.印刷质量较高

D.读者广泛而稳定 E.编排整洁灵活

(5)（ ）因素会影响广告媒体的选择。

A.产品特性　　B.信息类型　　C.媒体习惯

D.媒体成本　　E.竞争态势

▲ 讨论题

(1) 如何理解广告信息传播数量指标的含义？请举例说明。

(2) 为什么选择广告媒体时应考虑产品特性、沟通对象的媒体习惯、信息类型以及媒体成本等因素？请举例说明。

□ 能力训练

▲ 案例分析

【训练项目】

案例分析-V。

【相关案例】

爱奇艺的沉浸式营销广告

背景与情境： 面对传统媒体的变革，平台流量成本提高，广告媒体正处于前所未有的巨变中。如何才能让广告吸引消费者，让每一家企业都煞费苦心。近年

来，各种多平台组合营销模式频生，又衍生出更多新媒介。从中不难发现，最契合品牌内涵的传播方式才是最好的媒介。

视频网站的主力消费者多为上班族，上下班路上是他们受信息干扰最小的时间段。2021年冬，爱奇艺网站在北京地铁里发布了自制的《迷雾剧场》的沉浸式地铁场景创意广告，用全息投影技术在地铁站中呈现“迷雾魔方”，以3D形式立体化展现了“我们是谁——迷雾剧场、我们做什么——悬疑类型剧”，强烈的视觉冲击吸引了路人驻足，迷雾般的场景将人置身于剧情之中。通过悬疑的氛围为过路人营造出“身临其剧”、扑朔迷离的悬疑体验。沉浸式的场景搭建既符合悬疑剧目的特质，又迎合了目标用户的喜好，有利于激发年轻人自发式传播，从而帮助厂牌实现信息在社交媒体上的扩散化传播。

问题：你认为还有哪些广告采取多媒介组合比较巧妙？

【训练要求】

同第1章“基本训练”中本题型的“训练要求”。

▲ 自主学习

【训练项目】

自主学习-V。

自主学习-V

【训练步骤】

（1）将班级同学组成若干“自主学习”训练团队，每队确定一人负责。

（2）各团队根据训练项目需要进行角色分工。

（3）通过校图书馆和互联网，查阅“文献综述格式、范文及书写规范要求”和近三年关于“媒体选择方法与策略”的学术文献资料。

（4）综合整理“媒体策略与选择方法”最新学术文献资料，依照“文献综述格式、范文及书写规范要求”，撰写《“媒体选择方法与策略”最新文献综述》。

（5）在班级交流各团队的《“媒体选择方法与策略”最新文献综述》。

（6）在校园网的本课程平台上展出经过修订并附有教师点评的各组《“媒体选择方法与策略”最新文献综述》，供学生相互借鉴。

□ 课程思政

【训练项目】

课程思政-V。

【相关案例】

过度植入的广告

背景与情境：在电影、电视剧以及综艺节目中植入广告的做法已经屡见不鲜。被大量广告充斥的媒体，很容易引起消费者反感，消费者甚至宁可花钱来屏蔽广告。

为了吸引注意力，带动销售，一些品牌要么在广告内容上下功夫，要么就在形式上求创新，要么在各个媒介上挖潜力，或幽默，或唯美，或打亲情牌等。植入广告是不变的思路，变化的是植入的方法和角度。

之前，某讲述职场故事的电影，片中主角不管身份如何都开马自达车，手机都是诺基亚，电脑都是联想，喝的都是立顿奶茶，运动服穿的全是Lotto……大量的近镜头展示，甚至违背了剧情需要。在90分钟的电影里，可以轻松数出接近20个植入品牌，从吃到穿，从住到行，网友笑称没上映就赚回来三分之二的成本。

另一部表现乡村生活的电视剧更是广告满天飞，每一集都出现大量品牌，村口小卖店周围简直成了广告集散地，有时候为了广告还植入剧情。微信和朋友圈频频硬生生地出现在剧情中，更不要说农药、酒、面膜、电动车了。

虽然两部剧都是由知名演员出演，但因为植入了大量广告，引发观众反感，至今仍被调侃。

资料来源　作者根据相关新闻编写.

问题：

（1）本案例中存在哪些思政问题？

（2）试对上述问题作出你的思政研判。

（3）通过网上或图书馆调研等途径收集你作思政研判所依据的规范或标准。

（4）本案例对消费者的启示有哪些？

【训练要求】

同第1章“基本训练”中本题型的“训练要求”。

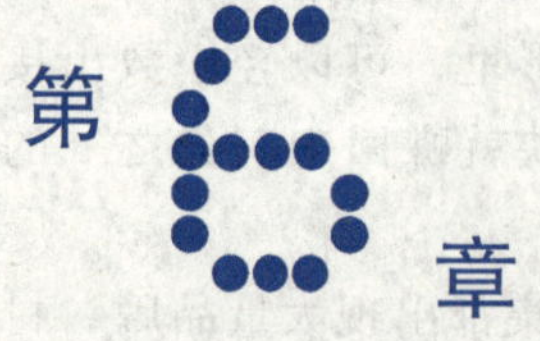

第6章 广告文案

◆ 学习目标

通过本章学习，应该达到以下目标：

职业知识：学习和把握广告文案的概念；了解广告标题、广告标语和广告正文的特点和写作要求；了解广告策划书和媒体计划书的结构等理论与实务知识；能用其指导或规范本章认知活动和技能活动，正确解答“基本训练”中“知识训练”各题型的问题。

职业能力：运用本章知识研究相关案例，培养在特定业务情境中分析问题与决策设计的能力；通过“广告标题、广告标语、广告正文、广告策划书和媒体计划书的写作”实训操练，训练学生的专业操作技能。

课程思政：结合本章教学内容，依照“课程思政”的要求或标准，对相关案例中的企业及其从业人员行为进行思政研判，培养高尚的道德情操，树立社会主义核心价值观。

学习微平台

思维导图6-1

【引例】

眷村挂面——网易严选

背景与情境："味道是一台时光机，每次吃到炸排骨，那个味道立刻把我带回到《康熙来了》的摄影棚。而每次我吃到酱拌面，我就瞬间回到眷村（台北市），回到我的老家。那时候的邻居来自大江南北：四川妈妈做的辣酱，湖南妈妈做的腊肉，北方妈妈包的饺子、擀的面条，舌尖传来的味道，让每一个外乡人，瞬间就回到遥远的家乡，回到父母的身边。

我的父母在北京相识、相爱，漂洋过海到了台湾，40年后母亲回到北京，姥姥看到她的第一句话就是：你可真能玩啊！一玩，玩了40年。那40年里，母亲总是学着姥姥做酱拌面，每一碗酱拌面，都能把她带回到姥姥的身边。

时间会把人们分开，距离会把人们分开，生老病死会把人们分开。（此时，画面翻转至若干想回家吃饭的游子，说着回家想吃的家乡美食。过年回家想吃火锅、牛肉丸、小笼包、春卷、潮州菜、羊肉泡馍、家乡的生蚝、糖醋排骨……）但是吃一口家的味道，你会发现，有些人、有些事，根本是没有办法分开的。快过年了，不管多远，回家吃顿饭，跟家人一起过个年。

眷村挂面，网易严选。"

在网易严选的这部宣传片中，"台湾综艺教父"王伟忠先生缓缓打开自己的"味道时光机"，饱含深情讲述了食物味道背后的温情故事。文案没有华丽的辞藻，几乎都是陈述句，却将台湾同胞思乡之情展露无遗。

资料来源 作者根据相关视频广告编写.

本章主要讲述广告文案及其结构。广告文案的写作是一项融实用性、科学性和艺术性为一体的应用性创作技能，是从事广告策划和宣传工作必备的基本技能。

学习微平台

微课6-1
网易严选的广告文案

6.1 广告文案与文字作品

广告主投资制作广告，以非个人亲历的方式，对其观念、商品或服务做出陈述和推广。陈述和推广的手段通常是直达耳目的影视作品，但最基本的语言文字是任何形式的广告都离不开的。用来表达、叙述所要推销的观念、商品或服务的语言文字，就是狭义的广告文案，也被称为广告的文字作品。在广告营销活动中，还需要撰写许多文字资料，如广告策划书、广告计划书、广告媒体计划书、广告预算书、广告调查报告、广告总结报告等，这些都是广告文案，本章将重点介绍广告策划书和广告媒体计划书这两种最基本的工作文案。

首先，我们要了解的是广告的文字作品，即狭义的**广告文案**。它是指以广告宣传为目的的文字作品，是广告作品设想与蓝图的具体陈述。在广告创作与制作工作中，这种广告文案的创作是十分重要的。它是广告技巧的集中表现，能够比画面、音乐等其他要素更准确、更有效地传达企业及商品信息。广告的文字作品一般由标题、标语（口号）和正文三个主要部分组成。

6.1.1 广告标题

广告标题也称导语，它是广告文案的精髓，也是对广告的命名，表现了广告的主题。广告标题和广告主题虽有联系，但不是一回事。广告主题是广告的中心思想、灵魂和统帅，广告标题则是反映广告主题的题目。广告标题的作用在于概括和提示广告的内容，使消费者领会广告的中心思想，既能反映广告作品的主题，又能吸引消费者的兴趣，同时活跃和美化广告版面。根据广告专家的调查，读者阅读标题的概率是阅读文案概率的5倍。

【小资料 6-1】

广告文案主题的选择和确定方法

广告文案写作首先要明确主题，然后围绕主题组织材料、结构和词语。主题选择要准确、深刻、新颖、集中，切忌失真、贫乏、俗套、模糊。一般可采用"选择确定法"，即在多角度分析的基础上选择立意最佳者（如图6-1所示）。

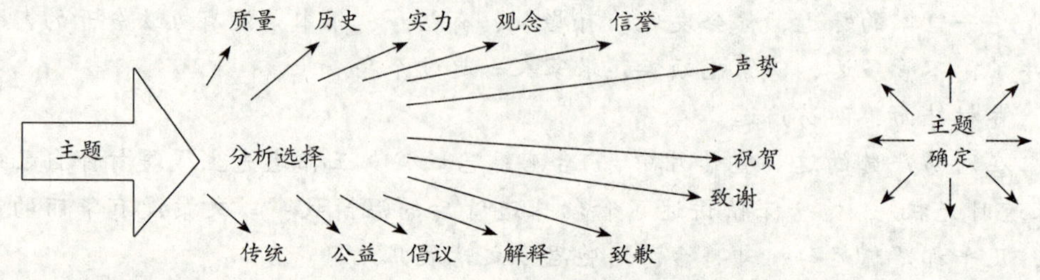

图6-1 广告主题的选择确定法

有时，广告目标主旨是宣传企业或品牌形象，在这种情况下，广告主题的确定往往需要采用组合法，将多重信息组合在一起来确定主题。具体做法有要点式组合法、分类列举式组合法等。

要点式组合法，例如四通打字机的广告文案：

来自四面八方，汇集千言万语。

四通中外文打字机为您谱写厚意深情。

虽未谋面，相见恨晚，四通中外文打字机把友谊传扬。

千言万语传递一片深情。

四通打字机——您的最佳选择！

输入千言万语，打出一片深情。

分类列举式组合法，例如农业银行储蓄卡的广告文案：

喜庆佳节，礼尚往来，是中华民族的优良传统，为您在喜度春节、馈赠好友之时增添一份喜庆，农业银行推出储蓄贺卡。

储蓄贺卡，集艺术贺卡和储蓄存单于一体，美观精致，高贵典雅，既有保存价值，又可养成储蓄习惯，是最理想的馈赠礼品。

储蓄礼品卡，送给您一份诚挚的祝福、一声亲切的问候。

储蓄生日卡，祝贺您美好的一天，祝贺您幸福的开端。

储蓄祝寿卡，愿您生活万事如意，愿您开心、健康长寿。

储蓄婚礼卡，愿你们意似鸳鸯，情如鸾凤，永俦偕老。

储蓄奖金卡，送给您荣耀，赞美您辛劳和奋斗的成果。

资料来源　李宝元. 广告学教程［M］. 2版. 北京：人民邮电出版社，2002.

1）广告标题的类型

广告标题的种类很多，可从不同角度进行分类。从广告内容的层次上看，广告标题可分为引题、正题、副题；从广告版面上看，广告标题又分为通栏标题、大标题、栏题、边题；从标题的写作手法上看，广告标题可分为实题和虚题；从标题的形式和内容上看，广告标题可分为直接标题、间接标题和复合标题。

（1）直接标题。

直接标题，即直接体现广告的中心思想或一语点明广告主题的标题。一般是以店名、公司名称或商品牌号作为标题，如“北京同仁堂药店”“防臭皮鞋”“长虹牌电视机”。

从写作上看，这类标题手法简单，撰写方便，表达自如；从效果上看，文字平淡，不大容易引起消费者的注意。

（2）间接标题。

间接标题，即不直接揭示广告主题，而是以间接的方式宣传产品的特点和功能的标题。这类标题用词富有趣味性、哲理性，充满诗情画意，能起到使人过目不忘的效果和作用。例如，某婴儿洗发精的标题“宝宝不再泪汪汪”，牙刷广告标题“一毛不拔”，刀片的广告标题“孩子孝，爸爸笑”，青年服装广告标题“神采奕奕，帅劲十足”。

间接标题一般采用询问、祈使、感叹、劝诱等方式来表达。

（3）复合标题。

复合标题，就是一则广告有两个或三个标题，是由引题、正题、副题三种标题所组成的标题群。

引题也叫肩题、眉题，一般放在正题的上面，它的作用是交代背景，烘托气氛，引出正题。

正题也叫母题、大标题，它的作用是概括说明广告的中心思想或主要内容。

副题也叫辅题、子题，一般放在正题的下面，其作用是补充说明正题。

复合标题的三种组合见表6-1：

表6-1　**复合标题的组合**

组合方式	示　例
引题与正题组合	引题：“电影化妆用于生活，自然漂亮更显神韵” 正题：“影星美容厅独树一帜”
正题与副题组合	正题：“西凤酒” 副题：“送客亭子头，蜂醉蝶不舞；三阳开国泰，美哉柳林酒”

续表

组合方式	示　例
引题、正题与副题组合	**示例一** 引题："中国名酒" 正题："剑南春" 副题："芳香浓郁，醇和回甜，清冽净爽，余香悠长" **示例二** 引题："四川特产，口味一流" 正题："天府花生" 副题："越剥越开心"

【小思考6-1】

问题：下列广告标题的形式属于什么类型？

（1）百事可乐，新一代的选择。

（2）你要身体好，请饮"健力宝"。

（3）爱你就等于爱自己，娃哈哈纯净水。

（4）吸烟有害身体健康，骆驼牌也不例外。

（5）触"幕"惊"新"——亚细亚电脑。

（6）房子加上爱，就成一个家——台湾铨屋建设公司。

理解要点：（1）直接标题；（2）直接标题；（3）间接标题；（4）间接标题；（5）复合标题；（6）复合标题。

2）广告标题的写作形式

（1）陈述式。

这类标题常常是以精练的语句，如实地将广告正文的要点告诉消费者，不加任何渲染和修饰。例如，杜邦塑胶广告——"结实的杜邦胶能使薄型安全玻璃经冲击致碎后，仍黏合在一起"。

（2）新闻式。

这类标题常常以新闻的语句来表达宣传的内容，向消费者提供新信息，以引起消费者的注意和兴趣。例如，"可口可乐红色足球热""亚细亚商厦开业"。

（3）对比式。

这类标题借用比较方式，突出产品的独特之处，加深公众的印象。例如，"我们是第二，我们更加努力"（艾维斯出租汽车公司广告），"所有航空公司对您收的费用都是一样的，但是它们所给予您的服务却并不一样"（泛美航空公司广告）。

（4）提问式。

用提问的方式来引起人们的注意，引起人们的思考，从而加深对广告商品的印象。例如，"咳痰不畅，怎么办"（药品广告），"试问用餐哪里佳？理想去处是歌仙"（餐厅广告）。

（5）颂扬式。

这类标题就是用赞誉的语气，夸耀商品或服务的特殊优点。例如，“上海桑塔纳，自古以来中国最可靠的交通工具”（桑塔纳车的广告），“制造美味的艺术大师”（味精广告标题）。

（6）比喻式。

这类标题就是用某些有类似点的事物来比拟想要说的某一事物，从而加深消费者对此产品的印象。例如，“清风大人驾到”（电风扇广告标题），“小莫小于水滴，细莫细于沙粒”（银行储蓄广告标题）。

广告标题的写作技巧是多种多样的，除了上述几种以外，还有承诺式、图解式、庆贺式、致谢式、祝愿式等形式。在实际工作中应根据宣传产品和宣传目标的要求，具体、灵活、有效地创作广告标题。

3）广告标题的写作要求

（1）简洁有力，引人注目。

标题的主要作用是引起人们的注意，这样就应该是既简洁，又凝练。如：“畅！”（美国派克墨水广告标题），一个字既充分表现出该墨水的质量特点，又反映了其畅销的状况，真可谓简洁有力、引人注目的典范。标题不宜过长，最好控制在12个字之内，否则读者的记忆力要降低50%；标题的字体要与副题和正文的字体相区别，一般来说用大号字体为宜；标题要放在醒目的位置。

（2）特点突出，准确易懂。

广告标题要符合广告的内容、要求，要题文相符，准确体现广告的主题。语言要生动活泼，富于联想，用词贴切，不要含糊不清，故弄玄虚，题不对文。

（3）感情真挚，富有新意。

要使广告标题与消费者兴趣、情感相联系，这样就容易引起共鸣，便于沟通。标题创作一定要有新意，出奇制胜，一语道破。如：“只要青春不要‘痘’”，对于长有青春痘的男女青年来说，看了这个广告标题，就能诱发他们购买“姗拉娜”的愿望。创意直指产品特点，让人耳目一新。

（4）图文并茂，互相衬托。

把标题与图画视为一个整体，既利用图画去表现标题的题意，又利用标题去说明图画，让两者互相发挥陪衬和烘托的作用，以增强整体广告效果。

6.1.2 广告标语

广告标语，也叫广告口号，是为了塑造广告商品的品牌形象或企业形象而提出的一句简明通俗、反复使用的宣传语句。如：“我只用力士”“海尔冰箱，为你着想”。

广告口号与广告标题的区别：第一，广告标题是广告文案的题目，它有概括主题和引导阅读正文的作用；广告标语是使消费者建立一种观念、一种消费意识，并使这种观念和意识成为购买商品时的选择依据。第二，广告标题可以根据广告内容的变化而变化；广告标语则相对稳定，几年甚至十几年不变。第三，广告标题一般放在正文的上面，位置比较固定；广告标语所放的位置则不受任何约束，可放在版面的任何位置。第四，广告标题在语言上追求新、奇、美，从而吸引消费者；广告标语越朴素自然越好。

1）广告标语的形式

广告标语的形式是多种多样的，从写作技巧上看，可以分为以下几种：

（1）颂扬式。

这类广告标语，用夸耀、颂扬的语气把企业的优势、产品的优点直接表述出来，从而加深消费者对其的印象。

例如：海鸥表的“海鸥表，计时之宝”；雀巢咖啡的“味道好极了”。

（2）建议式。

这类广告标语，用关心的语气提出建议，诱发消费者的购买需求。

例如：“要骑就骑丰田”；“请喝可口可乐吧”；“喝七喜汽水提提神”。

（3）情感式。

这类广告标语，使用轻松愉快、联想丰富的语言，抒发对产品或对消费者的感情。例如：“人头马一开，好事自然来”；“孔府家酒，叫人想家”。

（4）综合式。

这类广告标语，采用几种表现手法，综合起来加以运用，使广告口号寓意更加深刻。

例如：“坐红旗车，走中国路”；“天地正气，网络乾坤”（天地网络）；“当代精神、当代车”（上海别克）。

2）广告标语的写作要求

（1）语言简练，朗朗上口。

使用广告标语的主要目的就是通过反复宣传，给消费者留下对商品或企业的印象，作为以后购物的心理依据，所以广告口号一定要言简意赅，一般在10字以内为最佳。

例如：“煮酒论英雄、才子赢天下”（才子男装）；“维维豆奶，欢乐开怀”。

（2）突出特点，高度概括。

广告标语要起到鼓动作用，就必须用高度概括的语言，突出宣传商品的某一特点，给消费者留下深刻的印象。

例如：“一毛不拔”（牙刷的经久耐用）；“速度改变距离、时间改变生活”（中国高铁快的特点）；“众里寻他千百度，想要几度就几度”（伊莱克斯冰箱的功能）。

（3）情趣具备，号召力强。

广告标语只有把消费者的情感、兴趣激发出来了，才能引起注意，号召力强。

例如：“滴滴香浓，意犹未尽”（麦斯威尔咖啡）；“穿上双星鞋，潇洒走世界”（双星鞋）；孟姜女哭倒长城干红，白娘子水漫金山词霸（金山词霸软件）。

6.1.3 广告正文

广告正文是广告作品的主要部分。它能进一步解释、论证广告标题中所说的好处、优点、特点、允诺等，提供令人信服的证明材料，从而增进消费者对企业、产品以及服务的了解与信任。

广告正文一般包括以下几方面的内容：介绍产品的品种、性能、特点、使用方法、保养方法或服务范围；说明产品的组成成分、制作过程、产品信誉、用户的评价等；写清产品出售地点、收费标准以及对消费者所负的责任等。在实际写作过程中，其内容可因文而异、各有侧重。

1）广告正文的基本格式

广告正文一般由“开端、中心段、结尾”三个层次构成。

（1）开端。

开端即正文开头的话，它应对商品或服务简单地加以概括说明或解释，并引出后文。例如，日本三洋产品的广告：在“更加舒适，更加愉快，伴你生活，总有三洋”的标题后，正文开端只用“无论在大街，还是高楼客厅或饭桌上，三洋技术早已融入您的生活，时刻为您创造一流的舒适生活和享受”，仅用了短短几句话，就提纲挈领地将正文引出。

正文开头的写作模式并不固定，只要能够衔接标题，起到承上启下的作用就可以。

（2）中心段。

中心段要采用各种表现手法，利用各种有力证据，展示商品或劳务的优点、功能、作用、价格、使用方法，以及给消费者带来的好处。这部分内容比较多，写起来千万不要把所有内容无序罗列，应该有较强的逻辑性，抓住消费者的心理，激发消费者的兴趣，从而让消费者接受你的正文，增强广告的说服力。

（3）结尾。

结尾是正文的结束部分，要写得简短有力，起到总结的作用；主要是调动消费者及时采取购买行动或激发起他们长期的购买欲望。结尾部分的写作有很多种方式，常见的有：

- 强调式结尾法，即在结尾部分以显著的文字突出强调广告的宣传主题和特色。
- 服务式结尾法，即以表达服务愿望的词句作为结尾部分。
- 决心式结尾法，即以表达决心的语句作为结尾部分。
- 祝愿式结尾法，即以祝愿、问候的词句作为广告结尾。

除上述几种外，还有总结式、设问式、抒情式等多种结尾方式，无论采用哪种方式，都应和上文及宣传格调协调一致。

【同步案例6-1】

方太集成烹饪中心诗歌化的广告文案

背景与情境： 风，无形，来去变化万千；风，有形，一切在于掌控。

它游走天地之间，代表强大的流动力量。风，掠过大地，重塑一切坚硬，赋予材质更自然的肌理；风，看不见，但能感知它的存在，不露声色，却自有光芒。无尽往复的风，显露的是循环之妙；一去千里的风，蕴含的是流速之美。

风平时，浪静；风起时，潮涌。它的每一面，自有与万物相通的灵性。执掌风的奥秘，美，会从无形化为有形；力，将从无序变成有序。

当性能突破临界，美，跃入全新境界。潮流向前，风往何方？风之所向，就是方向。

方太集成烹饪中心，风行而至。方太，因爱伟大！

直到篇末，整个广告中才首次出现“方太集成烹饪中心”和“方太”的字样，呼应全文中的风和方向。

方太产品走高端路线，目标消费者是对生活有浪漫追求的人群，所以文案写作趋于诗歌化，文辞俊美的同时，还将产品性能阐述得淋漓尽致，隐含的广告词用借代的手法，侧面回答了用户关心的问题。

资料来源　作者根据相关视频广告编写.

问题：这个文案为什么吸引人？

分析提示：文辞俊美，首尾呼应，功能阐述清晰。

2）广告正文的写作技巧

在广告正文的写作过程中，没有一个固定的模式，但应讲究一些技巧，从而使正文变得更有趣、更动人、更令人信服。常用的方法有以下几种：

（1）陈述式。

以准确、简洁、朴实的语言将产品的名称、特点、规格、用途、效果、价格等加以介绍说明。例如：

“内蒙古生产的地毯、挂毯，具有悠久的历史，是传统的出口商品，也是著名的美术工艺品。内蒙古有丰富的土种绵羊毛资源，所生产的地毯、挂毯，是以当地生产的优质土种绵羊毛为原料，用手工精心编织而成的。其特点是：图案新颖、技艺精湛、颜色牢固、雅致美观、弹力强、经久耐用，并具有独特的民族风俗。被誉为艺术珍品的第一块万里长城挂毯就是内蒙古赤峰地毯厂生产的。

内蒙古地毯品种规格齐全，有：机拉洗90道，机抽洗90道，哈达毛80道，仿古100道、130道、150道，汉宫110道，天然色90道。

图案有北京式、美术式、仿古式、汉宫式、彩花式和各种艺术挂毯，已畅销世界各地。”

这是长城牌挂毯和内蒙古地毯的广告正文，它介绍了该品牌产品的原料、特点、品种规格和图案样式。这种客观的介绍说明，能够让客户对该品牌有了一个详细的了解。

（2）描述式。

用描写的手法，采用形象、逼真的语言描绘产品的形状、效能或服务设施、环境等，以激发消费者的兴趣，唤起消费者的欲望。例如：

“欧洲从远古时期开始，人们已致力于追求恒久之美。天然纯金散发的永恒光芒，从那时起已令仕女们趋之若鹜。她们相信璀璨的黄金具有令青春不灭的神奇力量。法国娇兰以现代美容护肤科技实现这个美的传说，运用多年研究成果，创制最新DIVINAURA美化容颜用品，让你经常拥有天然艳光。DIVINAURA蕴含点点天然金箔，具有神奇修复功能，可以促进细胞活动，令肌肤紧滑细柔。金箔的柔润光泽为肌肤添上动人光彩。”

这是法国娇兰公司（纯金美化容颜用品）广告正文。该广告标题为“纯金美容，皮肤瞬间添艳彩”新颖刺激，副标题为“天然艳光，璀璨持久”，广告正文则用娓娓动听、极有诱惑力的语言，描绘用纯金制妆的最新科技的产品优势，以及其“蕴含点点天然金箔”光彩夺目的新形象。它生动地叙述了远古人们对美的梦想，而今现代科技使这一梦想实现，使整则广告充满神秘而又迷人的色调，从而吸引了那些追求时髦的女士。

（3）证明式。

运用产品或企业的获奖证书、荣誉证书、消费者对产品的赞扬信件、专家的鉴定等来证明产品质量或企业的服务质量和声誉，以增强企业的知名度和美誉度。例如：

“无锡小天鹅股份有限公司是中国最大的生产全自动洗衣机的集团公司，年产销量达一百余万台，市场占有率始终保持在40%以上。

公司每生产一台小天鹅牌全自动洗衣机只需12秒钟。1990年小天鹅洗衣机荣获了中国洗衣机行业唯一一枚国家优质产品金质奖，质量达到国际先进水平；1992年小天鹅洗衣机经国家技术监督局测定，通过了5 000次无故障运行，平了世界纪录，朱镕基副总理为此专电致贺；1993年初实行外贸进出口自主权，是国内唯一能用自己商标出口的全自动洗衣机；1993年公司又与日本松下电器产业株式会社进行第二期技术合作，推出了目前国内容量最大、技术达到世界先进水平的、带有光电传感器的5.5kg模糊理论全自动洗衣机，把中国洗衣机技术水平推向巅峰。

小天鹅股份有限公司是国内全自动洗衣机行业唯一驰名商标保护组织成员，国内洗衣机行业唯一推行质量信誉卡制度的企业。公司提出了‘为国贡献、团结拼搏、进取敬业、全心服务、文明礼貌’的企业精神，以其雄厚的实力向多元化、多门类的跨国集团公司发展。”

这是小天鹅股份有限公司的企业广告正文，它列出权威方面的鉴定、奖评、政府和权威人士的评价，利用人们对名牌质量的追求，诉诸人们的理智，这种具有定论性的广告宣传能赢得消费者的高度信赖。

（4）比较式。

用类比的方式，把自己的产品与其他产品相比，从而突出自己产品的特点，启发和诱导消费者，激发其购买兴趣。

【同步案例6-2】

整体厨房也有情

背景与情境：在由演员孙俪代言的某品牌整体厨房广告中，打扮时尚的孙俪回到家中，换上一身家居服，系上围裙，同步原声画外音：“我是孙俪，我喜欢为爱的人下厨”，镜头转至舒缓开启的橱柜门，“在欧派厨房，为他们准备一顿晚餐”，镜头转至刚烹调好的食物，做晚餐的孙俪心满意足地闻着汤的味道，“浓浓的汤，满满的爱，享受时光的流淌，感受爱的酝酿”，同时画面颜色渐暗，孩子的笑脸、妈妈的笑脸，镜头拉远，最后定格在温馨的家庭餐桌远景上，画外音响起同时，转至同样文字——“有家，有爱，有欧派”。

问题：请对该广告作品的写法进行分析。

分析提示：广告正文的写作，充满爱意，家庭气氛浓厚，从情感入手打动消费者。用简单的语言、陈述的语气，描述用户的真实感受，感染力极强。

学习微平台

微课6-2 以情感人的文案

以上介绍了几种常用的写作方式。为了表达某一产品的广告主题，还可采用其他形式，如对联式、荒诞式、小说式、诗歌式、自述式、幽默式、对话式等。如何更好地创作广告正文，还应在实际撰写上下功夫。

3）广告正文的写作要求

（1）真实可信。

广告正文的写作要用事实说话，讲求有理有据，不能脱离企业或产品的真实情况，文学性的语言可以用，但不要讲夸张的话，如“该产品是世界上最好的”“誉满全球”等自吹自擂的话。

（2）易读、易记。

广告正文应浅显，易读易记，语言要亲切感人，尤其对那些专业性很强的内容更要力求用通俗的语言说明。让消费者记住你的广告说了什么，你必须说他们最关心的问题，说和他们切身利益有关系的问题，说清楚能给他们带来的好处。只有这样，他们才会对你的广告感兴趣，才能记住广告内容。

（3）直截了当。

“沟通愈直接，广告的效果愈好。”正文的写法要越直接越好，读者不可能用很多时间来揣摩你的广告，因此，你的广告首先要回答能为消费者带来什么好处。如果你的广告满足了读者的某种需要，就会取得较好的效果。

（4）长短适宜。

长也罢，短也罢，关键在于正文的内容能否吸引读者。

【小资料6-2】

奥格威文案写作建议

•不要旁敲侧击，要直截了当，避免使用“差不多”“也可以”等含糊不清的语言。

•不要用最高级形容词、一般化字眼和陈词滥调，要实事求是、坦诚、友善且引人入胜，使人难以忘怀。

•在文案中采用用户的话现身说法更易令人信赖。

•向读者提供有用的咨询或服务。

•高雅的文字、精雕细刻的笔法对广告是明显不利的因素。

•在短文无法奏效时，不要怕写长文案。

•讽刺的笔调无助于推销商品。

•避免在广告正文中唱高调。

•使用顾客在日常交谈中常用的通俗语言。

•不要贪图写获奖文案。

•不要从以文字取悦读者的角度去写文案。

•在照片下面必须附加说明。

资料来源　奥格威. 一个广告人的自白［M］. 林桦，译. 北京：中国物价出版社，2003。

【同步链接6-1】

广告文案中“以人为本”的原则

党的二十大报告中指出，一切脱离人民的理论都是苍白无力的，一切不为人民造福的理论都是没有生命力的。党的二十大报告进一步强调贯彻以人民为中心的发展思想，这不仅是马克思主义政党的内在理论要求，同时也是中国共产党在领导中国人民认识世界和改造世界过程中得出的重要论断。因此站在新的发展阶段，必须站稳人民立场、把握人民愿望、尊重人民创造、集中人民智慧，以中国式现代化全面推进中华民族伟大复兴。

当前在各个领域的设计都强调环境的保护、资源的再利用，强调人性化，突出“以人为本”这一理念，因此广告文案设计自然也不例外。在广告设计中贯彻“以人为本”的原则主要体现在强调人性化这一方面，关注人的个性发展，通过色彩、声音、情感等去设计一个对人有意义且能产生亲切感的广告，同时在广告以真实、生动的艺术手段传达信息的同时，实现与受众进行精神沟通，即人本广告。好的广告作品往往在传达信息的同时，体现一种深层次的精神内涵和人性关怀，给人情感上的感染和满足，因此广告要建立在与受众的情感共鸣的基础上，注重受众的心理需求，加强作品的艺术感染力，体现人文精神内涵，弘扬真善美。这就是广告文案设计中要坚持的“以人为本”的原则。

资料来源 佚名. 以人民为中心［EB/OL］.［2022-12-1］. https://mbd.baidu.com/ma/s/bvrgA7pz. 引文经删节。

6.2 广告策划书

广告策划书是广告人员在对市场、产品和消费者进行广告调查的基础上，根据广告客户的要求，对广告活动进行全面、科学的论证分析以后，将广告策略运作的方案用文字撰写而成的一种工作文本，用以指导广告活动的开展。

6.2.1 广告策划书的分类

广告策划书按其作用、时间或范围不同，可以分为以下几种：

1）按广告策划的内容不同划分

按广告策划的内容不同划分，有广告调研策划、广告目标策划、广告战略策划、广告创意表现策划、广告媒体策划、广告预算策划、广告实施策略策划、广告效果策划等。

2）按商品类别不同划分

商品的种类繁多、规格复杂，但一般可以把商品划分为工业品、消费品两大类，如消费品中有食品广告策划、饮料广告策划、化妆品广告策划、药品广告策划等。

3）按广告活动的领域不同划分

按广告活动的领域不同划分，有产品策划、竞争策划、促销策划、直销策划、公共关系策划、庆典活动策划、新闻传播策划等。

4）按时间周期不同划分

按时间周期不同划分，有短期广告策划和长期广告策划。短期广告策划可以是一个单项活动，或在一年之内的某一阶段性广告。长期广告策划也就是广告战略策划，一般在一年以上。

5）按地区范围不同划分

按地区范围不同划分，有地区性广告策划、全国性广告策划及国际性广告策划。

6.2.2 广告策划书的主要内容

一般而言，一份完整的广告策划书由以下几个必要因素构成，即前言、市场分析、广告（营销）战略、广告媒体策略、广告预算分配、广告效果预测等。

1）前言

前言是整个广告策划书的总纲部分，主要介绍广告策划项目的由来、经历时间、指导思想、理论依据、事实依据以及“广告策划书”的内容结构。

2）市场分析

市场分析部分，主要阐述广告主企业内部与外部的环境及条件，从掌握的大量情报资料中厘清制定广告战略的脉络。以下三个方面的内容有时也会分别列出：

（1）市场背景：与策划的产品有关的市场情况，如国家对该行业的政策、市场变化发展的趋势、人们的消费观念的变化与消费水平的提高等。比如，我国从“十二五”规划开始，对新能源汽车生产和销售都给予十分优惠的政策，近年来，随着油价的上涨、国人环保意识的提高，消费者对新能源汽车的认可和接受度也日益提高，进行新能源汽车的市场分析时，就要重点考虑该行业的国家政策、消费者环保意识等。

（2）产品分析：具体分析产品的优势及不利因素，主要有产品的历史、产品的个性（包括原料、产地、品种、性能、用途、生命周期、包装、服务等）和产品市场的适销情况。

（3）竞争对手分析：分析竞争对手的产品知名度、市场占有率、生命周期、经营历史、质量特性等。

3）广告（营销）战略

广告（营销）战略，是广告主为实现企业营销目标，对广告（营销）活动的全局性谋划。广告（营销）战略一般包括以下五项内容：

（1）广告目标：根据企业经营目标，确定广告在提高知名度、美誉度、市场占有率等方面应达到的目标。广告目标可用一定的数值或比例来表示。

（2）广告对象：根据销售分析和定位研究，找出最有消费潜力的消费群体，同时计算出这类消费群体的年龄、性别、职业、收入、数量等，进而确定广告诉求的内容、所选择的媒体和刊播时机。

（3）广告地区：根据市场定位与产品定位研究的结果，确定市场目标，并确定广告宣传所主要针对的地区。

（4）广告创意：广告创意是指根据广告主题所提出的广告表现构思。在这方面，主要介绍广告宣传的意境设想、意境表述、意境风格和创意的独特之处，如确定广告宣传的诉求对象、诉求重点、诉求口号、模特的选择或象征物设计等，以表现创新性的意念。

（5）广告实施：根据各个阶段特点的不同，提出分阶段的广告实施策略，包括每个阶段的广告主题、创意、口号、策略等，以加强广告宣传的针对性。

4）广告媒体策略

在对产品和消费者进行定位之后，就开始确定广告媒体的使用策略，主要包括以下内容：

（1）媒体的选择与组合：确定以哪些媒体为主，哪些媒体为辅，媒体使用的组合方式等。

（2）媒体的地理分配：区分重点和非重点地区。

（3）媒体的时间、版面分配：电台、电视台选择哪一段传播时间最好；报刊选择的日期、版面大小和位置等。

（4）媒体的频率分配：在一年中可分为重点期和保持期，在不同时期的不同时间段对不同媒体播放的次数有不同的安排。

5）广告预算分配

广告预算应按项目进行，每个项目的费用计算应尽可能准确，这一部分最好是以图表形式显示。

（1）项目列支，包括市场调研费、广告设计费、广告制作费、广告租金、广告机构办公费与人员工资、促销与公关活动费及其他杂费开支。

（2）项目的费用分配，主要是指广告预算列支项目的细分项目分配列支，或不同工作阶段的广告费用分配列支。

6）广告效果预测

这一部分应以“前言”部分中规定的任务和目标为准则，展望广告宣传活动的理想化效果，应实事求是、简明扼要。

【小资料6-3】

“JJS-节约”牙膏广告策划书

前言

始创于18××年的BJ公司，是世界最大的日用消费品公司之一。2002—2003年度，公司全年销售额为×××亿美元。在《财富》杂志最新评选出的全球500家最大工业/服务业企业中，排名第××位，并位列最受尊敬企业第×。BJ公司全球雇员近10万名，在全球80多个国家设有工厂及分公司，所经营的300多个品牌的产品畅销160多个国家和地区，其中包括洗发用品、护发用品、护肤用品、化妆品、婴儿护理产品、妇女卫生用品、医药、食品、饮料、织物、家居护理及个人清洁用品。

“JJS-节约”牙膏是BJ公司推出的新产品，为配合BJ公司的牙膏市场推进计划，特进行本次广告策划，本次策划将为“JJS-节约”牙膏塑造独特的市场形象，并以全新的方式推向市场。

本次策划书的文本结构如下：

市场分析

产品分析

销售与广告分析

主要品牌定位策略分析

企业营销战略

广告表现

公关营销策略

效果预测、评估

一、市场分析

（一）中国牙膏市场品牌发展历程

1998年，全国牙膏产量达到28.07亿支，比1949年增长了133.6倍，2000年产量达到了36亿支，年人均使用量提高到了2.8支，2005年中国牙膏产量达到45亿支，2010年达到54亿支。

近20年来，中国牙膏市场大致经历了四个阶段：

第一阶段（1949—1992年）：国内品牌三足鼎立

1949年到1992年期间，中华、两面针和黑妹三大国产品牌一直分享着中国庞大的牙膏市场，但三大品牌几乎没有正面竞争，各居一隅，分别占据着东部、南部和西部市场，相安无事。

第二阶段（1992—1996年）：洋品牌牛刀小试

1992年，世界最大的牙膏品牌高露洁进入中国市场，1995年BJ公司的JJS进入中国。在这一阶段，由于外国品牌的价格过高（约为国产品牌的3倍），它们仅仅进入了沿海大中型城市的高端市场。

第三阶段（1996—2000年）：洋品牌洗牌中国市场

外资品牌完全改变了中国牙膏市场的格局：一方面通过收购国产品牌来取

得市场份额和渠道，如联合利华从上海牙膏厂取得了“中华”和“美加净”的品牌经营权；另一方面通过出色的营销手段及价格调整，让大众接受自己。1996年，国内牙膏10强品牌中外资品牌仅占两席，到1998年已经增至四席，而2000年更是增加到了六席。蓝天六必治、芳草、两面针等昔日国产名牌则整体陷入颓势。

第四阶段（2000年至今）：中国牙膏品牌寻求突破

冷酸灵、田七、蓝天六必治等国内品牌在经历了一轮市场洗礼后，营销手段和品牌管理理念日渐成熟。它们避开与外国品牌的正面交锋，在“中老年口腔护理”和“中草药护理”等细分市场上大做文章，取得了不错的效果。

（二）现有市场竞争格局发展

（1）第一梯队优势明显：高露洁稳居榜首，JJS紧随其后，这两个品牌占据了大部分市场份额。在人们的心目中，高露洁、JJS几乎成了牙膏的代名词。短短的几年中，这两个品牌已将国产老品牌远远抛开，成了中国牙膏市场的主导品牌。而老品牌“中华”经过联合利华的重新品牌定位和包装之后，重焕光彩……

（2）二线品牌竞争激烈：冷酸灵、两面针、蓝天六必治、黑妹等老品牌虽已风光不再，但凭借原有的品牌优势依然占据了一席之地，而不少国外品牌（如LG、黑人、安利）也开始瞄准中国市场大力推广，由此造成了二线品牌的激烈竞争态势。从成长指标来看，新兴国外品牌可谓后劲十足，发展前景良好。

（三）消费者分析

牙膏虽然是一种家庭消费品，但随着国外品牌的进入，国内与国外品牌之间在消费群结构上开始出现差异：

国产品牌牙膏的主要消费群集中在低收入者以及中老年人；而年轻人或中高收入者则偏向于使用国外品牌的牙膏。造成以上差异的原因可能有以下两点：

（1）不同年龄段人的消费习惯不同。对于中老年人来说，使用习惯是很难改变的，特别是对于一种使用了十几年甚至几十年的产品，老品牌在他们心中早已根深蒂固，要想让他们接受新事物恐怕很难。

（2）中外品牌价格有差距。尽管高露洁等品牌在近几年产品线延伸到了各个消费层，但相对于国产品牌来说，其价格还是高了许多。对于一般的消费者来说，使用国产牙膏已经可以满足基本的清洁需求，也算得上是“价廉物美”了。

消费区域特征分析显示：

（1）一线品牌覆盖全国各地。高露洁、JJS在全国各地都占据了主要的市场地位。

（2）二线品牌具有明显的区域特征。冷酸灵、两面针在成都优势尤为明显；黑人、黑妹在广州表现突出；上海防酸在上海地区一枝独秀，渗透率甚至高于JJS。

（四）市场发展趋势分析

目前，彩电、空调等产品的价格战正打得如火如荼。其实，国内牙膏市场的竞争程度一点也不亚于一些大件商品的竞争。两面针牙膏突然降价的消息在牙膏同行内就已掀起了风波，但面对两面针此次的降价行动，业内人士称牙膏市场暗战激烈，但整体价格却难波动。

中国牙膏市场长期以来被国产品牌所垄断，中华、黑妹、两面针三大品牌一直以来分享了中国庞大的牙膏市场。

外资品牌面对牙膏这一高利润的行业，当然不甘心放弃这个拥有13亿多人口的大蛋糕，近几年来，一下子冲出了几个外资品牌，如高露洁、JJS、洁诺等，其以巨大的广告费作为铺垫，誓要与国产品牌一争高低。

中国消费者的健康观念在不断改变，更加关注自己及家人的口腔健康，加之不断充斥的广告信息影响着个人消费的购买行为，从以往单一清洁牙齿的，到补钙的、防酸的、防蛀的等，各种各样的新牙膏产品如雨后春笋般涌现，令人一时眼花缭乱。中国市场从原来的三足鼎立的局面一下子被划分得七零八落，出现了各品牌重新洗牌的现象。

牙膏市场价格战是否打得起来现在还是未知数，但正在进行广告战已是不争的事实。据央视调查咨询中心对全国340多个电视频道的监测，2000年1—5月牙膏电视广告总投放量为38 932万元，比上年同期增长了37%。

前几年，整个中国牙膏市场基本被国产的几个品牌所划分，但据统计，1999年1—5月牙膏电视广告总投放量为28 326万元，中华、两面针、冷酸灵、黑妹、蓝天六必治等几个品牌的广告投放量只占总广告量的32%，外资品牌的JJS、高露洁等广告投放量占42%。因为国产品牌受到合资品牌的外来压力，为了巩固已有的市场份额，争夺战一触即发，2000年1—5月各国有品牌的电视广告费用都有所上升，由于中华被联合利华收购，广告费比上年同期猛增将近6倍。在此期间，中华中草药牙膏以5 773万元的广告费高居各产品之首。

从媒体选择来看，国产牙膏广告相对集中在央视，在全国各省的投放相对松散，采取一网打尽的广告投放方式，但中华、两面针、黑妹等几个国有品牌唯独在北京、上海地区1999年1—5月基本没有广告投入，这是其他一些外资品牌所没有的。而面对合资品牌产品广告的疯狂入侵，2000年1—5月在以上地区的广告投入相对有所增加。特别值得一提的是，中华一改以往作风，在上海地区2000年1—5月已投入500多万元，在北京地区投入220多万元。

广西柳州的两面针和广州的洁齦牙膏是国内最早打响中药护牙概念的产品，但前者发展较快。两面针中药牙膏依然是近段时间广告首推产品。1999年1—5月这一产品已投入了近450万元。面对中华中草药牙膏的强劲推出，两面针不敢怠慢，迅速推出两面针强效中药牙膏加入竞争，2000年1—5月的广告投入了1 852万元，但面对中华中草药牙膏的庞大广告冲击，又显得有心无力了。但其他的外资品牌暂没有涉足中草药这一领域，多以防蛀、全效、超白等特点作为广告卖点。

对于报纸这个第二大广告媒体，各牙膏品牌甚至不屑一顾。据央视调查咨询中心对全国380多份报刊的监测，1999年1—5月只有高露洁一个品牌高唱独角戏，投入广告费达262万元，其他牙膏品牌基本没有投放广告。此局面维持到2000年1—5月出现了新的改变。两面针、中华等牙膏品牌象征性地投入了几十万元，也算占了一席领地。面对其他品牌的加入，高露洁不但没有加入广告战，反而比上年同期压缩了50%的广告费，令人费尽思量。另一合资品牌JJS依然按兵不动。据统计，2000年1—5月牙膏的报刊广告总投放费用是338万元，是电视广告投放量的0.9%，显得微不足道了。

面对此次风波，牙膏同行众多品牌表示不跟进，靠单一的降价来换取销售量的上升是极其危险的营销手段。有关人士指出，在消费层次多元化、消费观念国际化的今天，会有越来越多的人接受价高质优的观念，国内品牌在以优质价廉稳住广大实惠消费群体的同时，也不要把高消费群体市场消极放弃。

（五）未来产品发展趋势

近年来，我国牙膏行业通过实施生产许可证制度，完善标准体系，加大创新力度，使产品的安全性有了大幅提高，质量、功效和感观指标已达到较高水平，完全可以和国际一流产品媲美，竞争力日益增强。我国牙膏行业已经从充分竞争阶段过渡到垄断竞争阶段，并出现了差异化经营、品牌培育等不同的发展模式。

现在中国牙膏市场份额大体被4类产品分割：一是“高露洁”等外资、合资品牌；二是像“云南白药”这样的著名民族品牌；三是中小企业的产品；四是一部分假冒伪劣产品。外资、合资品牌无论是销售额、市场占有率还是美誉度方面，在中国市场均取得了明显优势，国产牙膏处于整体的弱势。但随着本土品牌的产品创新力度加大和销售渠道的逐步完善，以及国内本土品牌在中草药牙膏和功效性牙膏等细分市场的突破，国产牙膏的市场占有率将会进一步扩大。这种外资品牌占有绝大多数市场份额的竞争格局有望得到改变。

目前，全国牙膏购买的普及率已经达到了较高的水平，牙膏已经融入人们的日常生活，成为我国居民稳定的生活支出。随着人们生活水平的提高，以及加强爱牙洁牙的宣传和引导，我国牙膏购买的普及率将会进一步提高。

二、产品分析

（一）“JJS-节约”牙膏分析

我公司为回报广大消费者，特生产出一款牙膏，外形设计独特，牙膏口大小是其他产品的2倍，牙膏是液态的，容易粘在牙刷上，这样的设计是为了便于消费者使用，也便于消费者养成节俭的作风。我们的这款牙膏有水果香型、薄荷型，能24小时全天为您服务，白天让您口气清新，散发自信的魅力；夜晚它会为您消灭牙齿中的病菌，维护您牙齿的健康。此外，还有各种克数的牙膏供您选择。

（二）竞争对手牙膏分析（见表6-2）

表6-2　竞争对手牙膏分析

品牌	特点
两面针	薄荷香型：预防牙本质过敏、牙周炎、牙痛，120克 水果香型：消炎、止痛、预防牙龈出血，180克 冰凉薄荷型：清除牙垢、使牙齿洁白、全新易挤软管，120克 天然水果香型：预防牙周炎、清除口腔异味、脱敏防蛀，100克 清爽薄荷：缓解牙釉质过敏、防止牙龈出血、治疗牙痛、清除口腔异味、止血，120克 水果香型：清新口气、治疗牙痛，180克
中华	长效防蛀：防蛀、坚固牙齿、清新口气，170克 中草药：消炎、防蛀、防止口腔溃疡、清新口气，120克 长效防蛀：坚固牙齿、清新口气，120克 金装全效：含氟、钙、强齿素CAGP，坚固牙齿、拒绝蛀牙、清新口气，100克
蓝天六必治	绿茶：抑制口腔病菌、阻止牙菌斑生成、清热去火除口臭，冰茶茉莉香型 生物酶：使口腔菌平衡、防止口腔牙周疾患、修复组织、抑制出血 中草药：预防口腔炎症、防止牙龈出血、清除口腔异味，水果香型 全效：预防口腔炎症，防止牙龈出血、肿痛、口臭、牙齿过敏、口腔溃疡，冬青薄荷型
黑人	富含氟化物、晶莹蓝色膏体、蕴含法国天然香水、独有水凝清新分子

三、销售与广告分析

1.BJ公司的知名度、美誉度与企业形象

略。

2.BJ公司的市场销售现状

（1）产品质量：把品质放在第一位，为消费者生产出放心的产品。

（2）价格定位：5～25元不等。

（3）渠道策略：全国各地的大、中、小超市。

（4）品牌定位：JJS比高露洁晚进入中国市场三年，一直处于步步落后的境地，近几年来，JJS和高露洁在中国的营销战更是到了白热化的状态。虽然和高露洁一样，JJS也是定位在高端市场，但是与高露洁的专业形象不同的是，JJS将营销目标瞄准儿童，广告上频繁出现的是一张张儿童“没有蛀牙”的笑脸。通过在儿童心目中树立的良好品牌形象，来影响父母选择牙膏品牌。

四、主要品牌定位策略分析

1. 高露洁

高露洁一直占据着牙膏高端市场。近年来，由于人们生活水平的提高和消费习惯的改变，消费者对品牌的偏好程度有所增强，对价格的敏感程度有所下降，高露洁更是牢牢地占领了牙膏市场份额第一的位置。通过与中国牙防协会等医疗机构的合作，以及广告中身着白大褂的“牙医”对消费者的诱导，高露洁在中国消费者心目中树立起了“牙科专家”的品牌形象。

2.中华

1994年，欧洲日化用品巨头联合利华公司和上海牙膏厂采取“商标使用许可”的合作方式，租赁了“中华”的商标使用权。联合利华很看重“中华”的品牌知名度和其在中老年人群中的影响力。2001年5月，联合利华更换了中华牙膏的标识，并推出了各种不同口味的中华牙膏，使之消费群体向年轻化拓展。

3.冷酸灵

冷酸灵是重庆市著名的牙膏品牌，它能在竞争激烈的市场中生存下来，当初的产品定位和广告宣传功不可没。冷酸灵的广告主题在很长时间里一直集中在向受众表达冷酸灵能解除牙齿遇到冷、热、酸、甜后所遭受的痛苦。这使得冷酸灵品牌被牢固定位于药物牙膏上，并成了这方面的第一品牌。20世纪90年代中期以后，在高露洁、JJS等品牌的大举进攻下，冷酸灵仍然坚持着已有的正确主题与定位，提炼出了一句带给受众直接利益的口号，“想吃就吃，冷酸灵牙膏”，进一步强化了产品的诉求点，从而守住了自己的市场份额。但可惜的是，其后来“坚忍不拔，冷酸灵”的口号，以及“大象篇”“立起篇”等广告策略的失败，让冷酸灵牙膏痛失了不少市场份额。

五、企业营销战略

1.营销目标

（1）短期目标：通过宣传让消费者认识此产品并且购买。

（2）长期目标：让消费者对此产品拥有品牌忠诚度。

2.市场策略

（1）产品定位：让消费者节俭，从产品出发让消费者能做到节俭。

（2）诉求对象：单身青年和青少年。

（3）广告主题：“JJS–节约”。

六、广告表现

1.非媒介

（1）针对青少年：

①针对儿童做节约的各种宣传，把活动编成儿歌，歌颂节约美德。

②在各小学评选节约美德先锋队员（如颁发证书、奖品等）。

③节假日儿童自己购买“JJS–节约”儿童装，可以半价购买（销售地点：各小学门口、公交车站）。

（2）针对青年：

①产品推出一段时间后，可以在指定日期用旧牙膏换新牙膏。

②可以定期搞优惠或兑奖活动。

2.媒介的选择及预算

媒介的选择及预算分配见表6–3。

表6-3　　媒介选择及预算分配　　单位：万元人民币

媒介类别	投放机构	广告预算
电视	全国性电视台，央视；地方性电视台，如北京电视台、青岛电视台、哈尔滨电视台等	35
报纸	专业类报纸，如《中国经济报》《中国儿童报》等；综合类报纸，如《中国电视报》《中国青年报》等	10
杂志	专业类杂志，如《销售与市场》等；综合类杂志，如《少男少女》《读者》《意林》《青年文摘》等	5
户外广告	如各个目标市场的路牌、灯箱和车身等	15
合计		65

七、公关营销策略

略。

八、效果预测、评估

售前：采用向消费者促销的方式。

售中：利用媒介和非媒介一起向消费者介绍“JJS-节约”牙膏。

售后：对广告效果进行整体评估。

附：电视广告脚本

略。

消费者市场调查问卷

略。

资料来源　佚名.“JJS-节约”牙膏广告策划案［EB/OL］.［2019-01-09］. http://www.docin.com/p-470459692.html.引文经作者整理完善。

6.3　广告媒体计划书

广告必须通过一定的媒体来传播。作为广告活动的核心内容，媒体计划在广告策划书中虽有所体现，但有时还需要更详细地加以策划，以便于实施和监控，这就需要制订媒体计划书。广告媒体计划书具体表达不同的广告主题和作品在不同媒体上发布运用的策略，包括不同的广告媒体在不同的时间、地点使用或组合运用的广告策略、广告媒体费用、广告主题和作品的设计、预期的广告效果等内容。

随着我国新媒体技术的不断发展，新媒体广告比传统广告媒介的传播优势更为明显，也更为复杂，也要求广告媒体计划书更为精细、精准，网络不是法外之地，无论是在公共网络平台还是在自媒体平台，计划书都要遵守道德底线和正向的价值标准。

6.3.1 广告媒体计划书的形式

广告媒体计划书可以是独立的，也可以是广告策划书的一部分。其表现形式分为两类：一类是表格式的，横栏为时间，纵栏为媒体名称，分别填写不同时间段内媒体投放的计划量。报纸媒体以栏数、行数为计量单位，电视广播媒体以秒/次为计量单位，其他媒体根据相应的计量单位计算。另一类是将计划写成规范的书面文本。通常的广告媒体计划书就是指后者。

【小资料6-4】

××年4月份××房地产公司电视广告计划

一、本月电视广告创意策略

1.电视广告创意内容

（1）拍摄一条15″长的广告片，介绍××公寓的外观和内部结构，形成人们对××公寓的现房观感。

（2）拍摄一条30″长的广告片，构思一个戏剧化情节，描述一位成功的白领人士苦于局促的家居生活，迫切要求改善居住条件，在参观××公寓之后满意该公寓的构造设计，引发人们对××公寓的认同感。

2.电视广告内容的创意策略阐述

（1）根据广告“上市”策略，本月的广告创意必须详细介绍广告主的具体情况，以便消费者了解广告主。从电视广告特长出发，15″电视广告重点营造“现房感”。

（2）根据广告“上市”策略，本月的广告创意必须建立人们对广告的认同感，为广告主的销售做消费心理引导。因此，30″电视广告的创意重点是强调××公寓帮助人们安居乐业的特点，使人们产生对××公寓的认同感。

（3）电视广告不善表现的其他数据，将由其他媒体广告向人们传达。

二、本月电视广告发布策略

1.电视广告发布

（1）发布媒体单位：××电视台（××频道）

（2）发布日期安排：4月份发表日期的计划安排见表6-4。

表6-4　**4月份广告发表日期计划**　单位：人

日	一	二	三	四	五	六
		5（30″）	6（15″）	7（15″）	8（30″）	
	11（15″）	12（30″）	13（15″）	14（15″）	15（30″）	
	18（15″）	19（30″）	20（15″）	21（15″）	22（30″）	
	25（15″）	26（15″）	27（15″）	28（15″）	29（15″）	
其中，30″的广告共6次，15″的广告共13次						

2.电视广告发布策略阐述

（1）本月电视广告发布在总预算规定的额度中，尽可能做到集中发布，以产生社会影响，所以，从4月5日启动，连续到月底（其中，周六、周日因发布费用加倍而略过不播）。

（2）本月电视广告分别为15″和30″两条，以15″为主，重点介绍公寓实体部分，以30″为辅，营造消费者对广告主的认同感，两者比例约为2∶1，并加以适度间隔。

附：

15″ ××公寓电视广告分镜头本

略。

30″ ××公寓电视广告分镜头本

略。

资料来源　作者根据相关资料整理.

6.3.2　媒体计划书的写作

广告媒体计划书的内容通常分为五个部分：前言或摘要、背景评论与情况分析、媒体目的或媒体目标、媒体策略和计划说明。

1）前言或摘要

对媒体计划的基本策略和要素进行评述。

2）背景评论与情况分析

简明扼要地描述产品（劳务）的市场情况，概括行销目标，说明创意的方向，如媒体计划书实例中的第一部分所示。

3）媒体目的或媒体目标

对媒体计划所要达成的目的或目标作明确与可行的说明。

4）媒体策略

概述怎样从媒体的选择、媒体的配合、广告的日程频次安排、费用分配等方面达成媒体目标。

5）计划说明

阐述媒体计划的执行要素，以及考虑选择各种策略及媒体的理由。时间、费用等计划要素的具体体现，一切战术上的做法都可以体现在这一部分中。

上述五个部分不是一成不变的，可视具体情况增减。撰写媒体计划书的目的，是让有关人员对媒体在广告中的具体运作及具体作用做到心中有数，便于督导和管理。

【教学互动6-1】

主题：广告标语。

背景：广告标语是整个广告的灵魂，往往起到画龙点睛的作用。“只溶在口，不溶在手”“不是你长大了，是奥利奥变小了”等，语言简练上口，特点突出，深入人心。

问题：还有哪些广告标语让你过目不忘？为什么？

要求：同“教学互动1-1”的要求。

■ 本章概要

□ 内容提要

•广告文案不仅包括广告的文字作品，还泛指广告营销活动中撰写的许多文字资料，如广告策划书、广告媒体计划书、广告预算书、广告调查报告、广告总结报告等，本章重点介绍广告策划书和广告媒体计划书这两种最基本的工作文案。

•广告文字作品的结构主要包括标题、标语、正文等部分。标题是广告的眉眼，要鲜明突出，生动活泼，富有吸引力。标语可以突出品牌形象、强化主题、扩大影响。正文是广告文字作品的主体部分，内容包括产品的简要说明或解释，产品优点、特点介绍或产品获奖情况的介绍等。

•编写广告策划书，就是通过广告调查，把分析结论、广告目标、广告定位策略、媒体策略、诉求策略、创意策略、预算分配方案等方面的内容，以文本的形式表现出来，为顺利开展广告宣传活动提供工作向导。

•广告文案的创作是广告实务工作的重要组成部分，广告工作人员应当具备丰富的文案创作知识和熟练的写作技巧。

□ 主要概念和观念

▲ 主要概念

广告文案　广告标语

▲ 主要观念

广告策划

□ 重点实务

广告标题与标语的区别　广告策划书的主要内容

■ 基本训练

□ 知识训练

▲ 判断题

(1) 广告标题就是广告口号。（　　）

(2) 李宁牌宣传的“一切皆有可能”是广告标题。（　　）

(3) 真实可信是广告正文写作要求之一。（　　）

(4)“跨越三个世纪的经典——老凤祥珠宝”是广告标语。（　　）

▲ 选择题

(1) 广告标题的类型有（　　）。

A.直接标题　　B.间接标题　　C.复合标题

D.数字标题　　E.文字标题

(2)“味道好极了”这是属于（　　）广告标语。

A.建议式　　B.情感式　　C.颂扬式

D.综合式　　E.批评式

(3)常见的广告正文格式有（　　）。

A.陈述式　　B.描述式　　C.证明式

D.议论式　　E.说明式

(4)“雪花啤酒古建筑摄影大赛启动”属于（　　）广告标题形式。

A.陈述式　　B.新闻式　　C.对比式

D.提问式　　E.颂扬式

(5)广告标题能让人记忆深刻，需要具备的特点包括（　　）。

A.简洁有力　　B.特点突出　　C.感情真挚

D.图文并茂　　E.富有新意

(6)广告策划书的主要内容包括（　　）。

A.前言及市场分析　　B.广告媒体策略　　C.广告（营销）战略

D.广告效果预测　　E.广告预算分配

▲ 讨论题

(1)为什么说广告标语在语言上应该追求新、奇、美？请为某品牌手机撰写广告标语。

(2)比较广告标题和广告标语的异同。

□ 能力训练

▲ 案例分析

【训练项目】

案例分析-VI。

【相关案例】

阿里云文案的创新

背景与情境：每个品牌都希望自己的广告文案出奇制胜。作为一个云空间，普通人并不全面了解它的业务，也不清楚它与其他云有什么不同。阿里云通过讲述自己的工程师不坐在工位上，都在外面忙什么，告诉消费者自己在解决各种问题。文案里那么多的问句，没有答案，也不需要给出答案，最终得要让消费者知道的是，“经得起基层考验的技术，才是最了不起的技术”。

你可能觉得有点问题。

我们的工位，

永远有一半是空的。

因为另一半的人，

永远在别的地方。

这是一群不走寻常路的程序员，

也许正与你擦身而过。

有人说，

跑到这种地方写代码，脑子有问题吧？

没错，我们的脑子里，全是问题。

“今年水稻的产量，

能不能提前一个月算出来？”

“卫星拍到的农作物长势，到底准不准？”

“AI种田能帮农民提高收入吗？”

“我们能更加理解这个地球吗？”

“我们可以捕捉两年之后的一场风暴吗？”

“我们可以看清三小时之后的一场雨吗？”

……

“中国人结婚为什么牵扯那么多事儿？”

“结婚，上户口，生孩子，

这些手续能一起办了吗？”

“解决了这些问题，会让人更想结婚吗？”

“如何把老师傅30年的经验变成算法数据？”

“如何在最短的时间里找到100万个瑕疵？”

“如何通过精准剪裁节省25 000米布？”

……

我们的问题真是太多了。

问题从哪里来，

解决问题的人就到哪去。

我们相信，

既然叫工程师，就应该待在工地上。

土路走得多，就不容易走弯路。

我们相信，

经得起基层考验的技术，

才是最了不起的技术。

我们的工位，有一半是空的。

我们的工位，到处都是。

资料来源　作者根据相关视频广告编写。

问题：该广告文案具备哪些特征？

【训练要求】

同第1章“基本训练”中本题型的“训练要求”。

▲ 实训操练

【训练项目】

根据广告文案相关知识，为本校校园微信平台的宣传推广撰写广告标题、广告标语、广告正文、广告策划书和媒体计划书。

【训练步骤】

（1）将班级学生分成若干团队，每个团队确定一人负责。

（2）各团队学生结合操练项目，进行方案设计板块的分工。

（3）各团队学生以本章“广告文案”实务教学内容为依据进入角色，体验本项目模拟实训的全过程。

（4）各团队学生记录本次模拟实训的情境与步骤，总结实训操练的成功经验、存在的问题及解决的办法，在此基础上撰写《“广告策划书撰写”实训报告》。

（5）在班级讨论交流、相互点评与修订各团队的《“广告策划书撰写”实训报告》。

（6）在校园网的本课程平台上展出经过修订并附有教师点评的各团队《“广告策划书撰写”实训报告》，供学生相互借鉴。

□ 课程思政

【训练项目】

课程思政-VI。

【相关案例】

文案要为产品销售服务

背景与情境：一夜之间，“世界再大，大不过一盘番茄炒蛋”的TVC在朋友圈刷屏：留学生参加同学聚会，承诺做一盘番茄炒蛋带给大家。可从没有做过菜的一个留学生无从下手，只好发信息给远在国内的妈妈。妈妈很快回复信息，用语音讲解，可他还是不会做。就在同学们催促的时候，妈妈又发来几个视频，她把这道菜从头到尾演示了一遍，边做边讲，爸爸则负责录制。他很快学着做好了，并且得到同学们的称赞。

正当他得意的时候，同学无意中问起了时差，他才意识到，12个小时的时差，父母那边正是后半夜的时候，却好像时刻在等他的信息，为了他还半夜起来做菜。该留学生若有所思。

片末，出现某银行的留学信用卡字样，广告词随之出现：你的世界大于全世界。

乍一看，广告充满亲情，催人泪下。可细一想，问题很多。不会做番茄炒蛋上百度搜索一下不就行了？这样的事情也问父母？居然忘记12小时的时差？最重要的是，广告文案不能一味追求煽情而不讲究逻辑；创意再好，广告内容和品牌关联度太低也一样达不到销售的目的。

资料来源　作者根据公开视频广告编写。

问题：

（1）本案例中存在哪些思政问题？

（2）试对上述问题作出你的思政研判。

（3）通过网上或图书馆调研等途径收集你所作出思政研判所依据的规范或标准。

（4）本案例对消费者的启示有哪些？

【训练要求】

同第1章“基本训练”中本题型的“训练要求”。

第7章 广告预算与效果测定

◆ 学习目标

通过本章学习，应该达到以下目标：

职业知识： 学习和把握广告预算的含义、意义和内容，广告预算的编制程序和编制方法，广告预算的分配策略等理论与实务知识；能用其指导或规范本章认知活动和技能活动，正确解答“基本训练”中“知识训练”各题型的问题。

职业能力： 能运用本章知识研究相关案例，培养在特定业务情境中分析问题与决策设计的能力；通过搜集、整理与综合“广告预算与效果测定”的前沿知识，撰写、讨论与交流《“广告预算与效果测定”最新文献综述》，培养“广告预算与效果测定”中“自主学习”的通用能力。

课程思政： 结合本章教学内容，依照“课程思政”的要求或标准，对相关案例中的企业及其从业人员行为进行思政研判，培养高尚的道德情操，树立社会主义核心价值观。

学习微平台

思维导图7-1

【引例】

低预算也能制作好广告

背景与情境： 京杭大运河的名字对我们来说都不陌生，它是世界上最古老的运河之一，曾在我国南北政治经济沟通中发挥过不可替代的重要作用。1885年，运河的北方河道被黄河截夺，造成山东济宁段被淤塞，使南北不能相通，大运河也就无法再承担运输功能。

近年来，为了保护这条历史悠久的运河，并使运河剩余河段正常通行，政府部门每隔几年就要清理大运河的淤泥。随着清理工作逐渐推进，产生的淤泥越来越多，仅8公里河段就能清理出一个北京故宫的泥土量。这些淤泥的处理成了大难题，无形中对大自然又造成了另外一种压力。

聚划算平台联合某创意公司，共同推出聚划算"运河出土"计划，旨在帮助处理这些泥土。他们将泥土来源、泥土营养价值，以及泥土的用途的介绍拍摄了视频，制作成海报，在各社交平台宣传。

海报中，有泥腌咸鸭蛋、土烧叫花鸡、土制的砖块、土种的绿植、装土的沙袋、土印手足纪念等等，都是在大运河弃土区的实景拍摄；聚划算还联合超级植物公司，将产品中原有的土换成京杭运河土，推出一款联名产品，在聚划算百亿补贴直播平台以0.01元超低价售卖，上线就秒售罄，还激发了网友贡献淤泥用途新创意的热情，使更多的人参与到大运河保护的计划中。

这些广告海报的制作，成本虽然低，但创意用心，不仅把淤泥的各种用途展示出来，更展示出一个有责任心企业的社会担当。

7.1 广告预算及其编制

广告预算是企业投入广告活动的费用开支计划，它规定计划期内从事广告活动所需要的经费总额和开支范围。从微观经济角度看，广告预算是企业销售计划与广告计划的一个有机组成部分，是企业经营活动中的一个重要环节。现代企业不但将广告预算纳入企业的营销计划中，而且将其作为提高企业与产品声誉的一项重大投资，据统计，某些发达国家企业的广告费用占其销售总额的30%～50%。

广告预算不仅是广告计划的重要组成部分，而且是广告计划实施的重要保证。只有有效、合理地控制广告费用支出，才能将有限的经费用于广告计划内的项目执行上。如果计划会失去控制，广告目标也就无法实现，还会造成广告经费的浪费。一个美国广告人说，美国公司每年浪费的广告费高达50%，中国的市场经济比美国起步晚，浪费的广告费更不容小觑。因此，制订科学、合理的广告预算计划，对企业防止浪费、节省成本十分重要。

广告预算增强了广告经费使用的计划性。科学合理的广告预算，可以使广告费用的投入保持适度，避免盲目投入造成浪费，使已经投入的经费有计划地事先分配，以便让有限的广告经费满足多方面的需要。有计划地使用广告经费是广告预算的主要目的。

广告预算是评价广告效果的经济指标。评价广告效果的主要标准是看广告活动在多大程度上实现了广告目标。广告预算对广告经费的使用提出了明确的目标，可以进一步使广告活动的每一具体步骤尽可能地达到较为理想的效果。由于广告预算对广告经费的每一项具体开支都进行了明确的规定，这样在广告活动结束后，就可以比较每一项具体的广告活动所花费用与所取得的效果，所以，广告预算可以为广告效果的评价工作提供科学的依据，用以核算广告活动的经济效益。

7.1.1 广告预算的内容

广告预算的主要内容是对广告活动费用的匡算。广告预算如何确定，不同的广告主有不同的做法，但关键是要确定预算中应包括哪些广告费用。有两项广告费用是任何广告主都必须匡算在广告预算中的（见表7-1）：一项是广告媒体的购买费用，占广告费用总额的80%～85%；另一项是广告制作费用，占广告费用总额的5%～15%。随着市场竞争的不断加剧，广告策划水平日益提高，广告费用也不断攀升，广告调研费、广告设计制作费、广告媒体费、广告人员的行政经费、广告活动的机动经费等都被列入了广告预算。

表7-1　**广告活动费用匡算**

支出项目	媒体购买	广告制作	调研费用	行政费用	机动费用
匡算比例	80%～85%	5%～15%	＜2%	＜0.5%	＜1%

7.1.2 广告预算的编制

广告预算由预测、规划、计算、协调等一系列工作组成。广告预算的基本编制程序如下：

学习微平台

微课7-1
广告预算的编制程序

第一，确定广告预算的额度。广告策划人员要通过分析企业的整体营销计划和企业的产品市场环境，提出广告投资的计算方法和理由，以书面报告的形式上报主管人员，由主管人员进行决策。

第二，分析上一年度的销售额。广告预算一般一年进行一次，在对下一年度的广告活动进行预算时，应该先对上一年度的销售额进行分析，了解上一年度的实际销售额、销售量是否符合上一年度的预测，由此分析、预测下一年度的实际销售情况，以便合理安排广告费用。

第三，分析广告产品的销售周期。大部分产品在一年的销售中都会呈现出一定的周期变化，即在某月上升、某月下降、某月维持不变等。通过对销售周期的分析，可以为广告总预算提供依据，以确定产品不同生命周期的广告预算分配。

第四，广告预算的时间分配。根据前面工作得出的结论，确定年度内广告经费总体分配方法，按季度、月份将广告费用的固定开支予以分配。

第五，广告的分类预算。在广告总预算的指导下，根据企业的实际情况，将广告费用分配到不同的产品、不同的地区和不同的媒体上。

第六，制定控制与评价标准。在完成上述广告费用的分配后，应立刻确定各项广告开支所要达到的效果，以及每个时期、每一项广告开支的记录方法。

第七，确定机动经费的投入条件、时机、效果的评价方法。广告预算中除去大部分的固定开支外，还需要对一定比例的机动开支进行预算，如在什么情况下方可投入机动开支、机动开支如何与固定开支协调、怎样评价机动开支带来的效果等。

7.1.3 广告预算额度的确定

1）销售额百分比法

销售额百分比法是一种被广泛采用的广告预算方法，又称销售比例法。它是根据一定时期内（通常为一年）销售额的一定比例计算出广告费用总额的方法。这种方法由于计算标准不同，可具体分为计划销售额百分比法、上一年度销售额百分比法、平均折中销售额百分比法和计划销售增加百分比法（见表7-2）。计划销售额百分比法和上一年度销售额百分比法的百分率应视产品、市场环境、营销等实际情况而定。

表7-2 **销售额百分比法的具体方法**

具体方法	计算标准
计划销售额百分比法	下一年度的预测销售额计算出广告费用
上一年度销售额百分比法	上一年度或过去数年的平均销售额。这种方法的优点是确定的基础实际、客观，广告预算的总额与分配情况都有据可依，确定性强
平均折中销售额百分比法	折中上述两种方法来计算广告费用
计划销售增加百分比法	以上一年度广告费为基础，结合下一年度计划销售增加部分的比例来计算

这种方法适合企业的发展要求，但也存在一定的风险。在市场上，有许多因素都是未知的，这些因素对企业经营活动的影响有可能是突发性的，预测在本质上是对事物发展趋势的一种合理推断，而突发性因素常常具有破坏性，它们改变事物的发展规律，使市场处于无序状态。例如，当经济不景气时，再多的广告宣传也无法阻止产品销售额下降的趋势，在这种情况下，执行预测计划就是一种非理性的经营行为。

2）利润额百分比法

利润额百分比法的计算和销售额百分比法的计算类似，只是用利润额代替了销售额，利润额根据计算口径的不同，可分为毛利润额和净利润额。

这种方法使用比较简便，由于广告费用和利润直接挂钩，故适合于不同产品间广告费用的分配。该方法的分配比例不能绝对化，如新产品在投入期需要做大量广告，其费用开支的比例就高一些。

3）销售单位法

任何一种产品都以一定的单位销售，如一辆汽车、一台电视机、一箱饮料等。销售单位法就是以商品的一定数量为单位，确定上一年度每个销售单位的广告费用，再乘以本年计划产品销售数量，即可得到总的广告费用，其公式为：

广告费用总额=上一年度广告费用÷上一年度产品销售数量×本年计划产品销售数量

这种方法以产品销售数量为基数，使用起来非常简便，适用于确定那些薄利产品的广告费用计算。通过这种方式可以随时掌握企业广告活动的效果。

4）目标达成法

目标达成法又叫任务法。这也是一种被广泛采用的广告预算方法。**目标达成法**是根据广告主的营销目标，具体确立企业的广告目标，再根据广告目标要求采取的广告活动策略，制订广告计划，然后根据广告计划具体确定广告主的广告费用总额。

广告改变消费者态度的过程分为未知、知名、了解、确信和行动五个阶段。与此相适应，广告目标可以分为对商品的知悉、了解以及实现一定的确信率和行动率，在达成目标的每一个阶段都需要广告发挥功能。目标达成法就是以广告过程的特定阶段为目标，决定为实现特定目标所必需的广告内容、广告媒体、频率与期间、刊播范围等问题，然后计算每项广告活动需要的广告费。各项广告费用之和，就是达成特定阶段目标的广告预算。其计算公式为：

广告预算=目标人数×平均每人每次广告到达费用×广告次数

由于目标达成法是以广告计划来决定广告预算的，广告目标明确，所以便于检验广告效果，并且既不会造成浪费，又不会使广告经费短缺。但是，在实践中运用该方法有一定的难度，这就使其科学性和准确性受到一定程度影响。因此，应将其与销售额百分比法结合起来运用，这样才能使广告预算切实可行。

5）竞争对比法

竞争对比法是指广告主根据竞争对手的广告费用开支来确定自己广告预算的一种方法。运用竞争对比法的关键是要了解主要竞争对手的市场地位与广告费用额，计算出竞争对手在每个市场上的广告投入，再以此来确定企业的广告预算。如果企业想保持与竞争对手相同的市场地位，则可以根据竞争对手的广告费用来确定自己的广告规模；如果企业想提升地位，则可以用比竞争对手高的广告费用来匡算自己的广告费用总额。其计算公式为：

$$\text{广告费用总额}=\frac{\text{主要竞争对手的广告费用额}}{\text{主要竞争对手的市场占有率}}\times\text{本企业的预计市场占有率}$$

这种方法最大的优点是编制的广告预算具有针对性，适合市场竞争的需要，有利于企业在竞争中赢得主动权。其最大的缺点是竞争对手广告预算的具体资料不容易取得。广告预算总额属于企业的经营秘密，大多数企业都不会将它公布于众，这就给本企业编制广告预算造成了困难。

例如，竞争企业某商品的市场占有率为40%，它的广告费总额为40万元。1%的市场占有率需要的广告费为1万元。本企业预计市场占有率为38%，则广告费至少为38万元。

运用竞争对比法，必须有良好的财力基础和销售收益，在竞争中也并非只比花钱多少，还应注重广告活动的实际效果。这种方法主要适用于面对激烈竞争的大企业。

此外，还有预期购买者数量法、通信订货法、武断法、支出可能法、计量设定法等不同方法，由于使用不是很广泛，这里就不进行介绍了。

7.1.4 广告预算的分配

广告主一旦确定了广告预算额度，就要将预算落实到具体的项目之中。一般来说，影响广告预算分配的主要因素有销售目标、产品的生命周期、行业市场的竞争状况、产品品牌的市场地位（或市场占有率）、广告频次、品牌的替代性等。依据不同的侧重点，广告预算分配主要采取以下四种策略：时间分配策略、地域分配策略、产品（品牌）分配策略和广告媒体分配策略。

1）时间分配策略

时间分配策略是指广告策划者根据广告刊播的不同时段来具体分配广告费用，从而取得理想的广告效果，因为在不同的时间里，媒体受众的人数以及生活习惯是不同的。广告费用的时间分配策略包含两层含义：

（1）广告费用季节性分配。在不同的季节里，市场需求的变化，要求广告活动的规模有所变化。

【同步链接7-1】

坚持系统观念，打造精准广告预算策略

党的二十大报告举旗定向、主题鲜明，博大精深、继往开来，是指导以中国式现代化推进中华民族伟大复兴的政治宣言和行动指南，也是一篇闪耀着马克思主义理论光辉的重要文献。贯穿党的二十大报告其中的立场观点方法是中国化时代化的马克思主义的世界观和方法论，是习近平新时代中国特色社会主义思想的精髓要义。其中坚持系统观念是马克思主义的重要观点和方法论。马克思、恩格斯运用辩证唯物主义和历史唯物主义考察人类社会，把社会系统看作一个有机体，分析了现代社会人与自然、人与人（社会）的整体联系，生动体现了系统观念和系统分析方法，形成了对社会系统的构成要素、功能优化、形态演变等一系列唯物辩证的方法论原则，在新时代新征程上，我们要始终坚持系统观念，要加强前瞻性思考。同样在广告预算策略的选定上坚持系统观念也是非常重要及必要的。企业在制作广告的同时不能单单仅从广告本身着手，广告再有威力，它也只是营销的子系统，要结合整个营销战略系统来进行广告策划并合理打造广告预算策略。影响广告预算的因素很多，有企业内部的因素，如广告的目标、可用资金、产品特点和质量、产品知名度、产品生命周期、产品新度、企业营销组合、其他营销手段上投人的费用、市场占有率等；有企业外部的因素，如市场容量大小、竞争状况及竞争者的广告投人、适合的媒体及其价格、其他中间商对企业产品的宣传强度等。这些因素对广告预算的影响各不相同，只有坚持系统观念才能精准打造广告预算策略，合理规划资金投入并达到最大的营销效果。

资料来源 戴冰．"六个坚持"蕴含着什么样的世界观和方法论［EB/OL］．［2022-10-31］．https：//export.shobserver.com/baijiahao/html/544016.html？ sdkver=44e1e982. 引文经删节。

【小思考7-1】

问题：在不同的季节里广告费用应如何分配？

理解要点：在我国，每年的12月到次年的2月是零售业的销售旺季，这时的店面广告可以营造出一种节日的氛围，调动媒体受众产生购买欲望，其广告效果会非常好，一份广告投入可能取得数倍的广告收益。在这一段时间内，广告策划者应该扩大店面广告的规模，提高店面广告的艺术品位，要尽可能多投入。6—8月是销售淡季，再多的广告投入也难以改变商品销售不旺的状况。在这一段时间内，广告策划者应理智地缩小广告规模，否则就是一种非理性的经营行为。

（2）广告费用在一天内的时段性安排。在一天的时间内，大多数消费者都表现出其相对明显且固定的生活规律。广告策划者在选用电视媒体进行广告宣传时，应该侧重于18：00—23：00这一时段，因为大多数媒体受众在入睡以前，常常有看电视的习惯，所以这一时段的电视广告具有较高的关注率。

2）地域分配策略

地域分配策略就是将目标市场分割成若干个地理区域，然后将广告经费向各个地理区域予以平均分配。这种分配简单易行，但无法兼顾各个地理区域的不同情况。为解决与各地区实际情况脱节的问题，广告主通常将某几个地理区域的广告经费拨给其在某一特定区域的经营机构，由这些机构进行重新分配。

例如，M企业在全国销售品牌产品，根据产品的销售情况可以将全国市场划分为A、B、C三个区域市场，M企业计划投入的电视广告费用为3 500万元，M企业电视广告费用的区域市场分配情况见表7-3。

表7-3　**M企业电视广告费用的区域分配情况**

市场分部	占销售总额的比例（%）	听众暴露度（千次）	每千人成本（元）	广告费用（万元）	费用比例（%）
A	50	32	500	1 600	45.70
B	30	28	500	1 400	40.00
C	20	10	500	500	14.30
总计	100	70	—	3 500	100.00

3）产品（品牌）分配策略

产品分配策略即广告计划中所要刊登广告的各种商品之间的广告费分配策略。如果广告计划中列有公共关系广告、企业广告、观念广告，就要分摊一定比例的广告费。产品分配策略与区域市场分配策略在本质上是相同的，它是指广告策划者根据不同产品在企业经营中的地位有所侧重地分配广告费用。例如，美国宝洁公司的洗涤类产品有汰渍、快乐、Gain、Dash、Bold、象牙、Dreft、Oxydol、Exa、Solo等品牌。其中，象牙品牌是一个成熟品牌，其广告投入可以相应少一点；Exa、Solo等品牌是新品牌，需要大量的广告来推广，以提高品牌的知名度，其广告费用就需要多一些。日本索尼电器公司的所有产品都只有索尼（SONY）一个品牌，公司在编制广告预算时，就应该采取产品分配法。

4）广告媒体分配策略

广告媒体分配包括广告策划所指定的各种媒体之间的广告费分配，如四大媒体各应分配多少等。媒体广告费是广告费中最主要的一项。一般应保证媒体费用在整个预算中占到70%～90%。

学习微平台

微课7-2
广告预算表范例

7.2 广告效果及其测定

7.2.1 广告效果的含义

广告效果是指广告活动或广告作品对消费者所产生的影响。狭义的广告效果指广告取得的经济效果，即广告达到既定目标的程度，通常包括传播效果和销售效果。从广义上说，广告效果还包含心理效果和社会效果。心理效果是广告对受众心理认知、情感和意志的影响程度，是广告的传播功能、经济功能、教育功能、社会功能等的集中体现。广告的社会效果是广告对社会道德、文化教育、伦理、环境的影响。良好的社会效果也能给企业带来良好的经济效益。广告效果的测定一般是指广告经济效果的测定。

广告活动复杂多样，广告信息的传播受到多种因素的影响，因此广告效果也要从多方面、多角度考察。总体来说，广告效果的主要特征体现在两个方面：第一，累积性。从时间上看，广告信息到达消费者之后，产生效果的时间长短不一。有的广告发出之后，会立即引起消费者兴趣，并产生销售效果；有的广告则要经过几次重复，甚至更长的时间累积后，才能发挥作用。从广告的信息环境看，消费者置身于不同的媒体环境中，他们可能分别从几个媒体上看到某个广告，最后才对广告中的产品产生较完整和深刻的印象。广告效果累积效应的大小与广告作品的制作水准、媒体投放计划和时间是紧密相关的，不同的广告策略会呈现出不同的累积效应。第二，复合性。广告效果并不是单一的，而是多方面、多角度的。一个广告往往同时具有传播效果、销售效果、心理效果和社会效果，而且往往要与其他营销活动，如公共关系、促销等相互整合才能发挥作用。因此，广告活动的效果往往是复合性的。

7.2.2 广告效果的测定方向

由于目的不同、角度不同，广告效果的测定方向也不同。一般将广告效果测定划分为两大方向：一是广告传播效果的测定。这一测定包含三部分内容：广告作品的测试（品质管理）、媒体计划测试和消费者的心理效果测试（播发后）。二是广告销售效果测定。影响销售效果的原因是多方面的，测定广告效果必须要排除其他因素的干扰，准确测量广告因素对销售的影响。这两个方向一直是广告效果测定的重点和主要方向，测定方法也较为成熟。

7.2.3 广告效果测定的步骤

广告效果测定是实现对广告活动进行目标管理的必要条件，为正在或以后进行的广告活动提供指南，也有助于摒弃凭主观经验或感觉做事的习惯，使广告活动规范化、科学化，有利于广告主有效地选择媒体，更好地利用传播手段促进销售，提升企业形象。对广告公司而言，其工作绩效最终反映在广告效果上。对广告效果的测定有利于评估广告公司的绩效，督促其提高自身业务水平。通常，广告效果测定的步骤如图7-1所示。

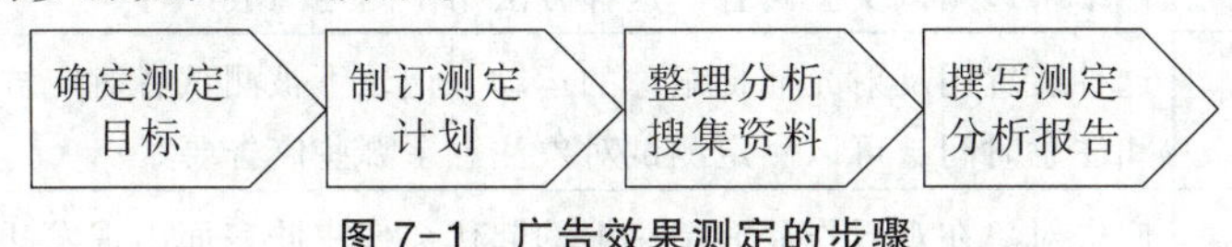

图 7-1 广告效果测定的步骤

7.3 广告效果测定的基本方法

7.3.1 广告作品效果的测定

一个有效的广告作品能够产生明显的心理效果，即能够影响消费者的心理变化，引导消费者的态度朝着既定的广告目标转变。因此，对广告作品应进行广告主题、创意、文案、表现手法等方面的测试，并根据消费者的意见选择、修改广告作品，这同时也会激发新的创作构想。常见的测定方法有以下几种：

1）实验室测定法

在进行实验室测定时，首先要选择与目标相符的测定方法，应做好以下几项工作：

（1）选择对象：召集广告对象的典型人物，即目标消费群体的代表，人员不少于30人。

（2）广告展示：设计一个符合测试要求的模拟广告接触场所，如接近居家看电视的环境等。

（3）测定项目：按照广告效果测定要求搜集对广告的反应和意见。

（4）测定方法：

① 斯威林法。这是以开发这种测定方法的公司名称（Schwerin Research Corporation，也可翻译为“雪林调查公司”）而命名的。这种方法是邀请代表性观众持票入场，挑选自己喜欢的商品观看广告，在广告播放后重新挑选商品，对比两次挑选的结果和变化，判断哪一个广告效果较好。另外，测试者还可以对观众进行提问，测试观众对广告作品的记忆程度。

② 仪器测试法。这种方法主要在实验室内，在目标对象观看广告的过程中，使用不同的仪器设备测定不同目的的广告作品。其主要使用如表7-4所示的几种仪器。

表7-4　　广告效果测试仪器及功效

仪器	使用功效
程序分析仪器	视听者收听、收看广播、电视时，在其旁边设置“+”（有意思）和“-”（没意思）两种按钮，用于广告表现唤起消费者兴趣的效果调查
瞬间显示器	一种以1/100秒为时间单位的短时间展示报纸广告的装置，放完一次后立即重放，用于测定广告作品中各构成要素受关注的程度和容易记忆的要素
反应测定仪	观众在回答问题时使用按钮，结果通过计算机立刻显示出来，可以边看统计结果边测试实验内容。这种方法用于测定一般广告
眼睛照相机	这种装置用反射光捕捉眼球的运动，记录下被测试者对广告作品的关注点和注意时间，可以测定测试对象注意了哪些广告要素
皮肤反射测定仪	广告对象在观看作品时情感上的起伏会使皮肤表面出现发汗变化，通过记录发汗变化测定广告唤起被测试者兴趣的效果

2）意见评定法

一种是对广告作品的各个创作阶段进行测评，在不同的阶段严格选择合适的测评人员，对广告作品创作进行测评。例如，选择能够代表消费者态度的专家或直接选择目标对象。另一种是将同一商品制作成多份广告原稿，请目标对象进行选择，测定哪一种广告作品引人注意，令人印象最深。

3）评分法

评分法是将意见评定法进行量化处理，然后以统计方法进行测评。其先列出对广告作品的评价项目，制定表格，请目标对象打分，然后确定广告作品的实际效果。

4）实地访问调查法

由调查员访问样本户，获取对象对所观看广告的反应。这种方法的目的是尽量不加入人为操纵因素，观察其自然反应。

以上这些方法中的一部分可用于广告心理效果的测定。

7.3.2　广告媒体效果的测定

广告媒体效果的测定，就是调查消费者与各种媒体（如报纸、杂志、广播、电视、户外广告等）的接触情形。广告媒体的调查通常根据三个测定标准进行：

一是媒体分布，如报纸、杂志的发行量，电视、广播的到达范围；二是媒体的受众群，即读者群和收视群；三是广告的受众群，即对各媒体刊播广告的接触群体。后两者的测量主要是考察媒体受众群与广告受众群之间的关系，以便于制订更精确的媒体计划。

广告媒体效果主要的测定方法根据媒体的不同特质可分为两大类：印刷媒体和电子媒体。

1）印刷媒体的测定方法

印刷媒体主要包括报纸、杂志以及户外招贴广告。常见的测定内容包括报纸和杂志的发行量、读者对象、阅读状况等。

目前国际上对报刊发行量的调查普遍使用的是报刊发行量核查制度，以确保公正。美国首先于1914年成立了ABC机构（Audit Bureaus of Circulations），目前世界上已有50多个国家和地区成立了ABC机构。1963年，国际ABC联盟（International Federation of Audit Bureaus of Circulations）成立，目的在于交换会员国之间的数据和经验，促进广告业的国际合作。我国目前还未设立ABC机构，大都由报刊自身宣布发行情况，也有的通过公证处证实其发行情况。

测量读者群和广告阅读状况有利于了解广告的认知效果。美国达尼爱尔·斯塔奇公司（1932年成立）在这方面可称为权威机构。日本的各大报社也对各自的报纸广告进行关于阅读率的调查，如《朝日新闻》通过电话调查法针对前一天报纸的每一个广告进行电话询问，测定阅读情况。其主要测定以下三个指标：

（1）注目率，即读者人数与接触过广告的人数的比率。

（2）阅读率。通过向接触过广告的人提问广告的主要内容，如主题、商标、插图等元素，测定能记得这些元素的人所占的比例。每个人阅读程度不同，记住的广告信息也不同。当被调查者能够记住广告中的一半以上的内容时，可称为达到精读率。阅读率的计算方法与注目率大致相同。

（3）阅读效率，即不同程度的广告阅读者的人数与支出的广告费用之间的比率。

2）电子媒体的测定方法

电子媒体通常指的是广播和电视，主要是通过视听率调查来测定广告媒体的接触效果。目前通用的视听率调查方法有：

（1）日记调查法，即由被调查者（抽样选出）将每天所看到或听到的节目一一填入调查问卷，主要以家庭为单位，把全部成员收看（听）节目的情况按性别、年龄等类别填好。调查期间一般为一周或更长时间。在此期间，必须由专门的调查员按期上门督促填好问卷，并在调查结束后收回问卷。经过统计分析得出的百分比，就是视听率。

（2）记忆式调查法，即在节目播出的当天（如果是下午或晚上的节目就在次日上午），调查人员立即进行访问调查，请被调查者回忆所看到的节目。从调查视听率角度而言，调查访问的时间离节目播出时间不能太久，以免遗忘。从节目或电视台的态度而言，这是个可行的办法。其问卷可在日记调查法问卷的基础上稍微修改即可。

（3）电话调查法，顾名思义，就是向目标对象打电话询问正在观看的节目。选定一个时间段（19：00—20：00），请几位调查员同时给目标对象打电话，询问他们是否在看电视、在看什么节目、有几个人在看等，记录访问结果。记录表上要有电话号码以及被调查者姓名、性别、年龄段的记录，提问的问题要特别简单，时间不能太长，以免引起被调查者的厌烦情绪，一般只设几个问题，如您是否在看电视？→（是）请问您在看哪一个频道？→请问您是不是常看这个节目？→请问您家里现在有几个人在看电视？→请问您有否看过××节目？→（有）您认为这个节目好不好？

（4）机械调查法。较早采用机械装置进行收视率调查的公司有美国尼尔森公司（A.C.Nielsen Co.）和日本电通广告公司。这种方法是在目标对象家中安装自动记录装置，按照时间自动在装置内的载体上记录下目标对象所观看的电视频道、电视节目等。随着机械装置的不断发展，装置也能够自动识别收看电视者的性别、年龄等信息。机械调查法可以以家庭为单位进行统计，也可以以个人为单位进行统计。

使用以上的收视率调查方法获得的信息既可以说明媒体或节目本身的收视情况，也可以从其中记录的收视群体信息（如年龄、性别等）的统计分析中，找到不同的目标受众，从而为更合理地投放广告提供判断依据。

7.3.3　广告心理效果的测定

广告的作用在于引起消费者的注意，并使其产生心理变化，激发其购买欲望，直至使其采取购买行动。一则广告的目的并不一定是直接获得销售效果，有时是为了引起消费者的心理变化，改变消费者对品牌的态度，增加消费者对品牌的认知度、好感度直至产生对名牌的忠诚度，保持持续购买。美国学者R.H.格利于1961年发表了《根据广告目标测定广告效果》一文，提出了测定广告心理效果的DAGMAR理论。DAGMAR理论中提出测定广告效果在于广告完成其传播任务的程度，即广告信息使消费者的态度向预期方向转变的程度。在DAGMAR理论的基础上发展出一种ARF（advertising research foundation）理论，它提出了媒体普及→媒体接触→广告接触→广告认知→与广告的信息交流→销售效果的模式。依据这种模式产生的测定方法主要用来测定广告是否达到目标或者广告播出后使广告受众产生了什么样的心理反应，常用的方法是态度量表和影射法。

1）态度量表

态度量表是用于测量消费者的心理反应的尺度，其列出广告的各种测量元素，请消费者按量度直接进行评价，可用评价语句测量，也可用打分的方法测量。

2）影射法

影射法是通过间接手段了解消费者心理状态的方法，主要有文字联想法、文句完成法、绘画联想法和主题统觉测验。

（1）文字联想法，即提出几个词语，请消费者按顺序回答他们所能联想到的情形，多用于商品、企业名称、广告语等的调查。例如，“宝洁”，________，________，________；“多芬”，________，________，________。

（2）文句完成法，即请消费者对不完整的句子进行补充。例如，“我认为央视财经频道________”；“________时，药是必需的”。

（3）绘画联想法，即预先画好人物，将其中的一个人的讲话空出来，让被调查者填充空白部分。这一方法可以测量出难以表达的感受。

（4）主题统觉测验，即出示一幅描绘购买情况的图片，请受访者将图片中购买者的想法说出来，画面上没有任何提示信息，因此，受访者说出的情形就是他本人的想法。日本舆论科学协会曾用这个方法做过钢笔、钟表、照相机等购买动机的调查，收到了很好的效果。

【同步案例7-1】

“JJS-节约”牙膏消费者市场调查问卷

背景与情境：本公司要调查一下消费者对“JJS-节约”牙膏的喜爱程度，这次调查不会给您带来任何麻烦，请您放心填写，谢谢您对我们工作的支持。

请您在每道题的选项中选择一个结果：

①您觉得当今社会应不应当提倡节约？

A.应当　　B.不应当　　C.随便

②您是否喜欢JJS产品？

A.喜欢　　B.不喜欢　　C.还可以　　D.没印象

③您喜欢“JJS-节约”牙膏的外形设计吗？

A.喜欢　　B.不喜欢　　C.还可以　　D.没印象

④您喜欢“JJS-节约”牙膏的哪种香型？

A.水果香型　　B.清香型　　C.薄荷型　　D.都不喜欢

⑤您觉得“JJS-节约”牙膏的价格怎么样？

A.高　　B.不高　　C.还可以

⑥您能购买到“JJS-节约”牙膏吗？

A.能　　B.不能

⑦您喜欢什么时候购买？

A.节假日　　B.促销时　　C.牙膏用完时

资料来源　佚名. 佳洁士牙膏广告策划书全案［EB/OL］.［2018-12-07］. http：//wenku.baidu.com/view/c41ba0fbf705cc17552709cb.html？from=search.引文经作者整理。

问题：以上哪些是针对心理效果的问题？

分析提示：②③⑤题是在直接测试心理效果。

7.3.4　广告销售效果的测定

提高产品销售效果的效应是多方面的，一方面有广告持续的传播效果的累积效应；另一方面也有营销策略中各个因素的综合效应，如促销、产品试用、公共关系等。同时，有人购买商品不一定看过广告，有时要靠人际传播、营业员推荐等。因此，测量广告销售效果时，要在广告是唯一影响销售的因素、其他因素暂属于非变量的条件下进行。常用的测定方法有：

（1）实地考察法，即在零售商店或超市的货架上进行直接调查。在卖场展示POP广告，将广告片在购物环境中播放，请商品推销员或导购员在现场派发产品说明书，从现场的销售情况可以看出广告的效果。

还有一种方法是将同类商品的包装和商标去掉，在每一种商品中放入一则广告和宣传卡片，观察不同商品的销售情况，以此判断销售效果。不过这种方法用于实验室测验更为合适，在现实生活中，要消费者作出购买无商标的产品的决定难度较大。

（2）实验法。销售地区测定法是实验法中较为常用的一种方法，它把两个条件相似的地区（区域规模、人口因素、商品分配情况、竞争关系、广告媒体等不能有太大差异）划分为“实验区”和“控制区”，在实验区内进行广告活动，控制区内不进行广告活动。在实验进行前，将两个地区的其他影响因素（经济波动、重大事件的影响等）控制在相对稳定的状态下，然后，将两个地区的销售结果进行比较，可测出广告的促销效果。这种方法也可应用于对选样家庭的比较分析。在计算销售额（量）的增长比例公式中，实验区的广告效果按照控制区的增减比例调整。

（3）统计学方法。结合统计学原理和运算方式，广告学也发展出了几种测定广告效果的运算方法，这些方法被认为更为科学和准确，应用也较为普遍。但也有人提出，广告效果的产生，不能靠单纯的数字计算。

7.3.5 广告社会效果的测定

广告对社会道德、文化、教育、伦理等社会环境产生的影响也是复合性和累积性的。一则广告有可能立即产生较为轰动的社会效果，也可能潜移默化地影响社会的各种道德规范或行为规范等。在测定广告的社会效果时，首先要确保广告必须符合国家的各种法规政策的规定。以广告法规来加强对广告活动的管理，确保广告活动在正常有序的轨道上运行，是世界各国通行的做法。一般来说，各个国家的广告法规只适用于特定的国家范畴，有一些属于国际公约性质的规则条令等，则可国际通行，如《国际商会广告行为准则》就是世界各个国家和地区都遵从的。同时测定广告的社会效果一般还要把握以下几个主要方向：

（1）是否有利于树立正确的社会道德规范。广告的推荐、诱导行为容易引起消费者注意，甚至他们会以实际行动相迎合。因此，测定广告的社会效果，要看它是否与社会的道德观念、伦理价值、文化精髓等社会道德体系的规范相悖，如果广告产生了违反社会道德规范的不良效果，就应该立即停止。

（2）是否有利于培养正确的消费观念。广告的属性是取得最大利益的经济行为，其最终目标就是吸引消费者更多地购买或使用广告产品。但是，在达到这一目的的过程中，如果广告歪曲了正确的消费观念或者传播不健康的消费理念，那么对消费者个人、对社会、对国家都会造成很大的负面影响，不利于我国社会主义市场经济的建设和发展。因此，不利于培养正确消费观念的广告也应该勒令停止播放。

(3) 是否有利于社会市场环境的良性竞争。发布同类广告的商家之间的竞争是非常激烈的，即使是在这种情况下，广告也要维护市场的良性竞争。类似于发布假信息、模糊信息压制对方或完全不顾市场规范的广告行为都将产生恶劣的社会影响，理应禁止。

广告社会效果的测定方法分为两种情况。第一种情况是测量广告的短期社会效果时，可采用事前、事后测量法。通过对接触广告之前、之后的消费者在认知、记忆、理解以及态度反应方面的差异比较，可测定出广告的短期社会效应。具体的操作手段与测定广告传播效果的方法大体相同。第二种情况是测定广告的长期社会效果，这需要运用较为宏观的、综合的、长期跟踪的调查方法来测定。长期社会效果包含对短期效果的研究，但是还远不止这些，同时要考虑广告在复杂多变的社会环境中所产生的社会效果。这方面的研究更多属于人文科学范畴。

7.3.6 网络广告效果的测定

通常所说的网络广告效果，指的是网络广告作品通过网络媒体刊登后所产生的作用和影响。目前网络广告效果的测定方向与传统媒体的测定方向大体一致，评价体系都是建立在传播效果和销售效果的两个主方向之上。罗宾·杰夫和布瑞德·阿隆森把网络广告可达到的目标概略归纳为四项：提高知名度；认知产品；名单收集；达成交易。前三项目标即通常所说的传播效果的测定，后一项目标即所谓的销售效果的测定。网络媒体即时交互性的特点，使得网络广告效果的测定呈现出新的技术方法和操作导向，特别是在销售效果的测定方法上较之传统媒体有独到的优势。测定网络广告效果的方法大致有三个技术层次：

1）点击率和转化率

点击率是网络广告最基本的评价指标，也是反映网络广告最直接、最有说服力的量化指标，这种方法主要是通过统计消费者对网络广告的点击率或者回应率，以测定消费者对广告的接触效果。对点击率的测定有利于广告主计算网络广告成本，如每千次印象费用指网络广告产生1 000个广告印象（显示）的费用。但是随着网络广告的增多，人们对网络广告的了解逐渐深入，网络用户不会盲目点击广告，除非个别富有创意和吸引力的广告；另外，一些网络用户浏览广告后已经形成一定的印象而不必点击广告或者保存链接的网址，以后会经常直接访问该网站等。因此，平均不到1%的点击率已经不能充分反映网络广告的真正效果。据有关统计数字显示，网络广告的平均点击率已从30%降低到0.5%以下。但这也不能说明这一方法完全不可采用或操作，只要广告主科学地制订广告目标的测定方案，点击率仍然能够说明问题。

转化率是指观看但没有点击网络广告所产生的效果。“转化率”由美国的网络广告调查公司Adknowledge在2000年第三季度网络广告调查报告中首次提出。Adknowledge将“转化”定义为受网络广告影响而形成的购买、注册或者信息需求。研究表明，浏览而没有点击广告同样具有巨大的意义，营销人员更应该关注那些占浏览者总数99%的没有点击广告的浏览者。调查中发现，尽管浏览者没有点击广告，但是全部转化率中的32%是在观看广告之后形成的。该调查还发现了一个有趣的现象：随着时间的推移，由点击广告形成的转化率在降低，而观看网络广告形成的转化率却在上升。点击广告的转化率从30分钟内的61%下降到30天内的8%，而观看广告的转化率则由11%上升到38%。但是，转化率的监测在操作中还有一定的难度，仍然要参照其他的方法执行。

2）对比分析法

对比分析法主要是运用传统媒体的效果测定方法，结合网络广告目标测定广告效果。例如，可以把收到E-mail的顾客的态度与没有收到E-mail的顾客的态度进行比较，也可以测量用户对不同类型E-mail的心理反应。对比分析法也可用于测量投放在不同站点的广告的效果。其操作方法有以下几种：①看同样数量的每千次印象费用在哪个站点先完成。②在编写指向链接的URL标签时，增加一些标识。③在编写电子邮件的指向链接时，在自动弹出的新回邮件窗口自动填好“主题”一栏。

3）加权计算法

所谓加权计算法，就是在投放网络广告后的一定时间内，对网络广告产生效果的不同层面赋予权重，以判别不同广告所产生效果之间的差异。这种方法实际上是对不同广告形式、不同投放媒体或者不同投放周期等情况下的广告效果进行比较，而不仅仅反映某次广告投放所产生的效果。加权计算法要建立在对广告效果有基本监测统计手段的基础之上。

7.4 常用的广告经济效果测定方法

广告的经济效果是广告活动最佳效果的体现，它集中反映了企业在广告促销活动中的营销业绩。广告经济效果测定是衡量广告最终效果的关键一环。下面介绍几种常用的测定广告经济效果的方法。

7.4.1 销售效果研究法

这种方法也称为事前事后法，就是实地调查广告活动前后的销售情况，以广告活动前后的销售额、利润额与广告费等因素作为衡量广告效果的指数，具体有以下几种方法：

1）广告费用比率法

$$\text{销售（利润）费用率}=\frac{\text{本期广告费用总额}}{\text{本期广告后销售(利润)总额}}\times 100\%$$

$$单位费用销售（利润）率=\frac{本期广告后销售(利润)总额}{本期广告费总额}\times 100\%$$

从公式可以看出，销售（利润）费用率越小，单位费用销售（利润）率越大，广告效果就越好；反之，广告效果就越差。

2）销售（利润）效果比率法

$$销售（利润）效果比率=\frac{本期销售(利润)额增长率}{本期广告费用增长率}\times 100\%$$

例如，某公司为配合旺季销售，第四季度投放的广告费比第三季度增长了40%，同时，第四季度的销售额比第三季度增长了20%。由此，我们可以计算出该公司广告销售效果比率为50%。

销售（利润）效果比率越大，广告效果就越好；反之，广告效果就越差。

3）单位费用销售（利润）增加额法

$$单位费用销售（利润）增加额=\frac{本期广告后销售(利润)总额-上期广告后销售(利润)总额}{本期广告费总额}$$

例如，某企业第三季度销售额为180万元，第四季度投入广告费0.8万元，销售额上升为200万元，则该企业单位费用销售增加额为25元，即每元广告费取得25元效益。

由此可见，单位费用销售（利润）增加额越大，广告效果就越好；反之，广告效果就越差。

4）盈亏分界点计算法

$$销售费用率=\frac{广告费用率}{销售额}$$

用符号代入推导：

$R=(A+\Delta A)/S$

$RS=A+\Delta A$

因此：

$\Delta A=RS-A$

式中：A为基期广告费；ΔA为报告期广告费增加额；S为报告期销售数；R为平均销售费用率。

如果ΔA为正值，则说明广告费使用合理，经济效果好；如果ΔA为负值，则说明广告费未能有效使用，要考虑压缩广告开支。

例如，有甲、乙、丙3家公司，其广告费投入和销售额情况见表7-5。

表7-5 **广告费投入和销售额情况**

	平均销售费用率（%）	报告期销售额（万元）	基期广告费（万元）
甲	1.3	1 000	15
乙	1.1	2 000	18
丙	1.2	1 800	14

则各公司ΔA值为：

甲公司：ΔA=1 000×1.3%-15=-2（万元）

乙公司：ΔA=2 000×1.1%-18=4（万元）

丙公司：ΔA=1 800×1.2%-14=7.6（万元）

由此可见，丙公司广告费利用情况最好，乙公司次之，而甲公司的广告费投入超过了前期平均投入，但销售效果却没有太大的变化，因此要压缩广告费用。

7.4.2 分组比较法

分组比较法中常用的有广告效果系数法和相关系数法。

1）广告效果系数法

根据分组比较法，在广告推出后，要调查以下两种情况：看没看过广告和有没有购买广告商品。调查结果见表7-6。

表7-6 **调查结果** 单位：人

	看过广告	未看过广告	合 计
购买广告商品	a	b	a+b
未购买广告商品	c	d	c+d
合 计	a+c	b+d	n

注：a表示看过广告而购买的人数；b表示未看过广告而购买的人数；c表示看过广告但没购买的人数；d表示未看过广告且没购买的人数；n表示被调查的总人数。

从表7-6可以看出，即使在未看过广告者当中，也有b/（b+d）的比例购买了广告的商品，所以要从看过广告而购买的a人当中减去因受广告以外的因素影响而购买的（a+c）×b/（b+d）人，才是真正因广告而导致购买的人数，用这个人数除以被调查的总人数所得的值，称为广告效果指数，其计算公式如下：

$$AEI=\frac{1}{n}\left[a-(a+c)\times\frac{b}{b+d}\right]\times100\%$$

例如，某企业为提高产品销售量，共发起两次广告活动，每次广告活动后，经调查所得的资料分别见表7-7和表7-8。

表7-7 **调查结果（一）** 单位：人

	看过广告	未看过广告	合 计
购买广告商品	85	48	133
未购买广告商品	101	166	267
合 计	186	214	400

表7-8　　　　　　　　　　　调查结果（二）　　　　　　　　　　　单位：人

	看过广告	未看过广告	合　计
购买广告商品	96	44	140
未购买广告商品	91	169	260
合　计	187	213	400

现分别计算两次广告活动的广告效果指数如下：

AEI_1=1/400（85-186×48÷214）×100%=10.82%

AEI_2=1/400（96-187×44÷213）×100%=14.34%

由上可以看出，第一次广告效果指数为10.82%，第二次广告效果指数为14.34%，第二次广告效果显然比第一次效果要好。

2）相关系数法

分组比较法还可以采用相关系数法进行推算，其计算公式为：

$$\beta=(ad-bc)/\sqrt{(a+b)(c+d)(a+c)(b+d)}$$

式中：β为相关系数，a、b、c、d的含义与广告效果系数法公式中字母相同。仍以上面的例子为例，分别计算第一次和第二次广告运动的相关系数如下：

$\beta_1 \approx 0.246$

$\beta_2 \approx 0.321$

一般而言，相关系数值在0.2以下称为效果差，0.2至0.4之间称为效果中等，0.4至0.7之间称为效果较好，而在0.7以上称为效果好。由上述计算可见，两次广告运动都取得了中等效果，而第二次广告运动比第一次广告运动的效果更为显著，这与用广告效果系数法测算所得的结论是一致的。

对广告效果的测定有时是分阶段进行的，即根据广告活动总体安排时间的不同分为事前测定、事中测定和事后测定，上述方法也各自适应不同的阶段，如广告效果的事后测定，一般在一则广告刊播活动结束后过一段时间再进行。通常，效果测定与广告刊播结束之后的时间间隔主要由媒体的性质决定，同时也要考虑目标市场上消费者自身的特点和产品自身特点，实事求是，具体情况具体分析。如果进行测定的时间过早，广告效果的时间滞后性特点尚没有充分发挥出来，得出的结论就不准确；如果测定的时间过晚，间隔时间太长，广告效果就可能淡化，得出的结论也有可能不准确。

【教学互动7-1】

主题：广告经济效果

背景：很多广告主都舍得在媒体上花大价钱，却常常为此压缩广告制作的预算。

问题：你如何看待这一现象？

要求：同“教学互动1-1”的“要求”。

■ 本章概要

□ 内容提要

•在目前激烈的竞争环境中，编制广告预算是做好广告管理不可或缺的重要一环。

•广告效果的主要特征表现在其具有累积性和复合性，因此其测定方向和方法也是多样的，主要包括传播效果测定、媒体效果测定、心理效果测定、销售效果测定和社会效果测定等，由于技术的发展，互联网效果测定也不容忽视。

•常用的广告经济效果测定方法有销售效果研究法和分组比较法。在广告活动的不同时段可以采取不同或相同的方法。

□ 主要概念和观念

▲ 主要概念

广告预算　目标达成法　广告效果

▲ 主要观念

广告预算的编制方法　广告预算的分配策略　广告效果测定方法

□ 重点实务

广告预算的内容　广告效果的测定方向

■ 基本训练

□ 知识训练

▲ 判断题

(1) 根据企业的财力可能支出多少广告费来编制广告预算的方法叫竞争对比法。（　）

(2) 函索测定法的目的是检测在同一媒体上只有某一构成要素不同的广告的效果。（　）

(3) 认知测定法主要用来测定广告的知名度，即消费者对广告及其商品品牌的认知程度。（　）

(4) 编制广告预算首先要确定广告预算的额度。（　）

(5) 根据产品（品牌）分配策略，成熟产品在广告预算分配时数额应该较少。（　）

▲ 选择题

(1) 以每单位产品的广告费用来确定计划期广告预算的方法是（　）。

A.目标达成法　B.销售单位法　C.利润额百分比法

D.销售额百分比法　E.竞争对比法

(2) 采用系统分析和运筹学的方法确定广告预算的方法是（　）。

A.预期购买者数量法　B.通信订货法　C.武断法

D.支出可能法　E.计量设定法

(3) 影响广告预算分配的主要因素有（　）。

A.销售目标　B.产品生命周期　C.品牌的市场地位

D.品牌的替代性　　　　E.市场竞争、销售时间和广告媒体

(4) 内部评估法是对广告草图或文案成稿进行事前评估的方法。这是最容易、最常用的广告事前测定方法之一，主要包括（　　）等方法，尤其对工业产品的印刷广告测定最为有效。

A.内部检核表　　B.可读性测试　　C.评分量尺　　D.组群测试

(5) 能够比较客观地检测广告的实际销售效果，尤其是对一些周转率高的商品，如时令商品、流行商品的广告效果测定更为适用的测定方法是（　　）。

A.专家意见法　　B.市场实验法　　C.函索测定法　　D.等级测定法

(6) 广告效果具有的特性是（　　）。

A.滞后性　　B.累计性　　C.间接性

D.竞争性　　E.复合性和层次性

(7) 广告效果的测定原则是（　　）。

A.针对性原则　　B.可靠性原则　　C.综合性原则

D.经常性原则　　E.经济性原则

(8) 在广告作品尚未正式向社会公众播出前，选择一些消费者观看或收听一组广告，对时间不加限制，然后要求他们回忆所看到（或听到）的全部广告以及内容的广告测定方法是（　　）。

A.专家意见综合法　　B.亲身访问法　　C.组群测试法

D.内部评估法　　E.等级测定法

(9) 测定广告效果的态度测定法所采用的具体形式有（　　）。

A.问卷法　　B.检核表法　　C.语义差异实验法

D.评等标尺法　　E.回忆法

▲ 讨论题

(1) 试比较报纸和电视的广告效果测定方法的异同。

(2) 如何理解广告预算的重要性?

□ 能力训练

▲ 案例分析

【训练项目】

案例分析-VII。

【相关案例】

两则运动鞋报纸广告

背景与情境：现有两则运动鞋的报纸广告，画面大小一致，A广告的广告图是一双运动鞋的图片，文字在图片上方，文案是：“1895年，我们在英国以最好的牛皮，用手工制造运动鞋，我们从不想成为最大的鞋厂，但坚持做最好的鞋；今天，我们在运动鞋的制造技术上，已成为当今世界各鞋厂的标准楷模”。B广告的广告图以运动员的小腿为主体，其脚穿运动鞋，文字在图片右方，文案是：“不管比赛还是平时练球，大多数球员在打球时，为了抢球，许多激烈的动作会使脚踝极度扭曲，进而损坏运动鞋。现在不会了，RTN新型运动鞋以独特的综

合控制系统制造，可以在打球时增加对脚踝的保护”。

问题：分析对比这两则广告，制定出可行的广告效果测定方法。

【训练要求】

同第1章“基本训练”中本题型的“训练要求”。

▲ 自主学习

【训练项目】

自主学习-VII。

自主学习-VII

【训练步骤】

（1）将班级同学组成若干“自主学习”训练团队，每队确定一人负责。

（2）各团队根据训练项目需要进行角色分工。

（3）通过校图书馆和互联网，查阅“文献综述格式、范文及书写规范要求”和近三年关于“广告预算编制与效果测定方法”的学术文献资料。

（4）综合和整理“广告预算编制与效果测定方法”最新学术文献资料，依照“文献综述格式、范文及书写规范要求”，撰写《“广告预算编制与效果测定方法”最新文献综述》。

（5）在班级交流各团队的《“广告预算编制与效果测定方法”最新文献综述》。

（6）在校园网的本课程平台上展出经过修订并附有教师点评的各组《“广告预算编制与效果测定方法”最新文献综述》，供学生相互借鉴。

□ 课程思政

【训练项目】

课程思政-VII。

【相关案例】

再好的广告也卖不了假的药

背景与情境：相信很多人都看到、听到过这样一句台词：“经过我深思熟虑之后，做出了一个违背祖宗的决定，将我家祖传的药方贡献出来，批量生产，造福更多人。”

网上曝光的一则“神医”“神药”的混剪视频中，广告中的“传承人”们，叫着不同的名字，拿着不同的药，说着一样的话，甚至长着一样的脸。广告录制模式粗陋、简单，套路相同、台词相同，就是宣传的药品不同，有的连疗效都几乎一样。

据媒体报道，“神医”广告具有完整的“产业链”，广告制作方一方面为了节约成本，另一方面，“神医”广告的受众通常是常年经受病痛折磨，正规渠道求医后效果不佳或效果缓慢的病人及其家属，对广告真伪的分辨能力差，所以制作方常常连台词都懒得换，直接使用同一套“剧本”和“神医”，从主持人到“神医”，再到互动的观众，都是花钱雇的演员。当广告制作方收到保健品公司的广告需求后，不需要写策划方案，短时间内便能通过简单修改剧本中的药名进行录制，且成本低廉。

2021年7月，国家工商总局公布了查处的十多起“医药广告表演者”违法广告。这些虚假、夸大药效的广告，不仅坑骗了饱受病痛折磨的特殊群体，还严重干扰了市场秩序。

广告是社会道德、文化和行为规范的体现，应树立正确的道德规范，才能有助于优化市场环境，达到销售的目的。

资料来源　作者根据相关公开视频编写.

问题：

（1）本案例中存在哪些思政问题？

（2）试对上述问题作出你的思政研判。

（3）通过网上或图书馆调研等途径收集你进行思政研判所依据的规范或标准。

（4）本案例对消费者的启示有哪些？

【训练要求】

同第1章“基本训练”本题型的“训练要求”。

第8章

广告与社会

◆ 学习目标

通过本章学习，应该达到以下目标：

职业知识： 学习和把握广告组织的模式和内容，广告与社会及广告与经济活动的互动关系、广告管理的内容等理论与实务知识；能用其指导或规范本章认知活动和技能活动，正确解答“基本训练”中“知识训练”各题型的问题。

职业能力： 运用本章知识研究相关案例，培养在特定业务情境中分析问题与决策设计的能力；通过“广告代理合同”实训操练，训练学生的专业操作技能。

课程思政： 结合本章教学内容，依照“课程思政”的要求或标准，对相关案例中的企业及其从业人员行为进行思政研判，培养高尚的道德情操，树立社会主义核心价值观。

学习微平台

思维导图8-1

【引例】

人民需要什么五菱就造什么

背景与情境：“人民需要什么五菱就造什么。”这是2020年年初，新冠肺炎疫情肆虐的时候，五菱第一时间转产生产口罩，印在口罩包装箱上的一句标语，朴素却令人肃然起敬。

广告语虽然普通，但却让人联想到，五菱这个品牌从一开始就是为了满足国民大众需求，从1953年至今，它造过汽油发动机、柴油机、拖拉机、缝纫机、直到1982年才造小货车。而疫情当下，五菱响应国家号召，联合供应商转产口罩支持防疫一线。在生产条件不够完善的情况下，五菱人争分夺秒地试验，一次次地调整生产流程，最终成功生产出首批口罩，而且所有的医用口罩都由政府统一调配，没有对外销售，也就是说，他们没有用稀缺物资来赚钱，只是为了人民的需要生产，又全部用之于民，完全印证了自己的广告语，也诠释了什么才是我们的国民品牌。

8.1 广告组织

广告组织是指从事广告经营或其他广告活动的经济组织和社会团体，它包括广告主、广告公司、媒体组织、广告团体等。广告组织是一个系统，其中，广告主、广告公司和媒体组织是广告业的三大主体。这三大主体之间的关系是否协调，对于整个广告组织系统的运转至关重要。

8.1.1 广告组织系统

广告组织系统如图8-1所示。

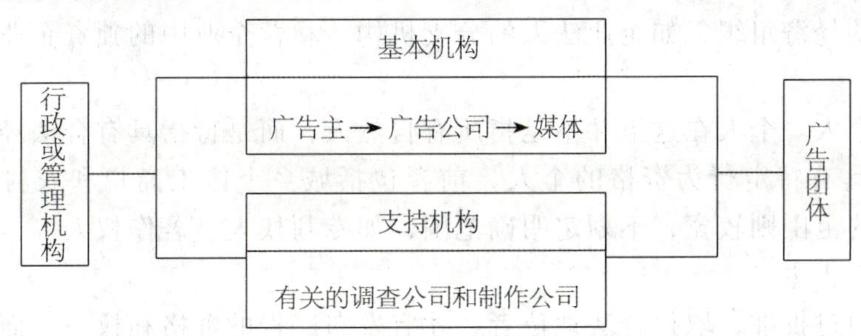

图8-1 广告组织系统

广告活动的主体是广告主，但是广告主的大部分广告活动是由专门的公司——广告公司来代理的。广告公司为广告主制订广告计划，确定广告信息内容，通过特定的媒体向消费者传递广告主的信息。所以，在广告组织系统中，广告主、广告公司、媒体就形成了最基本的机构。

但是，这些广告基本机构在执行广告职能的时候，一般需要市场调查公司、制作公司的支持。规模比较大的广告主、广告公司、媒体或者自己组织调查活动，或者从外部调查公司购买调查资料，并在制作广告过程中利用印刷、制片、设计等专业部门所提供的服务。

构成广告组织系统的另外一个很重要的机构是广告行政或管理机构。由于广告作为一种促销手段容易使广告主片面地追求利润，所以需要政府行政机构对广告活动进行必要的管理。

广告团体由广告行业内的各系统和有关部门组成，主要是保护团体成员的利益，促进成员之间的合作和交流。

8.1.2 广告主

广告主也称为广告者，是指发布广告的主体，包括企业、个人或团体，是广告活动的委托人和直接受益者。《中华人民共和国广告法》（以下简称《广告法》）所称的广告主，是指为推销商品或者提供服务，自行或者委托他人设计、制作、发布广告的法人、其他经济组织或者个人。

1）广告主的内涵

广告主是一个集合概念，是指具有合法生产经营资格的市场经营主体。具体包括以下几个层次的市场经营主体：

（1）法人。法人是一个法律概念，它是指具有民事权利能力和民事行为能力，依法独立享有民事权利和承担民事义务的组织。《中华人民共和国民法通则》里将法人分为三种基本类型：第一种是机关事业单位法人，如××市税务局就是一个机关法人；第二种是社会团体法人，如××研究会等；第三种是专门从事生产经营活动，以创造社会财富、扩大社会积累为目的，实行经济核算的法人，其为企业法人。广告主概念中的法人主要是指企业法人，而不包括不具备合法生产经营资格的机关事业单位法人和社会团体法人。

（2）其他经济组织。它是指虽然具备了一定的生产经营能力，但不具备企业法人条件的经济组织，如企业法人的分支机构、私营企业中的独资企业和合伙企业等。

（3）个人。个人在这里并不是指所有自然人，而是特指具有合法经营资格的个人，或具有特定行为资格的个人。前者包括城乡个体工商户和农村承包经营户，后者的范围则较宽，不划定明确范围，如专利权人、著作权人等，都可以成为合法的广告主。

只有通过批准，取得合法地位者，才有发布广告的资格和权力；而没有合法地位，从事非法经营者，则一律不允许发布广告，其刊登、播放、张贴、设置、陈列广告均属于非法行为。

2）广告主的特征

广告主一般具有下列特征：

（1）能支付一定的广告费用。

（2）能向目标市场提供一定质量和数量的产品（或服务）。这是确定广告主体的重要标志。如果广告主不能保证向目标市场提供一定质量和数量的产品（或服务），广告主就失去了信誉。

(3) 广告目的明确。这是衡量广告主真实动机的标准。广告的主要目的是促销和提高企业美誉度，树立企业形象。有了明确的目的，广告的效用才能充分发挥出来。

(4) 能正确地认识到广告是一种投资活动，即广告同其他投资行为一样，不仅有收益，还有亏本的可能。

(5) 能对广告效果有客观预期。广告效果只有通过间接的方法才能衡量出来。广告主付出费用是希望有收益，他对广告活动有委托权或主动权，并负有一定的法律责任。当广告效果较差时，广告主有权撤销广告。

【小思考 8-1】

问题： 自然人都能够成为合法的广告主体吗？

理解要点： 不能。只有具有合法经营资格的个人和具有特定行为资格的个人才能成为合法的广告主体。

3) 企业广告组织的行政隶属关系

目前，我国相当一部分大中型企业都建立了专职的广告组织。企业设置广告组织，能使企业的广告宣传活动有组织、有计划、有步骤地进行，能使企业的再生产顺利进行，改善经营管理，提高企业的经济效益。企业广告组织的行政隶属关系有以下几种类型：

(1) 总经理直辖型。

在这种类型中，广告部门与生产、销售部门地位相同，广告部门经理直接向总经理汇报工作（如图 8-2 所示）。

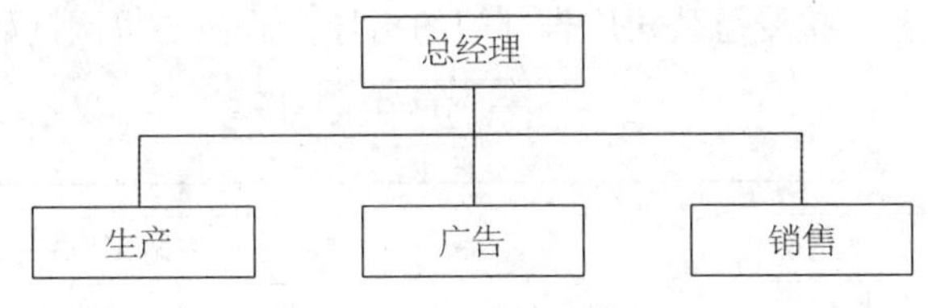

图8-2 总经理直辖型

(2) 营销经理直辖型。

在这种类型中，广告部门从属于营销部门，广告部门经理向营销经理汇报工作（如图 8-3 所示）。

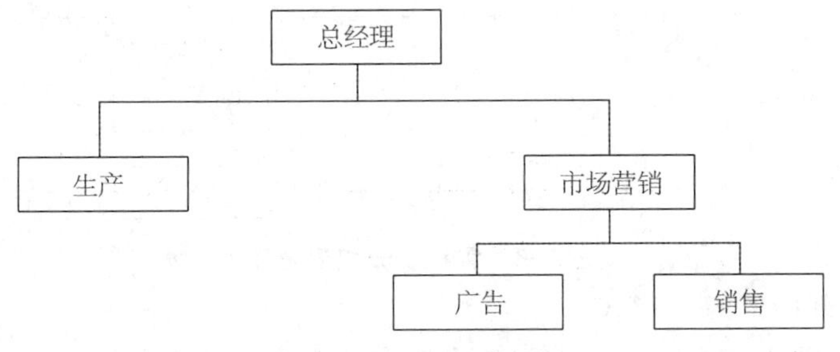

图8-3 营销经理直辖型

(3) 集权型。

在这种类型中，总公司有多个分公司，总公司只设立一个广告部门，管理全部广告工作（如图8-4所示）。

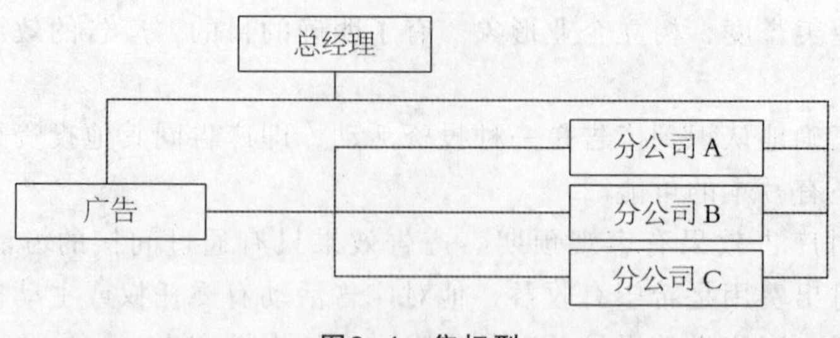

图8-4 集权型

（4）分权型。

大公司下属各公司都设立广告部门，作为分公司的直属机构，负责分公司的广告工作（如图8-5所示）。

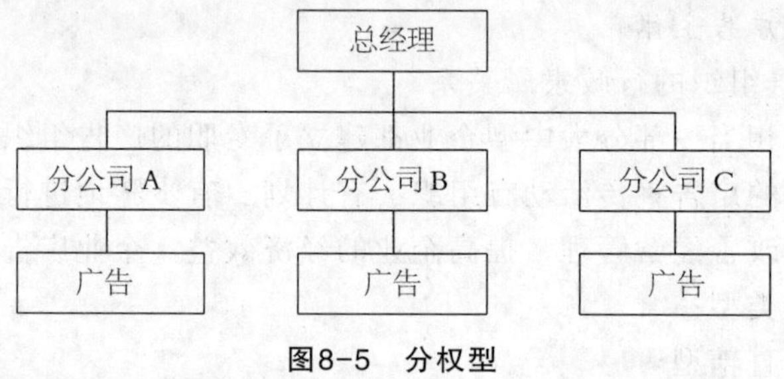

图8-5 分权型

（5）集权、分权混合型。

总公司下设公司广告部门，所属分支机构也各自设立自己的广告部门，开展自己的广告活动，在业务上接受总公司广告部门的指导、监督与协调（如图8-6所示）。

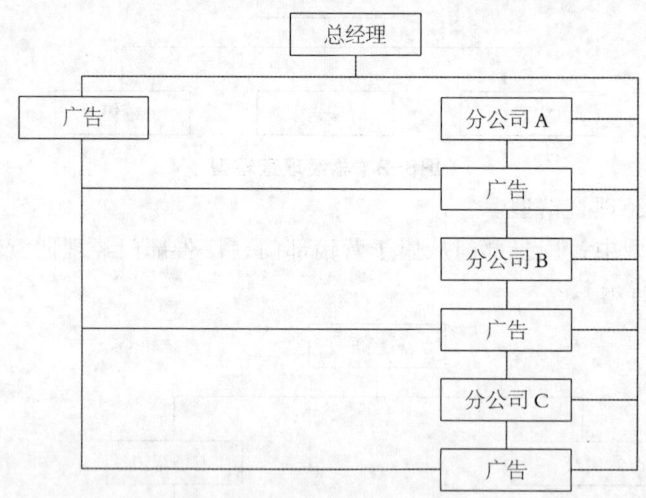

图8-6 集权、分权混合型

4）广告部门的组织形式

在隶属关系上，企业广告部门的设置大体上有上述五种形式，其内部组织机构设置根据企业自身规模的大小和特殊需要而定。

从组织模式上看，常见的企业广告组织结构形式有以下几种：

（1）职能组织模式。

该模式是以广告的各种职能来分工的。广告的职能包括文案、美术、调查、媒体、促销、新闻发布等。相应地，企业的广告部门也拥有不同职能的具体部门（如图8-7所示）。

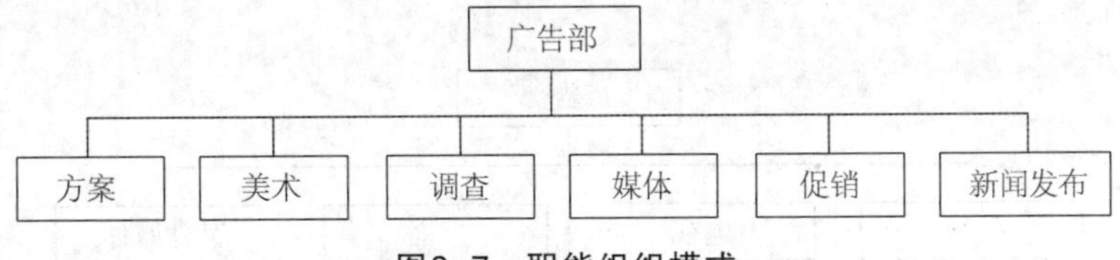

图8-7　职能组织模式

（2）产品组织模式。

在该模式中，企业广告部门是以企业的产品进行内部职能分工和组织策划的。生产不同产品的公司常采取此种形式。该模式通过专门的广告人员负责组织、策划不同的产品广告宣传，能够达到更好的广告效果（如图8-8所示）。

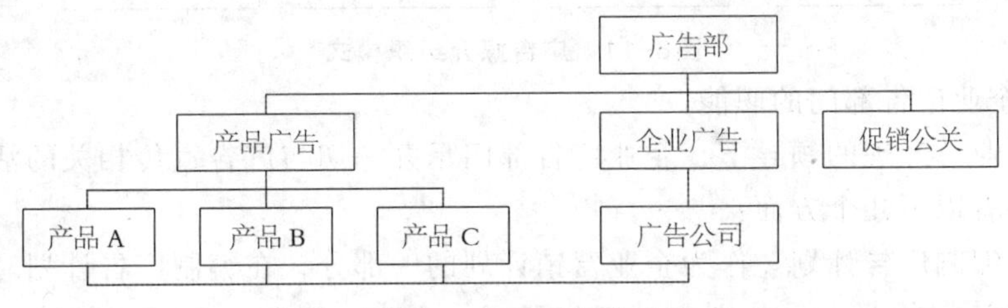

图8-8　产品组织模式

（3）市场地区模式。

该模式中企业的广告组织是以产品销售的地区市场分布进行组织计划和职能分工的。此模式是针对企业产品较单一，但销售市场很广泛的情况而设计的，企业可以根据不同市场的特点制定广告的战略和战术（如图8-9所示）。

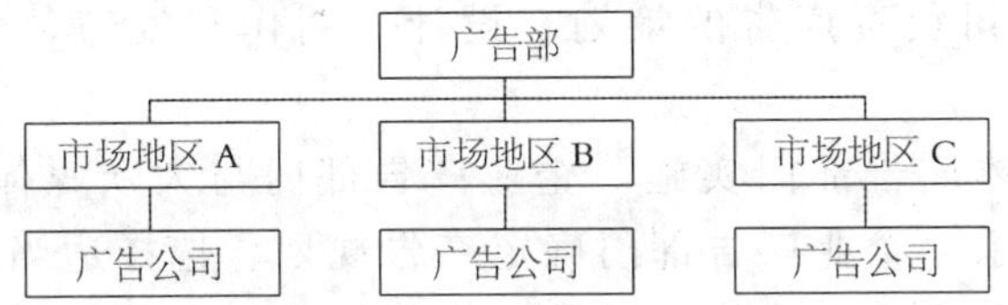

图8-9　市场地区模式

（4）广告对象组织模式。

该模式中企业广告组织是以广告的对象来分工的。当企业产品销售对象集中、销售量大时可以采用此种形式（如图8-10所示）。

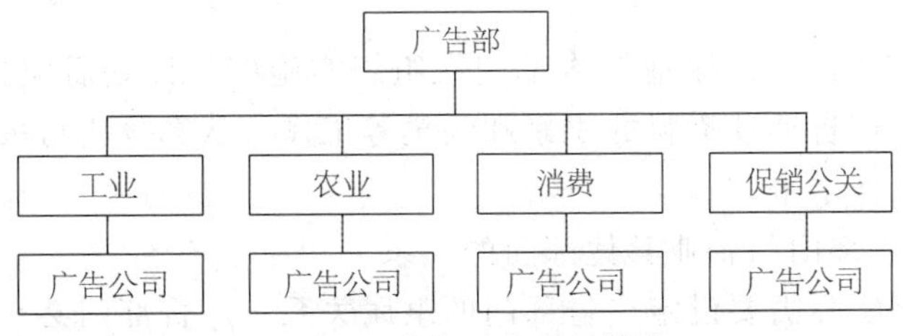

图8-10　广告对象组织模式

（5）广告媒介组织模式。

该模式是按不同媒介的要求对其内部进行组织划分和职能分工的。此形式能使广告部门熟悉所使用的各种媒体，同时，对媒体的特点、媒体的选择、媒体的运用与媒体单位的关系等方面情况能够全面掌握，提升媒体的使用效果（如图8-11所示）。

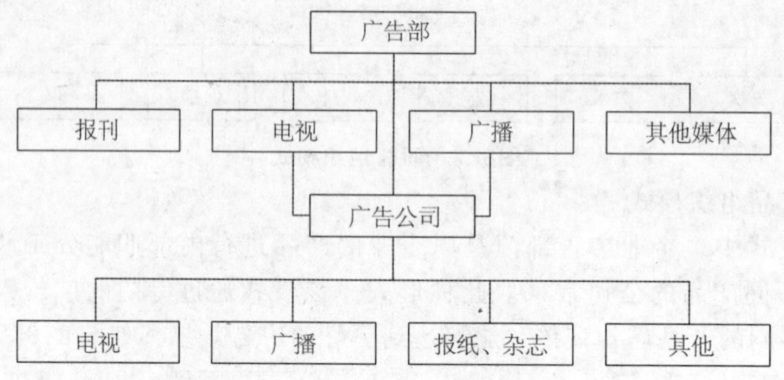

图8-11　广告媒介组织模式

5）企业广告部门的职能

在企业总经理的领导下，企业广告部门承办一切与广告宣传相关的活动，其职能主要有以下几个方面：

（1）编制广告计划。作为企业营销计划的一部分，在编制广告计划时应根据企业营销计划的要求，分别制订广告目标、内容、时间、区域、策略、费用预算、实施方案、测定效果等方面的计划。

（2）实施广告计划。企业广告部门在编制广告计划后，更重要的是组织实施该计划。此过程包括设计制作广告、发布广告和加强广告管理。

（3）委托广告公司实施。企业广告部门提供资料，提出广告要求并签订广告合同。广告公司负责广告的策划、设计、制作和发布，对广告效果进行测定。

（4）委托媒体广告部门实施。企业广告部门与大众媒体设立的广告部、信息部等部门联系，企业广告部门确定广告规划，选择适当的媒体广告部门设计、制作与发布广告，或将已设计制作好的广告作品交媒体广告部门委托发布。

（5）自己实施广告。企业广告部门可自行设计、制作企业内部的各种广告形式，如橱窗广告、企业刊物等。功能齐全的广告部门可全面承办本公司内外的广告活动。

（6）总结广告经验。企业广告部门在组织实施广告计划后应进行市场调研、广告效果测定、广告活动资料的积累和收集等工作，认真分析得失，总结广告经验，提高广告工作水平。

6）企业广告部门与企业其他部门的关系

企业应根据实际需要设定广告部门的隶属关系，广告部门必须与其他职能部门密切配合、协调工作，这样才能充分发挥自己的职能。这些部门包括业务部门、生产部门和管理部门。

业务部门是企业营销策划的具体执行部门，其工作目标之一是产品促销，这也是广告部门的重要工作任务。因此，两者应密切配合、相互支持。例如，当广告部门发动宣传攻势时，业务部门必须通知各分销单位予以配合。同样，业务部门的任何销售活动及促销措施也必须得到广告部门的支持，由其承担部门联络及宣传工作。

生产部门是企业的重要部门，负责产品的设计和制造。它需要广告部门从外界获得各种信息，以促进产品质量的改进、产品的更新换代、包装设计的更换以及新功能的开发等。

管理部门是企业的“神经中枢”，负责政策制定、执行，以及承担人事管理、财务管理等职能。广告部门的任何建议和调研结果都要反馈到决策部门，一旦被采纳，要由执行单位通知各部门密切配合。同时，广告部门也离不开人事、财务部门的支持。

【小资料 8-1】

内部广告代理公司的优势和劣势

1. 内部广告代理公司的优势

（1）内部广告代理公司也能得到广告代理费，所以从广告主的角度来看，比利用外部独立广告代理公司更节省费用。

（2）对那些不愿透露某些营销或者广告信息的广告主来说，更适于设立内部广告代理公司。并且，内部广告代理公司也更容易得到有关制订广告活动计划的资料。

（3）广告主和独立的广告代理公司之间的沟通渠道比较复杂，双方之间利害关系发生冲突的可能性较大。但内部广告代理公司与广告主同属于一个集团，发生利害关系冲突的可能性相对来说较小。

（4）内部广告代理公司的工作人员比较了解广告主的经营理念以及产品的特性，所以在广告制作等具体业务中能够比较准确地反映广告主的意图。

（5）在通常情况下，集团内的广告主愿意选择内部广告代理公司，所以内部广告代理公司能够保障集团内广告客户的利益，在资金筹措等方面也能得到集团的支持。

2. 内部广告代理公司的劣势

（1）与外部独立的广告代理公司相比，内部广告代理公司面临的营销环境是比较单一的。

（2）虽然利用内部广告代理公司可能费用少一些，但是也应该考虑其制作广告的水平。选择广告代理公司时应着重考虑其广告制作水平。

（3）从集团经营的角度来看，管理内部广告代理公司比利用外部独立广告代理公司要多一些管理层次。内部广告代理公司毕竟是集团所属的公司，即使集团内的广告主对广告公司不满意，也很难解除广告业务关系。但是，利用外部独立广告代理公司就不会存在这个问题。

（4）内部广告代理公司不一定拥有大批熟练的广告专业人才。为制作出好的广告，内部广告代理公司也要利用外部的专业广告人才。

资料来源　李东进．现代广告——原理与探索［M］．北京：企业管理出版社，2000.

8.1.3　广告公司

广告公司是指为企业策划、开发、制作广告的独立的专业化组织。它通过提供企业和广告媒体之间的双向代理服务来传播信息、沟通产销、引导消费和促进生产。

根据广告公司的经营范围大小，广告公司可分为全面服务型广告公司和部分服务型广告公司。

1）全面服务型广告公司

全面服务型广告公司是指全方位为各种广告客户提供服务的广告公司。其服务要经过客户部、市场调研部、创作部和媒介部四个部门，以及研究—建议—提呈—执行—测定总结五个步骤。全面服务型广告公司为客户提供的服务项目内容如表8-1所示。

表8-1　**全面服务型广告公司的服务项目**

服务项目	主要内容
产品研究	研究分析广告产品的形象、特性、市场状况，确定目标市场，为广告主提供制订广告计划所需的产品研究市场报告
市场调研与预测	以市场调研为基础，帮助客户找出潜在顾客、现实顾客、影响市场销售的外在因素，以及外部环境对目标市场的影响
产品销售分析	调查了解产品的销售渠道和销售网络，使广告能在分销网络健全和良性运转的基础上发挥作用
媒介分析	帮助广告主选择最有效且最便宜的媒介，使广告信息及时有效地传递到达消费者
制订广告计划	向广告主提供确定产品市场、改进销售网络、改变价格策略、创作广告作品以及应使用的广告媒介、广告诉求主题、广告信息内容、广告预算和广告活动内容等意见和建议
执行广告计划	广告计划制订后，广告公司必须把广告计划中的建议付诸实施，负责到底
其他配合措施	配合广告主的其他市场活动，使广告活动产生最大效果

2）部分服务型广告公司

部分服务型广告公司是指只承担广告活动的部分工作，经营范围受到一定限制的广告公司。其提供服务的种类如表8-2所示。

表8-2　　部分服务型广告公司的服务项目

服务项目	主要内容
专业产品广告服务	专门提供某种产品的服务，如物业广告代理公司，擅长物业市场方面的调查研究、广告策划、广告制作、媒体选择等
专业媒体广告服务	专门提供某一媒介的广告服务，如交通广告公司，承揽产品的交通广告的制作、张贴工作，其策划、设计和制作更专业、精准，广告公司对交通线上各地区的交通广告业务享有代理权
分类广告服务	广告公司的工作重点完全放在代理各种分类广告上，每天派专人向广告主收取分类广告，送往各媒体刊登
工程广告服务	广告公司专业代理广告工程施工制作，如霓虹灯、路牌、彩牌和展览场地的施工部署。其拥有专业的工程设计和建造人员，以及优秀的美工设计人员，可为广告活动在各地提供施工服务
创意精品服务	少数专门人才组建的专业广告代理公司，在有限的范围内承揽客户的广告代理业务，提供专、精、特、新的广告服务，通常以独特的创意服务赢得客户的信赖
媒体购买服务	通过媒体播放时间或刊出版面向客户提供服务。通常，媒体希望在事前卖出广告播放时间和刊出版面，向批量购买的代理公司提供价格优惠。代理公司与媒体协商价格，购买媒体的广告播放时间或刊出版面，再零售给客户或广告公司
其他配合措施	配合广告主的其他市场活动，使广告活动产生最大效果

3）广告公司的组织模式

广告公司所采取的组织模式一般有两种类型，即团队组织模式与部门组织模式，而有些广告公司则根据自身的情况将两种类型的组织模式结合起来。

（1）团队组织模式。

这种组织模式也称为作业组织模式（如图8-12所示）。如果一个广告公司接受两个以上客户的广告业务，就可以1将文案、美术、媒体策划以及其他一些专业人才组成一个团队。团队的成员都受客户领导者（AE）或者团队负责人的领导。一个广告公司里可以拥有多个团队，每个团队承担比较完整的广告公司的业务。团队组织模式的一个优点是能充分发挥团队成员的专长，并且，一个团队的成员在一般的情况下不为其他客户服务。

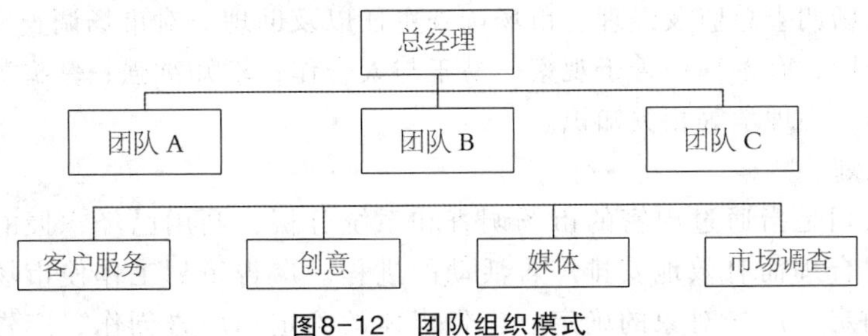

图8-12　团队组织模式

（2）部门组织模式。

这种组织模式也叫职能组织模式（如图8-13所示）。在该模式中，把各有特长的专业人才或者承担专业业务的人员集中起来划归机构的某部门。例如，广告公司内的所有文案以及创意人员都属于创意部。每个部门的成员并不受AE的领导，而是受各部门经理的领导。该种模式中，一名文案设计者或者是市场调查者可以为其他AE所管理的客户服务。

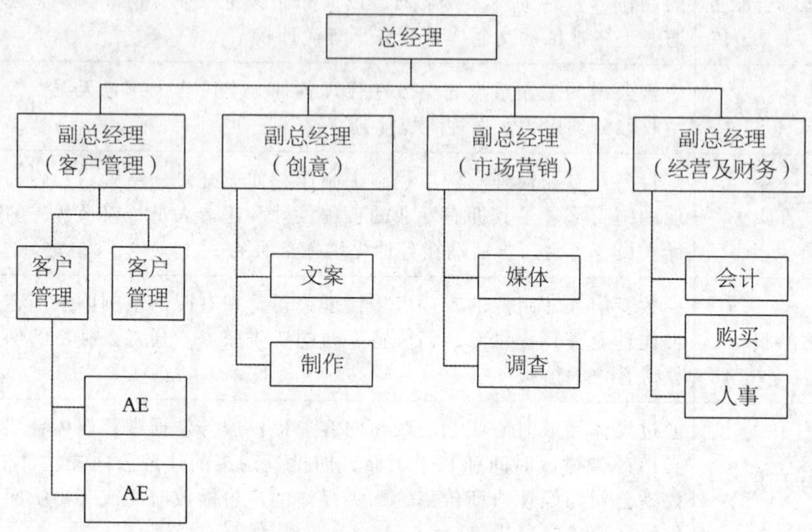

图8-13　部门组织模式

4）广告公司的业务

具体来说，广告公司的业务如下：

（1）客户管理。

客户管理部的主要业务就是联系客户，并且为客户的广告活动进行策划，管理和支配广告公司的内部资源。AE扮演双重角色，对外代表广告公司，对内则代表客户的利益。AE一方面承担广告公司与客户之间的联络业务，另一方面向客户传达广告公司的观点或看法。所以，AE一般要求具有开创性的、涉外性的、说服性的工作能力，具有较全面的知识。

（2）市场调查。

市场调查工作贯穿整个广告活动始终，包括事前对产品、市场、消费者的调查分析，以及广告活动中、广告活动后的广告效果调查等。通常，市场调查部的人员包括市场调查总监及经理、市场调查主任以及助理。对市场调查人员的要求是：善于分析，有条理；善于观察，易于与人合作；求知欲强，掌握数学、统计学、社会学、心理学等相关知识。

（3）策划。

广告策划是指通过周密的市场调查和系统分析，利用已经掌握的知识、信息和手段，合理而有效地安排广告活动的进程。广告策划工作使市场调查、广告目标的确定、广告对象的确定、广告媒体的确定、广告创作、广告发布、广告效果测定等各项工作如何开展，运用什么策略，怎样达到预定的目标等有了系统全面的规划，不至于盲目进行。广告策划工作一般由客户服务总监来承担。

（4）创意制作。

能否为客户提供满意并有效的广告创意制作，关系到能否争取客户并与客户保持长期的合作关系。创意制作业务一般由广告创意部来承担。广告创意部的主要任务是从客户服务部了解广告活动的目的，然后创作人员进行创意构思，最终制作出广告作品。创意制作部门的人员包括创意总监（CD），广告文案人员和负责美术设计的美术总监（AD），具体完成广告稿的美工人员，负责制作电视、广播广告的监制人员，负责印刷及其他类型广告制作的人员。

（5）媒体的确定。

广告公司一般都设有媒体部。媒体部的职能是掌握各种传播媒体的特点及其对消费者的影响程度，并选择合适的广告时间与空间。在广告活动中，媒体部门不仅要为广告活动制定广告媒介策略，为广告计划和广告预算的编制提供具体意见，而且要在广告实施过程中与媒体保持经常性的联系，对广告的实施进行监督，并在实施后向媒体交纳广告费。媒体部门的人员包括媒体总监、媒体经理、媒体策划及媒体购买人员。

（6）其他服务。

除了上述业务以外，广告公司还向客户提供一系列附加服务，从而扩大服务范围。例如，为客户设市场营销咨询部，提供客户所需要的各种咨询服务。

5）广告公司的管理

与其他公司一样，广告公司也需要管理。广告公司的管理业务主要是人事培训业务和财务业务。

人事培训部门按照广告公司人事管理制度的规定，负责公司的人员招聘、培训、任免、考核、奖惩、福利待遇等工作。

财务部门执行国家有关财务工作的规定和公司的财务制度，负责办理公司的财务预算、决算、往来账目及现金管理，对公司的经营活动进行成本核算、财务分析等。

【同步案例8-1】

广告主和广告公司

背景与情境：客户通常定期对自己的广告代理公司进行审评，有时还邀请其他公司进行创意作品的竞赛，但有的广告公司往往因怕失去最后入选的机会而选择不参加。

广告主应该对自己的现任代理公司表现出一定的信任，但现在广告公司正强烈谴责一种令人忧虑的趋势——广告主中途变卦，指定一家最初并没有参赛的公司入围。首先，广告主可以压根儿不在乎一家新广告公司的诚意。其次，广告主没有财务上和法律上的义务为广告公司的提案活动支付费用。据悉，有些广告主同时看好几家广告公司的提案，对各公司的部分内容加以综合和剽窃，对美术和文字内容进行重新设计，却不对广告公司的调查和创意进行补偿。

这些年，广告主比过去更聪明了，他们已控制了付酬主动权，这使得广告公司的传统收益体系开始土崩瓦解。美国一家权威广告顾问公司认为，“广告主与广告公司关系破裂90%都是因为双方关系恶化，如果关系不好，广告再好也无济于事”。现在一些广告公司寻求向法院提起诉讼，要求广告主支付自己遭受的经济损失，而广告主往往选择庭外和解或给予对方一定赔偿的方式解决问题。

资料来源 作者根据相关资料整理.

问题：如何解决广告主和广告公司两者之间出现的令人不愉快的问题呢？

分析提示：广告主和广告公司是广告界中永不可分离的一对利益组合，应该充分重视双方的合作，失去信誉，到头来受到损失的还是自己。

8.1.4 媒体广告组织

1）媒体广告组织的任务

（1）发布广告。

四大媒体是实施广告的工具和技术手段，所以它们的主要任务是发布广告。广告的来源主要有两方面：一是来自各广告代理公司的推荐；二是直接受理广告客户的广告。媒体广告部门与本地或外地的广告公司签订合约，出售一定的广告版面或广告时段，以便各广告公司进行有计划的安排。

（2）设计制作广告。

四大媒体广告组织接受广告任务时，有的广告作品已设计制作好了，只需负责安排版面或时间；但有的广告客户只提供广告资料和制作要求，要由广告部门设计制作，如报纸或杂志广告的文稿撰写、美术设计，电台、电视广告的脚本撰写，模特的安排、录音与拍摄、剪辑等。

（3）收集广告反应。

媒体广告部门发布广告后，往往会收到许多视听者的来函，其提出询问或投诉，媒体广告部门应定期整理，向广告客户反映，加强与广告客户或广告代理公司之间的联系，及时了解广告反馈，稳定广告客户的信心，这是争取广告客户的重要手段。

2）媒体广告组织的机构

媒体广告组织因其广告业务规模不同，有的在设置上比较精简，有的则比较注重分工。

目前，我国的大部分媒体广告组织由于广告业务量不大，人员较少，故在机构设置上相对简单。如报社、电台、电视台一般会设立广告科（或部、组），科内设立业务人员、编辑人员、美术人员、财会人员等。业务人员承担招揽承接广告、签订合同、搜集资料的工作，有的还兼广告策划和文稿撰写。业务人员负责外勤联络，有的按地区分工，如城市或农村；有的按行业分工，如工业、商业、农业等，其工作程序都比较简单，一般是接洽、签订合同、设计制作、安排发布等。

8.1.5　广告支持机构

1）市场调查公司

市场调查是系统搜集、记录市场营销的相关资料，通过科学分析研究，提出解决问题的建议，以提高企业经营管理效果的活动。所以，市场调查是广告决策活动过程中的一个重要因素，广告主、广告代理公司以及媒体等广告主体机构一般设市场调查部门，从内部承担市场调查的工作。也有与广告业相关的独立承担市场调查工作的市场调查公司。市场调查公司的调查内容以及服务的范围是非常广泛的，如产品市场占有率调查、消费者购买动机以及生活方式的调查、媒体的收视率或者阅读率调查、广告效果的调查等。

2）广告设计、制作公司

广告设计、制作公司是专门从事电视、霓虹灯、灯箱、路牌、印刷品、礼品等广告设计、制作的公司。

除了专门从事广告设计、制作以外，还有兼营广告设计、制作的公司。这些公司利用本企业自有的人员、技术、设备等从事广告设计、制作、经营服务。

3）专业创意公司

随着广告制作需求猛增，广告创意越来越重要。在这种背景下，出现了所谓专业创意公司。实际上，专业创意公司是部分服务型广告代理公司，专门从事广告创意以及制作业务。专业创意公司里的创意总监、艺术总监、广告文案人员共同作业，他们为客户共同开发广告主体，共同制作与其他广告不同的广告内容。

4）媒体购买服务公司

随着媒体购买服务业务的增加，出现了专门从事媒体购买服务业务的公司，即媒体购买服务公司。这些公司通过媒体的播放时间或者刊出版面的买卖来向客户提供服务。

8.2　广告与社会的关系

广告与社会存在着相互联系、相互依赖、相互影响、相互制约的密切关系，这种关系突出地表现在广告的功能、广告的作用（包括广告对企业的作用、对社会公众的作用、对新闻传媒的作用、对社会整体的作用等）等方面。

8.2.1　广告的功能

1）从传播学的角度定义广告的功能

（1）对受众的功能。

① 信息传播的功能。广告是一种信息传播方式。从狭义的角度来看，广告主要是商业信息的传播；但从广义的角度来看，广告是以商业为主导的产品、观念、服务的传播形式。

② 引导消费的功能。广告具有劝服和诱导的功能，能不断刺激消费者的需求。当然，广告信息一方面要体现广告主的愿望，另一方面也不能忽视受众的兴趣，否则这种引导只会与广告的目的背道而驰，事倍功半。

③ 引领时尚的功能。广告可以传播观念，如何把一个新的观念、概念通过广告的形式通俗易懂地传播给大众，广告倡导什么、引领什么潮流，都会对大众产生较大的影响。

（2）对广告主企业的功能。

① 提高企业知名度的功能。广告借助各种媒体到达受众，有助于企业在较短的时间内迅速提高知名度，在产品开拓期，广告在这方面的功能尤为突出。媒体的影响力越大，广告在企业知名度提高方面的功能就越强。

② 销售产品的功能。产品在维持期时，广告的发布可以让产品的销售量提升。

③ 塑造企业文化的功能。企业通过大众媒体或其他媒体对自身企业文化、经营理念、企业风格等方面的传播，有利于塑造优秀的企业文化，加强公众对企业的了解。

④ 提升企业形象的功能。企业运用广告和公关可进一步提升企业的形象，深化消费者对企业标识、理念和行为等方面的认识。

（3）对媒体的功能。

媒体的生存和发展离不开广告收入，因此，媒体与广告主的关系是相互依存、相互联系的。一方面，媒体通过不断扩大自身影响力来吸引广告主，促使其加大在广告方面的投入；另一方面，广告主的投入巩固了自身的市场地位，为自身的发展创造了有利条件。

2）从实际运作的角度定义广告的功能

（1）市场功能。

① 促进销售的功能。广告可以提高产品的流通速度，从而促进销售。广告还可以拓宽销售渠道、提高市场份额。

② 激励竞争的功能。产品与产品之间必然存在竞争。通过竞争可以培育市场、扩大市场。同类产品的广告也同样存在竞争，企业不得不通过对广告的投入参与竞争，这样就培育了有秩序的竞争环境，有利于促进社会主义市场经济的健康发展。

（2）社会功能。

① 生活方式的引导功能。广告可以引导生活方式，主要表现在广告可以倡导和推动新的生活理念，引领时代潮流。

② 广告的社会化功能。广告是社会生活的一部分，特别是在市场经济迅速发展的今天，广告对社会的影响（包括正面的和负面的）表现得更为突出。在我国，广告是社会主义精神文明建设的一部分。一方面，从广告内容上看，广告所表现的行为准则、道德标准会影响人们在社会中的角色；另一方面，从广告诉求上看，广告倡导什么和不倡导什么会影响人们的消费观、价值观的形成和改变。

（3）文化功能。

① 大众文化引导功能。广告是借助大众媒体对大众传播的活动，因此，广告所传播的观念（如价值观念、人生理念、道德观念、民族心理、生活习俗、宗教观念、审美情趣、消费观念）和消费者行为（如生活方式、消费方式、购买行为）以及其他社会行为不可避免地会对大众文化产生或好或坏的影响。

② 时尚文化引导功能。时尚是指社会上广为流行的或为人们一时崇尚和模仿的有关事物的规格和样式。广告传播倡导新观念，制造时尚，并引导时代潮流。

③ 民族文化引导功能。广告是针对特定对象的传播，针对特定的民族消费群提出的诉求，民族心理，民族精神，民族的道德规范、生活习俗、宗教信仰、审美情趣等在广告创意和表现策略上都有所运用，因此广告具有民族文化引导功能。

④ 跨文化传播功能。广告充当着跨文化的传播使者，扮演着联系和融合文化差异的角色。广告作为一种载体，使不同广告文化寻求共享性。

8.2.2 广告的主要作用

广告功能发挥的结果表现为广告的作用。广告是在特定的社会环境中，借助大众传媒，在企业与消费者之间进行的公开的、大规模的营销传播，因此，对企业、社会公众、新闻传媒、社会本身，都有重要的影响，这种影响既有正面的，也有负面的。

1）广告对企业的作用

（1）广告作为企业及其产品的“名片”，可以使社会公众特别是目标消费者对其迅速了解，让产品进入消费者选购“清单”。

（2）通过高明的策划和创意表现，广告可以直接刺激消费者的心理，使其产生不拥有某种产品便无法达到内心平衡、影响自我发展和自我实现等感受，诱发消费欲望，催生购买需求，促进产品销售，引导和拉动消费。

（3）广告通过对企业及其产品特性的准确表现以及持续不断的发布，可以塑造、培育和维护一个独具个性的、深受消费者信赖的品牌形象。这不仅可以使企业拥有巨大的无形资产，而且对于产品的销售、企业的整体发展和长远利益，也会产生广泛而持久的积极作用。

（4）广告的“广而告之”特性，使其能够接触到广大的消费者，让产品的大量销售成为可能。这不仅可以为企业带来巨额的销售利润，推动企业的规模升级，还能够使单位产品的销售成本降低，在激烈的市场竞争中突出优势。

企业进行广告宣传同样也需付出代价：加大了企业经营成本；带来了社会压力；产品更新换代的加快，一定程度上会造成企业某些资源的浪费；加大了市场竞争的激烈程度，使产品单位利润降低；企业对广告的促销作用如果过度依赖，一旦操作失误将面临灭顶之灾。

【小资料8-2】

广告投入和销售量

一般来说，在合理的范围内，企业投入的广告资金越多，销售量就应越大，直到达到临界点。然而，临界点到底在哪里呢？就连最精明的广告公司也不得不承认，制作广告难免要花些冤枉钱。

经营者应该了解每增加1元的广告经费可以增加多少销售量，以及什么时候这种效果会消失。不必用固定的数字来表明潜在的需求，只要一张图表或一个方程式就可以说明销售量与广告费支出之间的关系。

在图8-14中，曲线大部分向右呈上升状态（正弧线），这意味着增加的广告费支出会继续带来销售增量，直到广告信息达到饱和。此时，人们开始对广告信息无动于衷，广告费支出不再带来新的销售增量。

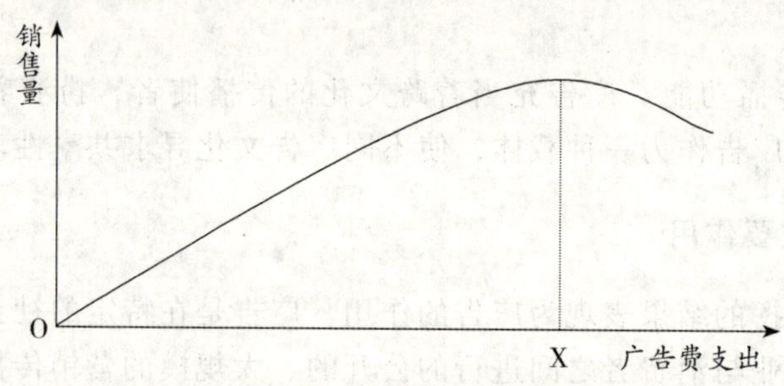

图8-14　广告费支出与销售量的关系

在企业提供的广告费支出未达到饱和状态时，尚能维持销售量增长，但随着广告费支出越来越大，曲线也会越变越平，直至出现饱和。曲线开始变平的点，就是广告回报开始消失的那个点。在整个广告预算都很少的时候，每增加1元的广告费就有可能增加10倍的销售量，但当市场接近饱和的时候，每增加1元的广告投入可能只增加0.3元的销售额。

2）广告对社会公众的作用

（1）广告是社会公众获知消费情报的主渠道，可使其以极低的成本了解市场、跟踪时尚，并指导消费、方便生活。

（2）广告的发布使新闻传媒的信息通道实现了巨大的价值增值，从而使社会公众能够以极低的价格或者完全免费获得新闻传媒优质的、增量的传媒服务。

（3）社会公众可以通过发布广告去表达自己的愿望、理想，实现自己的特定目标（获得更好的工作岗位，让亲朋好友分享自己的喜悦等）。

广告的副作用表现为：戏剧化的或“一面说理”的表现方式，往往使人们对广告的真实性产生疑问；新闻传媒过多的广告发布，不仅干扰了人们正常的信息接收和解读，也浪费了受众的宝贵时间；户外广告有时会影响到交通安全，对人们的生命、财产造成威胁；广告的诱惑性还可以使人们长期处于消费的饥渴状态，以至于购买没有什么实际价值的产品等。

3）广告对新闻传媒的作用

广告为新闻传媒带来的最大的好处是其迅速快捷传播的信息具有巨大的商业

价值，更多的受众能够便捷地、低成本地接收传播信息，从而扩大其传播的范围、传播的内容和传播的对象，获取巨大的传播价值。同时，广告进入新闻传媒的信息场，丰富了其信息结构，增强了其实用价值，使传媒与受众之间的关系更加密切。

其存在的问题表现为：一是没有广告不行，广告又不能太多，无法确定安排多少广告合适。二是为了获取更多的广告，新闻传媒往往讨好最大的广告主或广告代理机构，这样新闻传媒孜孜以求的公正性就会受到挑战，最终牺牲的大多是受众和社会的利益或传媒的良心，但这又恰恰是传媒存在的理由。三是巨额的广告收入使新闻传媒有了以极低的价格进行销售的可能性，但大量广告造成的信息过剩、信息垃圾，不仅浪费了新闻资源，强占了受众的时间，而且使其社会形象受到贬损。

4）广告对社会整体的作用

广告对社会整体的正面作用主要有：

（1）作为市场信息流的主要部分，加快和扩大了企业、流通部门的信息流、物流的交换速度，推动了社会经济的发展。

（2）作为自主性较强的传播方式，使大量不能自由利用新闻传媒的社会公众有了实现传播权的可能，这对于社会沟通、社会的民主化进程，都有积极的作用。

广告对社会整体的负面作用主要有：

（1）广告对新产品不遗余力的宣传，不仅加快了产品更新换代的速度，也缩短了产品的淘汰时间，一定程度上造成了社会财富的浪费。

（2）广告对外来产品和生活方式的极力推介，对传统文化和主流文化都有某种程度的冲击和消解，使社会整合的难度增加了。

（3）广告对流行时尚的过分渲染和追捧，对青少年的身心发展、文化传承和行为方式也有消极影响等。

总体而言，广告对社会整体的正面作用是主要的，负面作用是次要的，否则广告业便没有存在的必要了。

8.2.3 广告与儿童

广告对儿童主要有三方面的影响：

1）引起儿童的直接购买行为

儿童的直接购买行为不一定是立即发生的，这也是一些针对大人的商品的广告对儿童也会产生影响的原因之一。我们可以把广告引起的儿童的直接购买行为分为两种：第一种是同年龄阶段发生的。由于生活水平的提高，现在父母大多愿意定期给孩子一些零花钱。在我国，儿童在春节期间都可以拿到为数不少的“压岁钱”，“压岁钱”问题甚至还引起了社会的争论。具备了“财政来源”，这就构成了儿童购买行为的基础。现在，在一些超级市场、小商铺中，我们不难看到那些小小的购物者的身影，他们的购买行为往往与广告有着很大的关系。早在

1954年，美国克罗格基金会就在一项调查中发现，儿童在超级市场中购物时，往往只选择那些在电视上做广告的品牌，在购买零食和饮料时更是如此。通常，儿童在选择他们所处的年龄阶段的一些生活用品的时候，都会有意选择在电视上做过广告的品牌。有时候，这种对品牌的认知甚至比大人还要强烈。第二种是不同年龄阶段发生的。儿童在看完广告后的直接购买行为也有可能是在不同年龄阶段乃至成年后才发生的。儿童的记忆能力是很强的，在看完广告后，广告所给出的信息就有可能形成一种态度以及倾向，留在儿童的记忆里，对儿童将来的某些购买行为产生影响。因此，某些主要针对大人的商品的广告，也会影响到儿童。现代的厂商除了重视现有的市场外，也必须考虑到将来的市场培育。如果能考虑到儿童的偏好，厂商就能获得长期收益。当然，儿童要知道将来自己有可能使用的商品才有可能对其广告感兴趣。例如，儿童一般对化妆品广告很感兴趣，而对香烟广告则兴趣不大。

2）引起儿童的请求购买行为

除了直接购买行为外，广告还能引起儿童的请求购买行为。儿童的购买能力毕竟有限，但儿童可以影响他们的家人（包括父母和长辈）的购买行为。而且不难推测，儿童请求购买的金额越低，越有可能被家人所接受。这种请求购买行为所涉及的商品可以是儿童自身使用的，如玩具、食品、衣服，也可以是家人或家庭所使用的，如家用电器等。儿童向父母提出的购物要求的多少与儿童看电视的时间有关。在1977年的一份报告中，在圣诞节期间看电视时间多的美国儿童提出的购买玩具和零食的要求明显高于看电视少的儿童，而圣诞节期间正是玩具与食品广告最多的时间。不过，随着年龄增长，儿童的请求购物行为会逐渐减少，这既是因为儿童长大了、“懂事”了，也是因为其直接购买的能力会增强（一般而言，父母会随着孩子长大而给予更多的零用钱），请求购买的范围有所减少。儿童的请求购买行为受广告影响最明显的时候是在幼儿园阶段，在小学阶段之后，这种影响就会随着年龄的增加而减少。

3）引起儿童的反社会行为

广告引起了儿童的购买欲望，进而由此引发了一些反社会行为。我们有时也会在商店里看到这样一种情形：小孩吵着要购买某种商品，而父母却不愿意，结果小孩就在那里又哭又吵，甚至一屁股坐在地上不起来。难堪的父母要么又打又骂把小孩拖走，要么就只好同意购买，以换回“小皇帝”的欢笑。广告能够引起儿童较强的购买欲望，一旦这种欲望得不到满足，儿童就会产生挫折感，愤怒、失望、冲突都会马上发生，令父母难堪。研究表明，父母拒绝孩子的购物要求，从而引发孩子与父母之间的冲突和争论的概率是65%。另外，模仿广告中的人物行为也是儿童所热衷的，而广告为了销售的需要，会在有意无意之间，以在日常生活中不可能发生的情节来吸引观众，儿童对此模仿就会产生一些不好的社会后果。

儿童的心理与大人显然是不同的，要做一个出色的针对儿童的广告，不能不对儿童的心理有所认识。除此之外，往往儿童商品的购买者又不一定是儿童本身，而是其已成年的家人，因此，在做儿童广告时，厂商既要从儿童的心理出发，还要具备一定的社会责任感。儿童广告的对象是未成年人，他们的世界观和认知能力都在形成之中，厂商不能只图盈利，而不顾广告可能对儿童产生的不良影响。

【小资料 8-3】

儿童心理广告

儿童阶段是一个人的认知结构开始形成的阶段。随着年龄的增长，儿童对广告的认识会发生很大的变化。从儿童对广告的注意程度来看，变化尤其明显。我们往往看到，比较大的孩子在广告出现时，就会停止看屏幕，转而开始吃零食、活动身体、聊天或上厕所。国外的一项观察发现，儿童年龄越大，对广告的注意力就越低。2～7岁的孩子在广告播放时，其注意力转移百分比是20%；8～10岁的孩子则是30%；11～12岁的孩子是40%。也就是说，幼儿园的小孩看电视时，还比较注意看广告，小学生可能就不大爱看广告了。

儿童对广告销售意图的理解，也同样随着年龄的增大而加深。幼儿园的儿童仅仅认为广告是告诉人们怎么买东西，或者认为广告是为了好玩；一部分较小的儿童根本就无法理解广告与节目内容的区别，会以为广告也是节目的一部分。所以，幼儿园的小孩最热衷于学习广告中出现的歌舞。小学低年级的学生就已经知道广告是想吸引别人买东西，并初步理解厂家做广告是为了“卖更多的东西，得到更多的钱”。小学高年级的学生对广告意图的理解已与大人没有什么两样，他们已经知道广告是为了吸引消费者购买，从而提高厂家的利润，广告是为厂家“赚更多的钱”的工具。

儿童越是理解广告销售意图，对广告的信任程度就会越低。在国外的另一项研究中，研究者询问儿童是否认为广告总是说真话。结果发现，5～7岁的儿童有35%左右的人认为广告总是说真话；8～10岁的儿童有15%左右的人同意这种看法；10～12岁的儿童则仅有5%左右的人认同。与幼儿园相比，在小学阶段，儿童经过老师的教导能够有效地提高思考能力，对儿童广告有更清楚的认识，从而对广告的信任程度明显下降。

资料来源　邢艳玲．电视广告与儿童心理［J］．绥化师专学报，2002：22（3）．

8.2.4　广告与女性消费者

1）女性消费者

女性往往能给她所经过的环境刷上一笔浓重的性别色彩，特别是生活商品的消费环境更是难以摆脱女性的影响力。放眼周围，不管是商场摆设的琳琅满目的商品，还是各个媒体集中报道的信息，体现在商业操作中的女性意识无处不在。所以，女性就成为商业操作过程中被关注的焦点。

随着社会与经济的发展，女性的社会地位和职业化程度不断提高，女性消费者展现出独特的消费行为特点。

我国城市女性消费者有以下消费行为特点：

（1）影响女性消费者选择消费或接受服务的外部因素，以亲朋好友的口碑和推荐为主。调查表明，女性消费者购买商品或服务时，营业员或导购员的推销作用最小，只能影响5.7%的女性消费者；广告的促销作用居中，影响18.4%的女性消费者；相对而言，家人和亲朋好友的口碑和推介最为有效，31.1%的女性消费者在购买商品或服务时受到亲朋好友的强烈影响。

（2）绝大多数女性消费者的消费计划不强，易受诱惑而发生随机性消费行为。调查表明，我国近3/4的女性属于花钱粗放型的消费者，其中13.7%的消费者属于“花钱很不仔细”的消费者，57.1%的女性消费者属于“花钱不太仔细”的消费者。这个调查结果表明，大部分女性消费者购买产品的时候会受情感的驱使。

（3）女性消费者重视商品的品牌和外形款式，这是女性消费者的一种消费倾向。调查结果显示：26.6%的女性消费者“几乎总是愿意多花点钱买自己喜欢的那种商品”，54.3%的女性消费者表示“大多数情况下愿意多花点钱买自己喜欢的那种商品”。

（4）张扬个性或含蓄型炫耀构成了我国城市女性消费者的基本消费动机。调查表明，大多数女性消费者的第一消费动机是个性化的追求。73.1%的女性表示自己在买东西时每次都会（25.5%）或经常会（47.9%）考虑“所购买的东西是否可以显示出自己与众不同的品位”；54.8%的女性表示自己在买东西时每次都会（12.3%）或经常会（42.5%）考虑“所买的东西是否让人看了会被称赞或羡慕”。

2）广告与女性消费者

传统社会中的女性往往是家庭主妇形象，而今天，女性作为消费者的地位也在各个方面发生了变化，女性已经不再是他人购买商品的代理人。另外，随着女性的社会职业化程度的提高，女性的消费也逐步个性化了。与这样的社会方式相适应，以女性为主体的广告逐步增多。美国某一广告制作人指出：在未来，除了卫生用品、化妆品等几种特殊商品外，性别的概念将不复存在。因此，未来的广告更需要树立女性的新形象。

但是，以现代的开放形象代替传统女性的形象可能会引发许多问题。由于20岁至60岁各年龄段的女性形象是多样的，因此表现女性形象的广告应该分不同的年龄段才更有效。另外，女性形象到底迎合哪些商品、哪些品牌、哪些消费者，这些都要具体分析。因此，在广告中选择男女哪一方、选择哪种形象等问题是广告主较棘手的问题。在广告中选择女性形象时，塑造传统女性的形象还是现代女性的形象取决于目标市场的特点、广告目标等因素的影响。但是有一点必须肯定，在广告里把女性表现为被动的、男权框架之下的形象，就是一种逆时代的错误表现。一个女性被贬抑的世界不是一个完美的世界，无论其物质文明多么发达，它在精神层面都存在着重大缺陷。社会中的两性不平等发展，无论对于女性、男性，还是他（她）们所处的世界，都不能说是完全健康的。女性的发展程度是文明世界的重要标尺，也是重要推动力。媒介广告作为强有力的手段，在彰显女性独立的人格与尊严、创造能力方面担负着重要责任。

【小思考8-2】

问题：怎样正确认识和发挥广告的作用？

理解要点：广告对社会既有积极的正面作用，也有消极的负面影响，因此，我们应采取相应的措施充分发挥广告的积极作用，限制它的消极作用。

8.3 广告管理

广告管理属于经济管理的范畴，是国家市场监督管理机关会同广告行业协会和社会监督组织，依照一定的广告管理法律、法规和有关政策规定，对广告行业和广告活动实施的指导、监督、控制和查处行为，以达到保护合法经营、取缔非法经营、查处违法广告、维护广告行业正常运行的目的，使我国广告行业朝着健康、有序的方向发展。国家立法与行政管理、广告行业自律和社会监督管理是我国广告管理的三个最基本的途径。

8.3.1 我国广告管理的法律法规与管理机构

1）国家对广告的管理

（1）制定和颁布广告法律法规。

政府对广告实施管理，首先要根据广告活动的特点和社会公共利益的要求，制定和颁布广告法规，使广告活动有法可依、有规可循，这是广告管理的首要任务。

根据广告业发展的需要，国务院于1982年颁布了我国第一部全国性广告法规——《广告管理暂行条例》。根据广告业发展的需要，国务院于1987年发布了《广告管理条例》，使广告管理法规建设又前进了一步。进入20世纪90年代，我国经济建设又进入了一个新的快速发展时期，广告业更是发展迅速，需要将广告法规的地位提高，并且将有关内容更进一步完善，在这种发展形势下，全国人大常委会于1994年10月27日审议通过了《广告法》，从1995年2月1日起正式施行。

2022年，国家出台《“十四五”广告产业发展规划》等一系列促进新时代广告业高质量发展的指导意见。这一系列顶层设计的出台将为行业发展带来更多的政策红利，为广告业市场主体，特别是小微企业健康发展营造良好的政策环境。文娱领域综合治理行动将继续，明星代言、网络直播活动将得到依法规范；“双减”政策将助力清理整治校外培训广告：变相发布校外培训广告以及夸大培训效果、误导公众教育观念等虚假违法广告行为将受到严厉打击；医疗、药品、保健食品等重点领域的广告乱象将得到整治，广告市场环境将得到进一步净化，充分发挥互联网营销的创新优势，共同维护良好的市场生态系统，营造公平竞争的市场环境。

（2）明确广告管理机构。

广告管理属于市场监督管理的范畴，1982年颁布的《广告管理暂行条例》就从法律上规定由各级市场监督管理部门代表政府对广告进行管理；1995年开始实施的《广告法》第一章第六条规定：县级以上人民政府工商行政管理部门是广告监督管理机关，为广告管理机关确定了法律地位。2015年修订后的《广告法》在第六条更加明确地规定：国务院市场监督管理部门主管全国的广告监督管理工作，国务院有关部门在各自的职责范围内负责广告管理相关工作。县级以上地方市场监督管理部门主管本行政区域的广告监督管理工作，县级以上地方人民政府有关部门在各自的职责范围内负责广告管理相关工作。

（3）对违法广告行为进行查处。

广告管理机关的任务虽然有多个方面，但是最重要的是要对违法广告行为进行查处，以维护广告业的正常秩序，使广告业健康发展，所以广告管理机关要根据广告法规赋予的权力，监督社会的广告活动，对出现的违法广告行为按照广告法规和其他相关法规的规定予以处理。只有不断对违法广告行为进行查处才能净化广告业环境。

查处违法广告行为是保护消费者和社会公众利益的重要手段，也是预防违法广告行为发生、保护合法广告行为的重要措施，尤其要把查处虚假广告和违法广告作为重点。

（4）强调广告行业自律。

修订后的《广告法》在第七条规定：广告行业组织依照法律、法规和章程的规定，制定行业规范，加强行业自律，促进行业发展，引导会员依法从事广告活动，推动广告行业诚信建设。

2）广告法律法规

广告法律法规是国家及广告管理机关行使监督职能，对广告宣传、广告经营、广告发布等涉及广告的活动和行为实施管理而发布的。广告法律法规规定所有从事广告活动的当事人哪些行为是合法的、哪些行为是许可的、哪些行为是禁止的，其既是广告管理机关依法管理、依法办事的依据，也是广告主、广告经营者和广告发布者从事合法广告活动的法律保障。

（1）广告法律法规的构成。

广告法律法规不是单指某个具体的法律，而是所有有关的约束广告行为的法律规范的集合，它包括以下几个方面：

第一，宪法。它是国家的根本大法，具有最高的法律地位，公民、组织和政府的一切行为都必须符合宪法的要求，广告行为和广告管理也不例外。

第二，法律。它是国家最高权力机关根据立法程序制定和颁布的规范性文件。在我国专指全国人民代表大会以及全国人大常委会制定和颁布的规范性文件。法律是仅次于宪法的规范性文件，如《广告法》就是专门规范广告行为的法律。此外，与广告管理相关的法律有《中华人民共和国民法总则》《中华人民共和国消费者权益保护法》《中华人民共和国产品质量法》《中华人民共和国食品安全法》《中华人民共和国反不正当竞争法》《中华人民共和国烟草专卖法》《中华人民共和国未成年人保护法》《中华人民共和国环境保护法》等。

第三，行政法规。它是国家行政管理机关为执行法律和履行职能，在其职权范围内，根据宪法和法律赋予的权限，所制定和颁布的规范性文件。在我国，国务院是制定和颁布行政法规的最高行政机关，有权根据宪法和法律规定行政措施、制定行政法规、颁布决定和命令。1982年的《广告管理暂行条例》和1987年的《广告管理条例》都是由国务院制定和颁布的行政法规。

第四，行政规章。它是指由国家市场监督管理总局会同有关部、委、局联合制定的部门规章。

（2）《广告法》的修订。

修订后的《广告法》新增33条、删除3条、修改37条，真正原文保留一个词没有动的只有8条。

这次修改有这样几个特色：一是充实和细化广告内容准则；二是明确虚假广告的定义和典型形态；三是新增广告代言人的法律义务和责任的规定；四是严控烟草广告发布；五是新增关于未成年人广告管理的规定；六是新增关于互联网广告的规定；七是强化了对大众传播媒介广告发布行为的监管力度；八是增加公益广告，扩大《广告法》调整范围；九是明确和强化市场监管机关及有关部门对广告市场监管的职责职权；十是进一步提高法律责任的震慑力。

修订后的《广告法》规定，对媒体发布虚假广告除罚款以外，还可暂停广告业务的发布，严重的还可吊销发布广告的资格。由于绝大部分媒体是靠广告生存的，吊销其广告执照就使其难以生存，可见惩罚力度之大。对明星代言违法广告，不仅会成为新闻热点，还会停止其三年的代言广告资格，这对明星本人也是很大的代价。

【同步链接8-1】

依法治国全覆盖——规范广告经营行为，保护消费者合法权益

党的二十大报告将“坚持全面依法治国，推进法治中国建设”作为单独一部分加以强调，充分体现了党中央对全面依法治国的高度重视。在全面依法治国总体格局基本形成的基础上，二十大报告又对全面依法治国作出了新部署，提出了完善以宪法为核心的中国特色社会主义法律体系，加强重点领域、新兴领域、涉外领域立法、加快建设法治社会，努力使尊法学法守法用法在全社会蔚然成风等内容。在建设中国式现代化的进程中，《广告法》的颁布对规范广告活动，促进广告业的健康发展，保护消费者的合法权益，维护社会经济秩序，发挥广告在社会主义市场经济中的积极作用，都有着重要意义和作用。

资料来源 坚持全面依法治国［EB/OL］.［2022-10-17］. https：//www.12371.cn/2022/10/17/ARTI1665991122213530.shtml. 引文经删节。

8.3.2 修订后的《广告法》内容

修订后的《广告法》共分六章七十五条，分别从总则、广告内容准则、广告行为规范、监督管理、法律责任、附则六个方面进行了规定。

1）总则

总则部分阐述了制定《广告法》的目的、界定范围以及广告主、广告经营者、广告发布者、广告代言人等基本概念，把真实、合法、健康、诚实信用、公平竞争、不得欺骗和误导消费者等作为所有从事广告活动主体的根本原则，并规定国务院市场监督管理部门主管全国的广告监督管理工作，国务院有关部门在各自的职责范围内负责广告管理相关工作。县级以上地方市场监督管理部门主管本行政区域的广告监督管理工作，县级以上地方人民政府有关部门在各自的职责范围内负责广告管理相关工作。同时，强调广告行业组织应该依照法律、法规和章程的规定，制定行业规范、加强行业自律、促进行业发展，引导会员依法从事广告活动，推动广告行业诚信建设。

具体内容包括：

(1）广告主的界定。

《广告法》第二条规定：本法所称广告主，是指为推销商品或者服务，自行或者委托他人设计、制作、发布广告的自然人、法人或者其他组织。

(2）广告经营者的界定。

《广告法》第二条规定：本法所称广告经营者，是指接受委托提供广告设计、制作、代理服务的自然人、法人或者其他组织。

(3）广告发布者的界定。

《广告法》第二条规定：本法所称广告发布者，是指为广告主或者广告主委托的广告经营者发布广告的自然人、法人或者其他组织。

2）广告内容准则

广告内容准则部分对广告内容和广告表现形式进行了详细规定，对药品、医疗器械、农药、烟草、酒类、食品、化妆品等特殊广告的发布进行了必要的限制，并明确何为虚假广告。

《广告法》第八条规定：广告中对商品的性能、功能、产地、用途、质量、成分、价格、生产者、有效期限、允诺等或者对服务的内容、提供者、形式、质量、价格、允诺等有表示的，应当准确、清楚、明白。

广告中表明推销的商品或者服务附带赠送的，应当明示所附带赠送商品或者服务的品种、规格、数量、期限和方式。

法律、行政法规规定广告中应当明示的内容，应当显著、清晰表示。

《广告法》第九条规定：广告不得有下列情形：

（一）使用或者变相使用中华人民共和国的国旗、国歌、国徽，军旗、军歌、军徽；

（二）使用或者变相使用国家机关、国家机关工作人员的名义或者形象；

（三）使用“国家级”“最高级”“最佳”等用语；

（四）损害国家的尊严或者利益，泄露国家秘密；

（五）妨碍社会安定，损害社会公共利益；

（六）危害人身、财产安全，泄露个人隐私；

（七）妨碍社会公共秩序或者违背社会良好风尚；

（八）含有淫秽、色情、赌博、迷信、恐怖、暴力的内容；

（九）含有民族、种族、宗教、性别歧视的内容；

（十）妨碍环境、自然资源或者文化遗产保护；

（十一）法律、行政法规规定禁止的其他情形。

《广告法》第十条规定：广告不得损害未成年人和残疾人的身心健康。

《广告法》第十一条规定：广告内容涉及的事项需要取得行政许可的，应当与许可的内容相符合。

广告使用数据、统计资料、调查结果、文摘、引用语等引证内容的，应当真实、准确，并表明出处。引证内容有适用范围和有效期限的，应当明确表示。

《广告法》第十二条规定：广告中涉及专利产品或者专利方法的，应当标明专利号和专利种类。

未取得专利权的，不得在广告中谎称取得专利权。

禁止使用未授予专利权的专利申请和已经终止、撤销、无效的专利作广告。

《广告法》第十三条规定：广告不得贬低其他生产经营者的商品或者服务。

《广告法》第十四条规定：广告应当具有可识别性，能够使消费者辨明其为广告。

大众传播媒介不得以新闻报道形式变相发布广告。通过大众传播媒介发布的广告应当显著标明“广告”，与其他非广告信息相区别，不得使消费者产生误解。

广播电台、电视台发布广告，应当遵守国务院有关部门关于时长、方式的规定，并应当对广告时长作出明显提示。

《广告法》第十五条规定：麻醉药品、精神药品、医疗用毒性药品、放射性药品等特殊药品，药品类易制毒化学品，以及戒毒治疗的药品、医疗器械和治疗方法，不得作广告。

前款规定以外的处方药，只能在国务院卫生行政部门和国务院药品监督管理部门共同指定的医学、药学专业刊物上作广告。

《广告法》第十六条规定：医疗、药品、医疗器械广告不得含有下列内容：

（一）表示功效、安全性的断言或者保证；

（二）说明治愈率或者有效率；

（三）与其他药品、医疗器械的功效和安全性或者其他医疗机构比较；

（四）利用广告代言人作推荐、证明；

（五）法律、行政法规规定禁止的其他内容。

药品广告的内容不得与国务院药品监督管理部门批准的说明书不一致，并应当显著标明禁忌、不良反应。处方药广告应当显著标明“本广告仅供医学药学专业人士阅读”，非处方药广告应当显著标明“请按药品说明书或者在药师指导下购买和使用”。

推荐给个人自用的医疗器械的广告，应当显著标明“请仔细阅读产品说明书或者在医务人员的指导下购买和使用”。医疗器械产品注册证明文件中有禁忌内容、注意事项的，广告中应当显著标明“禁忌内容或者注意事项详见说明书”。

《广告法》第十七条规定：除医疗、药品、医疗器械广告外，禁止其他任何广告涉及疾病治疗功能，并不得使用医疗用语或者易使推销的商品与药品、医疗器械相混淆的用语。

《广告法》第十八条规定：保健食品广告不得含有下列内容：

（一）表示功效、安全性的断言或者保证；

（二）涉及疾病预防、治疗功能；

（三）声称或者暗示广告商品为保障健康所必需；

（四）与药品、其他保健食品进行比较；

（五）利用广告代言人作推荐、证明；

（六）法律、行政法规规定禁止的其他内容。

保健食品广告应当显著标明“本品不能代替药物”。

《广告法》第十九条规定：广播电台、电视台、报刊音像出版单位、互联网信息服务提供者不得以介绍健康、养生知识等形式变相发布医疗、药品、医疗器械、保健食品广告。

《广告法》第二十条规定：禁止在大众传播媒介或者公共场所发布声称全部或者部分替代母乳的婴儿乳制品、饮料和其他食品广告。

《广告法》第二十一条规定：农药、兽药、饲料和饲料添加剂广告不得含有下列内容：

（一）表示功效、安全性的断言或者保证；

（二）利用科研单位、学术机构、技术推广机构、行业协会或者专业人士、用户的名义或者形象作推荐、证明；

（三）说明有效率；

（四）违反安全使用规程的文字、语言或者画面；

（五）法律、行政法规规定禁止的其他内容。

《广告法》第二十二条规定：禁止在大众传播媒介或者公共场所、公共交通工具、户外发布烟草广告。禁止向未成年人发送任何形式的烟草广告。

禁止利用其他商品或者服务的广告、公益广告，宣传烟草制品名称、商标、包装、装潢以及类似内容。

烟草制品生产者或者销售者发布的迁址、更名、招聘等启事中，不得含有烟草制品名称、商标、包装、装潢以及类似内容。

《广告法》第二十三条规定：酒类广告不得含有下列内容：

（一）诱导、怂恿饮酒或者宣传无节制饮酒；

（二）出现饮酒的动作；

（三）表现驾驶车、船、飞机等活动；

（四）明示或者暗示饮酒有消除紧张和焦虑、增加体力等功效。

《广告法》第二十四条规定：教育、培训广告不得含有下列内容：

（一）对升学、通过考试、获得学位学历或者合格证书，或者对教育、培训的效果作出明示或者暗示的保证性承诺；

（二）明示或者暗示有相关考试机构或者其工作人员、考试命题人员参与教育、培训；

（三）利用科研单位、学术机构、教育机构、行业协会、专业人士、受益者的名义或者形象作推荐、证明。

《广告法》第二十五条规定：招商等有投资回报预期的商品或者服务广告，应当对可能存在的风险以及风险责任承担有合理提示或者警示，并不得含有下列内容：

（一）对未来效果、收益或者与其相关的情况作出保证性承诺，明示或者暗示保本、无风险或者保收益等，国家另有规定的除外；

（二）利用学术机构、行业协会、专业人士、受益者的名义或者形象作推荐、证明。

《广告法》第二十六条规定：房地产广告，房源信息应当真实，面积应当表明为建筑面积或者套内建筑面积，并不得含有下列内容：

（一）升值或者投资回报的承诺；

（二）以项目到达某一具体参照物的所需时间表示项目位置；

（三）违反国家有关价格管理的规定；

（四）对规划或者建设中的交通、商业、文化教育设施以及其他市政条件作误导宣传。

《广告法》第二十七条规定：农作物种子、林木种子、草种子、种畜禽、水产苗种和种养殖广告关于品种名称、生产性能、生长量或者产量、品质、抗性、特殊使用价值、经济价值、适宜种植或者养殖的范围和条件等方面的表述应当真实、清楚、明白，并不得含有下列内容：

（一）作科学上无法验证的断言；

（二）表示功效的断言或者保证；

（三）对经济效益进行分析、预测或者作保证性承诺；

（四）利用科研单位、学术机构、技术推广机构、行业协会或者专业人士、用户的名义或者形象作推荐、证明。

《广告法》第二十八条：广告以虚假或者引人误解的内容欺骗、误导消费者的，构成虚假广告。

广告有下列情形之一的，为虚假广告：

（一）商品或者服务不存在的；

（二）商品的性能、功能、产地、用途、质量、规格、成分、价格、生产者、有效期限、销售状况、曾获荣誉等信息，或者服务的内容、提供者、形式、质量、价格、销售状况、曾获荣誉等信息，以及与商品或者服务有关的允诺等信息与实际情况不符，对购买行为有实质性影响的；

（三）使用虚构、伪造或者无法验证的科研成果、统计资料、调查结果、文摘、引用语等信息作证明材料的；

（四）虚构使用商品或者接受服务的效果的；

（五）以虚假或者引人误解的内容欺骗、误导消费者的其他情形。

3）广告行为规范

广告行为规范部分对所有从事广告活动的当事人的资格、条件和必须遵守的义务进行了详细规定，并对需要禁止的广告活动进行了界定。

《广告法》第二十九条规定：广播电台、电视台、报刊出版单位从事广告发布业务的，应当设有专门从事广告业务的机构，配备必要的人员，具有与发布广告相适应的场所、设备，并向县级以上地方市场监督管理部门办理广告发布登记。

《广告法》第三十条规定：广告主、广告经营者、广告发布者之间在广告活动中应当依法订立书面合同。

《广告法》第三十一条规定：广告主、广告经营者、广告发布者不得在广告活动中进行任何形式的不正当竞争。

《广告法》第三十二条规定：广告主委托设计、制作、发布广告，应当委托具有合法经营资格的广告经营者、广告发布者。

《广告法》第三十三条规定：广告主或者广告经营者在广告中使用他人名义或者形象的，应当事先取得其书面同意；使用无民事行为能力人、限制民事行为能力人的名义或者形象的，应当事先取得其监护人的书面同意。

《广告法》第三十四条规定：广告经营者、广告发布者应当按照国家有关规定，建立、健全广告业务的承接登记、审核、档案管理制度。

广告经营者、广告发布者依据法律、行政法规查验有关证明文件，核对广告内容。对内容不符或者证明文件不全的广告，广告经营者不得提供设计、制作、代理服务，广告发布者不得发布。

《广告法》第三十五条规定：广告经营者、广告发布者应当公布其收费标准和收费办法。

《广告法》第三十六条规定：广告发布者向广告主、广告经营者提供的覆盖率、收视率、点击率、发行量等资料应当真实。

《广告法》第三十七条规定：法律、行政法规规定禁止生产、销售的产品或者提供的服务，以及禁止发布广告的商品或者服务，任何单位或者个人不得设计、制作、代理、发布广告。

《广告法》第三十八条规定：广告代言人在广告中对商品、服务作推荐、证明，应当依据事实，符合本法和有关法律、行政法规规定，并不得为其未使用过的商品或者未接受过的服务作推荐、证明。

不得利用不满十周岁的未成年人作为广告代言人。

对在虚假广告中作推荐、证明受到行政处罚未满三年的自然人、法人或者其他组织，不得利用其作为广告代言人。

《广告法》第三十九条规定：不得在中小学校、幼儿园内开展广告活动，不得利用中小学生和幼儿的教材、教辅材料、练习册、文具、教具、校服、校车等发布或者变相发布广告，但公益广告除外。

《广告法》第四十条规定：在针对未成年人的大众传播媒介上不得发布医疗、药品、保健食品、医疗器械、化妆品、酒类、美容广告，以及不利于未成年人身心健康的网络游戏广告。

针对不满十四周岁的未成年人的商品或者服务的广告不得含有下列内容：

（一）劝诱其要求家长购买广告商品或者服务；

（二）可能引发其模仿不安全行为。

《广告法》第四十一条规定：县级以上地方人民政府应当组织有关部门加强对利用户外场所、空间、设施等发布户外广告的监督管理，制定户外广告设置规划和安全要求。

户外广告的管理办法，由地方性法规、地方政府规章规定。

《广告法》第四十二条规定：有下列情形之一的，不得设置户外广告：

（一）利用交通安全设施、交通标志的；

（二）影响市政公共设施、交通安全设施、交通标志、消防设施、消防安全标志使用的；

（三）妨碍生产或者人民生活，损害市容市貌的；

（四）在国家机关、文物保护单位、风景名胜区等的建筑控制地带，或者县级以上地方人民政府禁止设置户外广告的区域设置的。

《广告法》第四十三条规定：任何单位或者个人未经当事人同意或者请求，不得向其住宅、交通工具等发送广告，也不得以电子信息方式向其发送广告。

以电子信息方式发送广告的，应当明示发送者的真实身份和联系方式，并向接收者提供拒绝继续接收的方式。

《广告法》第四十四条规定：利用互联网从事广告活动，适用本法的各项规定。

利用互联网发布、发送广告，不得影响用户正常使用网络。在互联网页面以弹出等形式发布的广告，应当显著标明关闭标志，确保一键关闭。

《广告法》第四十五条规定：公共场所的管理者或者电信业务经营者、互联网信息服务提供者对其明知或者应知的利用其场所或者信息传输、发布平台发送、发布违法广告的，应当予以制止。

4）监督管理

广告的监督管理部分对要求发布药品、医疗器械、农药、兽药等特殊广告的审查机关、审查程序等进行了规定。

《广告法》第四十六条规定：发布医疗、药品、医疗器械、农药、兽药和保健食品广告，以及法律、行政法规规定应当进行审查的其他广告，应当在发布前由有关部门（以下称广告审查机关）对广告内容进行审查；未经审查，不得发布。

《广告法》第四十七条规定：广告主申请广告审查，应当依照法律、行政法规向广告审查机关提交有关证明文件。

广告审查机关应当依照法律、行政法规规定作出审查决定，并应当将审查批准文件抄送同级市场监督管理部门。广告审查机关应当及时向社会公布批准的广告。

《广告法》第四十八条规定：任何单位或者个人不得伪造、变造或者转让广告审查批准文件。

《广告法》第四十九条规定：市场监督管理部门履行广告监督管理职责，可以行使下列职权：

（一）对涉嫌从事违法广告活动的场所实施现场检查；

（二）询问涉嫌违法当事人或者其法定代表人、主要负责人和其他有关人员，对有关单位或者个人进行调查；

（三）要求涉嫌违法当事人限期提供有关证明文件；

（四）查阅、复制与涉嫌违法广告有关的合同、票据、账簿、广告作品和其他有关资料；

（五）查封、扣押与涉嫌违法广告直接相关的广告物品、经营工具、设备等财物；

（六）责令暂停发布可能造成严重后果的涉嫌违法广告；

（七）法律、行政法规规定的其他职权。

市场监督管理部门应当建立健全广告监测制度，完善监测措施，及时发现和依法查处违法广告行为。

《广告法》第五十条规定：国务院市场监督管理部门会同国务院有关部门，制定大众传播媒介广告发布行为规范。

《广告法》第五十一条规定：市场监督管理部门依照本法规定行使职权，当事人应当协助、配合，不得拒绝、阻挠。

《广告法》第五十二条规定：市场监督管理部门和有关部门及其工作人员对其在广告监督管理活动中知悉的商业秘密负有保密义务。

《广告法》第五十三条规定：任何单位或者个人有权向市场监督管理部门和有关部门投诉、举报违反本法的行为。市场监督管理部门和有关部门应当向社会公开受理投诉、举报的电话、信箱或者电子邮件地址，接到投诉、举报的部门应当自收到投诉之日起七个工作日内，予以处理并告知投诉、举报人。

市场监督管理部门和有关部门不依法履行职责的，任何单位或者个人有权向其上级机关或者监察机关举报。接到举报的机关应当依法作出处理，并将处理结果及时告知举报人。

有关部门应当为投诉、举报人保密。

《广告法》第五十四条规定：消费者协会和其他消费者组织对违反本法规定，发布虚假广告侵害消费者合法权益，以及其他损害社会公共利益的行为，依法进行社会监督。

5）法律责任

法律责任部分对违法广告行为进行了界定，并对其应承担的法律责任和相应的处罚进行了规定。

《广告法》第五十五条规定：违反本法规定，发布虚假广告的，由市场监督管理部门责令停止发布广告，责令广告主在相应范围内消除影响，处广告费用三倍以上五倍以下的罚款，广告费用无法计算或者明显偏低的，处二十万元以上一百万元以下的罚款；两年内有三次以上违法行为或者有其他严重情节的，处广告费用五倍以上十倍以下的罚款，广告费用无法计算或者明显偏低的，处一百万元以上二百万元以下的罚款，可以吊销营业执照，并由广告审查机关撤销广告审查批准文件、一年内不受理其广告审查申请。

医疗机构有前款规定违法行为，情节严重的，除由市场监督管理部门依照本法处罚外，卫生行政部门可以吊销诊疗科目或者吊销医疗机构执业许可证。

广告经营者、广告发布者明知或者应知广告虚假仍设计、制作、代理、发布的，由市场监督管理部门没收广告费用，并处广告费用三倍以上五倍以下的罚款，广告费用无法计算或者明显偏低的，处二十万元以上一百万元以下的罚款；两年内有三次以上违法行为或者有其他严重情节的，处广告费用五倍以上十倍以下的罚款，广告费用无法计算或者明显偏低的，处一百万元以上二百万元以下的罚款，并可以由有关部门暂停广告发布业务、吊销营业执照、吊销广告发布登记证件。

广告主、广告经营者、广告发布者有本条第一款、第三款规定行为，构成犯罪的，依法追究刑事责任。

《广告法》第五十六条规定：违反本法规定，发布虚假广告，欺骗、误导消费者，使购买商品或者接受服务的消费者的合法权益受到损害的，由广告主依法承担民事责任。广告经营者、广告发布者不能提供广告主的真实名称、地址和有效联系方式的，消费者可以要求广告经营者、广告发布者先行赔偿。

关系消费者生命健康的商品或者服务的虚假广告，造成消费者损害的，其广告经营者、广告发布者、广告代言人应当与广告主承担连带责任。

前款规定以外的商品或者服务的虚假广告，造成消费者损害的，其广告经营者、广告发布者、广告代言人，明知或者应知广告虚假仍设计、制作、代理、发布或者作推荐、证明的，应当与广告主承担连带责任。

《广告法》第五十七条规定：有下列行为之一的，由市场监督管理部门责令停止发布广告，对广告主处二十万元以上一百万元以下的罚款，情节严重的，并可以吊销营业执照，由广告审查机关撤销广告审查批准文件、一年内不受理其广告审查申请；对广告经营者、广告发布者，由市场监督管理部门没收广告费用，处二十万元以上一百万元以下的罚款，情节严重的，并可以吊销营业执照、吊销广告发布登记证件：

（一）发布有本法第九条、第十条规定的禁止情形的广告的；

（二）违反本法第十五条规定发布处方药广告、药品类易制毒化学品广告、戒毒治疗的医疗器械和治疗方法广告的；

（三）违反本法第二十条规定，发布声称全部或者部分替代母乳的婴儿乳制品、饮料和其他食品广告的；

（四）违反本法第二十二条规定发布烟草广告的；

（五）违反本法第三十七条规定，利用广告推销禁止生产、销售的产品或者提供的服务，或者禁止发布广告的商品或者服务的；

（六）违反本法第四十条第一款规定，在针对未成年人的大众传播媒介上发布医疗、药品、保健食品、医疗器械、化妆品、酒类、美容广告，以及不利于未成年人身心健康的网络游戏广告的。

《广告法》第五十八条规定：有下列行为之一的，由市场监督管理部门责令停止发布广告，责令广告主在相应范围内消除影响，处广告费用一倍以上三倍以下的罚款，广告费用无法计算或者明显偏低的，处十万元以上二十万元以下的罚款；情节严重的，处广告费用三倍以上五倍以下的罚款，广告费用无法计算或者明显偏低的，处二十万元以上一百万元以下的罚款，可以吊销营业执照，并由广告审查机关撤销广告审查批准文件、一年内不受理其广告审查申请：

（一）违反本法第十六条规定发布医疗、药品、医疗器械广告的；

（二）违反本法第十七条规定，在广告中涉及疾病治疗功能，以及使用医疗用语或者易使推销的商品与药品、医疗器械相混淆的用语的；

（三）违反本法第十八条规定发布保健食品广告的；

（四）违反本法第二十一条规定发布农药、兽药、饲料和饲料添加剂广告的；

（五）违反本法第二十三条规定发布酒类广告的；

（六）违反本法第二十四条规定发布教育、培训广告的；

（七）违反本法第二十五条规定发布招商等有投资回报预期的商品或者服务广告的；

（八）违反本法第二十六条规定发布房地产广告的；

（九）违反本法第二十七条规定发布农作物种子、林木种子、草种子、种畜禽、水产苗种和种养殖广告的；

（十）违反本法第三十八条第二款规定，利用不满十周岁的未成年人作为广告代言人的；

（十一）违反本法第三十八条第三款规定，利用自然人、法人或者其他组织作为广告代言人的；

（十二）违反本法第三十九条规定，在中小学校、幼儿园内或者利用与中小学生、幼儿有关的物品发布广告的；

（十三）违反本法第四十条第二款规定，发布针对不满十四周岁的未成年人的商品或者服务的广告的；

（十四）违反本法第四十六条规定，未经审查发布广告的。

医疗机构有前款规定违法行为，情节严重的，除由市场监督管理部门依照本法处罚外，卫生行政部门可以吊销诊疗科目或者吊销医疗机构执业许可证。

广告经营者、广告发布者明知或者应知有本条第一款规定违法行为仍设计、制作、代理、发布的，由市场监督管理部门没收广告费用，并处广告费用一倍以上三倍以下的罚款，广告费用无法计算或者明显偏低的，处十万元以上二十万元以下的罚款；情节严重的，处广告费用三倍以上五倍以下的罚款，广告费用无法计算或者明显偏低的，处二十万元以上一百万元以下的罚款，并可以由有关部门暂停广告发布业务、吊销营业执照、吊销广告发布登记证件。

《广告法》第五十九条规定：有下列行为之一的，由市场监督管理部门责令停止发布广告，对广告主处十万元以下的罚款：

（一）广告内容违反本法第八条规定的；

（二）广告引证内容违反本法第十一条规定的；

（三）涉及专利的广告违反本法第十二条规定的；

（四）违反本法第十三条规定，广告贬低其他生产经营者的商品或者服务的。

广告经营者、广告发布者明知或者应知有前款规定违法行为仍设计、制作、代理、发布的，由市场监督管理部门处十万元以下的罚款。

广告违反本法第十四条规定，不具有可识别性的，或者违反本法第十九条规定，变相发布医疗、药品、医疗器械、保健食品广告的，由市场监督管理部门责令改正，对广告发布者处十万元以下的罚款。

《广告法》第六十条规定：违反本法第二十九条规定，广播电台、电视台、报刊出版单位未办理广告发布登记，擅自从事广告发布业务的，由市场监督管理部门责令改正，没收违法所得，违法所得一万元以上的，并处违法所得一倍以上三倍以下的罚款；违法所得不足一万元的，并处五千元以上三万元以下的罚款。

《广告法》第六十一条规定：违反本法第三十四条规定，广告经营者、广告发布者未按照国家有关规定建立、健全广告业务管理制度的，或者未对广告内容进行核对的，由市场监督管理部门责令改正，可以处五万元以下的罚款。

违反本法第三十五条规定，广告经营者、广告发布者未公布其收费标准和收费办法的，由价格主管部门责令改正，可以处五万元以下的罚款。

《广告法》第六十二条规定：广告代言人有下列情形之一的，由市场监督管理部门没收违法所得，并处违法所得一倍以上二倍以下的罚款：

（一）违反本法第十六条第一款第四项规定，在医疗、药品、医疗器械广告中作推荐、证明的；

（二）违反本法第十八条第一款第五项规定，在保健食品广告中作推荐、证明的；

（三）违反本法第三十八条第一款规定，为其未使用过的商品或者未接受过的服务作推荐、证明的；

（四）明知或者应知广告虚假仍在广告中对商品、服务作推荐、证明的。

《广告法》第六十三条规定：违反本法第四十三条规定发送广告的，由有关部门责令停止违法行为，对广告主处五千元以上三万元以下的罚款。

违反本法第四十四条第二款规定，利用互联网发布广告，未显著标明关闭标志，确保一键关闭的，由市场监督管理部门责令改正，对广告主处五千元以上三万元以下的罚款。

《广告法》第六十四条规定：违反本法第四十五条规定，公共场所的管理者和电信业务经营者、互联网信息服务提供者，明知或者应知广告活动违法不予制止的，由市场监督管理部门没收违法所得，违法所得五万元以上的，并处违法所得一倍以上三倍以下的罚款，违法所得不足五万元的，并处一万元以上五万元以下的罚款；情节严重的，由有关部门依法停止相关业务。

《广告法》第六十五条规定：违反本法规定，隐瞒真实情况或者提供虚假材料申请广告审查的，广告审查机关不予受理或者不予批准，予以警告，一年内不受理该申请人的广告审查申请；以欺骗、贿赂等不正当手段取得广告审查批准的，广告审查机关予以撤销，处十万元以上二十万元以下的罚款，三年内不受理该申请人的广告审查申请。

《广告法》第六十六条规定：违反本法规定，伪造、变造或者转让广告审查批准文件的，由市场监督管理部门没收违法所得，并处一万元以上十万元以下的罚款。

《广告法》第六十七条规定：有本法规定的违法行为的，由市场监督管理部门记入信用档案，并依照有关法律、行政法规规定予以公示。

《广告法》第六十八条规定：广播电台、电视台、报刊音像出版单位发布违法广告，或者以新闻报道形式变相发布广告，或者以介绍健康、养生知识等形式变相发布医疗、药品、医疗器械、保健食品广告，市场监督管理部门依照本法给予处罚的，应当通报新闻出版、广播电视主管部门以及其他有关部门。新闻出版、广播电视主管部门以及其他有关部门应当依法对负有责任的主管人员和直接责任人员给予处分；情节严重的，并可以暂停媒体的广告发布业务。

新闻出版、广播电视主管部门以及其他有关部门未依照前款规定对广播电台、电视台、报刊音像出版单位进行处理的，对负有责任的主管人员和直接责任人员，依法给予处分。

《广告法》第六十九条规定：广告主、广告经营者、广告发布者违反本法规定，有下列侵权行为之一的，依法承担民事责任：

（一）在广告中损害未成年人或者残疾人的身心健康的；

（二）假冒他人专利的；

（三）贬低其他生产经营者的商品、服务的；

（四）在广告中未经同意使用他人名义或者形象的；

（五）其他侵犯他人合法民事权益的。

《广告法》第七十条规定：因发布虚假广告，或者有其他本法规定的违法行为，被吊销营业执照的公司、企业的法定代表人，对违法行为负有个人责任的，自该公司、企业被吊销营业执照之日起三年内不得担任公司、企业的董事、监事、高级管理人员。

《广告法》第七十一条规定：违反本法规定，拒绝、阻挠市场监督管理部门监督检查，或者有其他构成违反治安管理行为的，依法给予治安管理处罚；构成犯罪的，依法追究刑事责任。

《广告法》第七十二条规定：广告审查机关对违法的广告内容作出审查批准决定的，对负有责任的主管人员和直接责任人员，由任免机关或者监察机关依法给予处分；构成犯罪的，依法追究刑事责任。

《广告法》第七十三条规定：市场监督管理部门对在履行广告监测职责中发现的违法广告行为或者对经投诉、举报的违法广告行为，不依法予以查处的，对负有责任的主管人员和直接责任人员，依法给予处分。

市场监督管理部门和负责广告管理相关工作的有关部门的工作人员玩忽职守、滥用职权、徇私舞弊的，依法给予处分。

有前两款行为，构成犯罪的，依法追究刑事责任。

6）附则

附则部分提出：国家鼓励、支持开展公益广告宣传活动，传播社会主义核心价值观，倡导文明风尚。

大众传播媒介有义务发布公益广告。广播电台、电视台、报刊出版单位应当按照规定的版面、时段、时长发布公益广告。公益广告的管理办法，由国务院市场监督管理部门会同有关部门制定。

《广告法》最后一条规定：本法自 2015 年 9 月 1 日起施行。

8.3.3 我国的广告行业自律

1）广告行业自律的性质与特点

广告行业自律是指广告从业者通过章程、准则、规范等进行自我约束和管理，使自己的行为更符合国家法律、社会道德和职业道德要求的一种制度。广告行业自律主要通过建立、实施广告行业规范来实现，行业规范的贯彻落实主要靠行业自律组织进行。

广告行业规范是指广告行业组织、广告经营者和广告主应履行的约束本行业或企业从事广告活动的广告公约和各种规章，属于广告职业道德范畴。

广告行业自律和行业规范作为广告业者遵守的规则，主要有以下特点：

第一，自愿性。遵守行业规范、实行行业规范、实行自律，是广告活动参与者完全自愿的行为，没有任何组织或个人的强制。一般是在自愿的基础上组成行业组织，制定组织章程和共同遵守的行为准则，目的是通过维护行业整体的利益来维护各自的利益。因此，行业自律主要是依靠参加者的信念及社会和行业同仁的舆论监督来实现的。违反者，也主要依靠舆论的谴责予以惩戒。

第二，广泛性。广告业自律调整的范围比法律、法规调整得更加广泛。广告活动涉及面广且不断发展变化，广告法律、法规不可能把广告活动的方方面面都规定得十分具体。而行业规范可以起到补充作用，不仅在法律规范的范围内，而且在法律没有规范的地方也能发挥约束的作用。因而，广告行业自律是限制广告法规所不能约束的某些行为的思想、道德武器。

第三，灵活性。广告法律、法规的制定、修改和废止要经过严格的法定程序，而规范等自律规章只要经过大多数参加人同意即可进行修改、补充。

2）广告行业组织与行业自律

第一，建立行业协会。行业自律首先要成立行业组织，一般是以建立行业协会的形式出现。有了行业协会才能开展活动，行业自律也才能从组织上得到落实。在我国广告界，自1983年12月就成立了“中国广告协会”，其具体下辖客户委员会、广告公司委员会、报纸委员会、电视委员会、广播委员会、公交委员会、铁路委员会、学术委员会等专业委员会，在各地还设有地方广告协会。此外，还有中国商务广告协会。这些行业协会都制定了协会章程，其中行业自律是最重要的内容。

第二，广告行业自律。行业自律要由成员共同制定自律规章，并将规章作为本行业协会成员共同遵守的规范，对整个行业形成一种指引，使整个行业都能够按照自律办事。

中国广告协会先后制定和通过了《广告行业自律规则》、《广告行业岗位职务规范》（试行）、《广告活动道德规范》、《广告宣传文明自律规则》、《广告公平竞争自律守则》等自律规章。

【小资料8-4】

中国广告协会简介

中国广告协会，是在民政部登记的全国性社会团体。中国广告协会第一次代表大会于1983年12月27—31日在北京召开，宣告中国广告协会正式成立。

协会的业务范围：

（1）学习、宣传、贯彻《中华人民共和国广告法》和有关广告管理法规、规章，协助政府做好行业管理，同时向政府有关部门反映行业的意见和建议，充分发挥行业组织的桥梁、纽带作用。

（2）根据《中华人民共和国广告法》对广告行业组织职责的要求，组织开展对广告法律、法规、规章及行业发展状况的研究工作，制定行业规范。

（3）开展广告业发展状况的调查研究，积极参与广告行业相关的法律法规、产业政策和发展规划的研究、制定，完善广告行业管理。

（4）开展行业信用评价工作，推动广告行业诚信建设，完善行业信用体系，提高行业信用水平。建立健全广告企业信用档案，加强信用信息共享和应用。依托社会及行业媒体，积极宣传推广信用评价结果，提高广告行业诚信经营单位在政府、市场与社会中的接受度和知名度。

（5）建立、完善行业自律约束机制。健全行业自律规则和职业道德准则；建立广告监测、劝诫机制和广告投诉处理机制，杜绝虚假违法广告，净化广告环境，规范市场秩序。

（6）开展标准化工作。经政府有关部门授权或委托，制定、修订、发布、组织实施广告服务、广告技术、人才评价、企业竞争力评价等行业标准，积极参与制定国家标准，不断提高行业服务质量和专业水平，促进广告业规范发展。

（7）开展广告发布前的咨询服务工作。对广告进行合法性审核，为广告相关法律、法规、规章和其他规范性文件的解释和适用提供意见和建议，帮助企业降低违法风险，提高广告发布质量。

（8）提供行业信息服务。建立包括广告人才、广告企业竞争力与诚信度、广告企业经营情况等信息在内的广告业数据库及广告业信息发布制度。形成科学、全面、统一的信息共享平台，为企业发展、行业交流和政府有关部门制定政策，提供信息支持。依照有关规定，出版行业图书、杂志、内部刊物等，充分发挥互联网等新媒体的作用，做好行业信息服务建设。

（9）有效开展行业维权工作。提供行业法律事务咨询服务，调解行业内、外部纠纷，协助处理侵权事项。针对事关行业发展的重大问题进行深入调研，积极反映行业诉求，维护行业合法权益。

（10）加强广告理论学术研究，推动我国广告理论的自主创新发展，构建与我国社会主义市场经济文化特征相适应的广告理论体系，不断推出高质量的广告理论研究成果。

（11）广泛开展学术论坛、经验交流等活动，加强对广告从业人员的职业技能、法律法规等多层次、全方位的培训工作，努力提高从业人员的专业水平、法律素质、职业道德。

（12）受政府委托或根据市场和行业发展需要，举办行业会展活动，推广先进的广告制作技术、设备、材料、工艺，推动广告企业加强广告科技研发和技术创新。经政府有关部门批准，举办中国国际广告节（含专业奖项）、中国广告论坛、中国大学生广告艺术节等活动，促进广告创意、设计、制作、发布水平提高。

（13）开展国际交流与合作。积极与国际广告组织以及各国、各地区广告组织建立联系，深化国际交流合作，代表和组织中国广告业界参加国际广告交流活动。扩大我国广告企业与广告服务在国际上的影响力。积极支持广告企业走向国际市场，在企业参与国际竞争等方面发挥作用。

（14）根据《中华人民共和国商标法》等法律、法规，开展中国广告协会“CNAAⅠ”“CNAAⅡ”“CNAAⅢ”证明商标使用管理工作，通过制定服务标准证明企业服务质量，促进广告企业提升专业服务水平、核心竞争力和品牌价值，增强社会责任感和诚信意识。

（15）加强广告专业人才核心能力评价指标体系建设，构建广告人才评价机制和广告人才创新激励机制。经政府有关部门授权或委托，做好广告专业技术人员职业资格评价工作，积极落实国家设立的广告专业技术人员水平评价类职业资格制度。

（16）承办政府部门授权或委托的有关事项。

资料来源　中国广告协会章程［EB/OL］.［2018-12-25］. http://www.china-caa.org/cnaa/aboutcaa/4.

8.3.4 社会对广告的监督

1）社会监督的必要性

首先，社会监督是广告监管依靠社会和消费者主动参与的重要手段。

由于广告的特殊性，广告监管已经并非只是关系广告行业的事，而是关系到全社会共同利益的大事，要求社会和公众共同关心和参与。

其次，社会监督是广告监管公开化、透明化的具体体现。

社会参与广告监管，对违法广告行为进行揭露，使全社会都认识到广告管理的重要性，这样社会各个层面就都会来关心广告，使广告管理公开化、透明化，不仅不会影响到国家对广告的管理，反而可以起到促进和帮助的作用。

2）社会监督的主要途径

社会对广告进行监督的途径主要有以下三个方面：

第一，新闻媒体的舆论监督。违法广告行为通过新闻媒体的报道和揭露，一方面可以为广告管理机关提供线索；另一方面也可以使消费者了解真相，以免上当受骗。此外，也使这些违法广告行为的制造者受到舆论的压力，从而迅速采取措施改正错误。

第二，社会团体的积极参与。对于违法广告行为，一些社会团体的积极参与是必不可少的。这些社会团体成立的宗旨就是关注社会公众利益，保护公民的合法权益不被侵犯。在我国，对损害消费者利益的违法广告行为，消费者协会应义不容辞地给消费者予以关心和帮助。对损害到妇女和儿童合法权益的违法广告行为，妇联的参与是理所当然的；残疾人联合会应关注损害残疾人利益的违法广告行为；宗教界联合会应关注损害宗教界合法权益的违法广告行为，这些都是合理而且正当的社会监督行为。

第三，公民举报投诉。每个公民都有责任和义务对违反法律的行为进行揭露，同时，在公民个人的合法权益受到不法侵犯时，可以向政府主管部门反映和投诉，也可以通过法律途径提起法律诉讼。当公民发现某一广告行为违反法规或侵犯了自己的合法权益的时候，可以向广告管理机关举报和投诉或者向司法机关提起法律诉讼，以保障社会公众利益和自己的合法权益不被侵犯。“12315”是国家市场监督管理总局的消费投诉和举报电话号码，同时也是投诉和举报虚假广告的电话号码。

【教学互动8-1】

主题：虚假广告

背景：护肤品的广告总是请美女明星代言，画面上呈现的皮肤都毫无瑕疵，广告语也十分诱人。

问题：你如何看待虚假广告？如何才能避免虚假广告蒙骗消费者？

要求：同“教学互动1-1”的“要求”。

■ 本章概要

□ 内容提要

•本章广告组织介绍了主要由广告主、广告公司、媒体形成的广告组织系统的基本结构以及这些机构内部的组织结构类型。广告与社会介绍了广告的功能和主要作用，特别是广告对儿童、妇女的作用及对他们消费行为的影响，这种影响具有一定的特殊性和代表性。广告管理主要介绍了我国广告管理的法规与机构，以《广告法》为主，对广告活动的行为进行规范。广告行业自律和广告的社会监督是广告管理不可缺少的组成部分。

□ 主要概念和观念

▲ 主要概念

广告公司

▲ 主要观念

广告组织模式　广告管理　广告监督　广告行业自律

□ 重点实务

广告公司的业务范围　社会监督媒体的监督范围

■ 基本训练

□ 知识训练

▲ 判断题

（1）根据广告公司的经营范围，广告公司可分为全面服务型广告公司和部分服务型广告公司。（　　）

（2）广告公司所采取的组织模式一般有两种类型，即团队组织模式和产品组织模式。（　　）

（3）广告法规是指某一个具体的法律。（　　）

（4）广告代言人对其代言的产品或服务产生的纠纷没有连带责任。（　　）

（5）广告主在互联网页面以弹出等形式发布的广告如果不能“一键终极关闭”，就属于违法情形。（　　）

（6）未经当事人同意或者请求，向当事人移动电话发送广告的行为将受到法律法规查处。（　　）

▲ 选择题

（1）企业广告部门的主要职能有（　　）。

A.编制广告计划　B.实施广告计划　C.总结广告经验

D.客户管理　E.创意制作

（2）企业广告组织的行政隶属关系的类型有（　　）。

A.总经理直辖型　B.营销经理直辖型　C.集权型

D.分权型　E.集权、分权混合型

（3）从组织模式来看，常见的企业广告组织的内部结构有（　　）。

A.职能组织模式　B.产品组织模式　C.市场地区模式

D.广告对象组织模式　　E.广告媒体组织模式

(4) 部分服务型广告公司提供的服务种类有（　　）。

A.专业性广告服务　　B.分类广告服务　　C.工程广告服务

D.创意精品服务　　E.媒体购买服务

(5) 广告公司的业务有（　　）。

A.客户管理　　B.市场调查

C.策划、创意制作和确定媒体　　D.其他服务

E.广告公司的管理

(6) 媒体广告组织的任务主要有（　　）。

A.发布广告　　B.设计制作广告　　C.收集广告反应

D.市场调查　　E.客户管理

(7) 广告法规包括（　　）。

A.宪法　　B.法律　　C.行政法规

D.行政规章　　E.《广告法》

(8) 我国广告管理的主要内容包括（　　）。

A.对从事广告经营和广告发布活动的管理

B.对广告主的管理　　C.事前审查

D.广告审查　　E.事后审查

▲ 讨论题

试比较企业广告部门和广告公司的工作职能异同。

□ 能力训练

▲ 案例分析

【训练项目】

案例分析-VIII。

【相关案例】

连接世界　扣近彼此

背景与情境：湖南广播电视台为“一带一路”制作的宣传片，通过展示中国传统连接技艺开篇，技师为一位外国女子扣上旗袍上的扣子，告诉她：穿过去，就扣上了。一位黑人小伙子遵循中国礼仪拜师学习舞狮，师傅为他扣好了扣子，告诉他：扣，要正。裙子背后的扣子，小孩子的扣子，相互帮忙就更容易扣好了。用扣子来比喻国与国的交流，以小见大，“一带一路”连接了世界，让各国人民增进了解，互通有无，共同发展，生活一定会更美好。电视是传统的媒介，在新媒体广告飞速进步的时候，仍有相当广泛的受众群体。电视台的公益宣传片展示了媒体服务社会发展的公益性。

资料来源　作者根据相关视频广告编写.

问题：广告还能为社会做什么？

【训练要求】

同第1章“基本训练”中本题型的“训练要求”。

▲实训操练

【训练项目】

根据广告与社会、广告管理等知识，以新《广告法》为准则，为某广告公司设计一份广告代理合同。

【训练步骤】

（1）将班级学生分成若干团队，每个团队确定一人负责。

（2）各团队学生结合操练项目，进行合同设计板块的分工。

（3）各团队学生以本章“广告管理”等实务教学内容为依据进入角色，体验本项目模拟实训的全过程。

（4）各团队学生记录本次模拟实训的情境与步骤，总结实训操练的成功经验、存在的问题及解决的办法，在此基础上撰写《“广告代理合同设计”实训报告》。

（5）在班级讨论交流、相互点评与修订各团队的《“广告代理合同设计”实训报告》。

（6）在校园网的本课程平台上展出经过修订并附有教师点评的各团队《“广告代理合同设计”实训报告》，供学生相互借鉴。

□ 课程思政

【训练项目】

课程思政-VIII。

【相关案例】

发布虚假广告美妆护肤巨头被罚

背景与情境：2022年1月21日，上海市市场监督管理局官网显示，雅诗兰黛（上海）商贸有限公司因发布虚假广告被罚238万余元。

这已经不是雅诗兰黛第一次因虚假广告被罚了。

2021年6月16日，雅诗兰黛就因“虚假或者引人误解的商业宣传”“以偏概全，夸大产品功效，对消费者（举报人）造成误导”等，被上海市静安区市场监督管理局罚款40万元；2018年7月30日，因虚假宣传而被闵行区市场监督管理局处以罚款11万元；2017年因“利用广告对商品或服务做虚假宣传，欺骗和误导消费者”等行为被上海市闵行区市场监督管理局处罚8.88万元。

2021年1月1日开始施行的《化妆品监督管理条例》规定，化妆品的功效宣称应当有充分的科学依据。“化妆品注册人、备案人应当在国务院药品监督管理部门规定的专门网站公布功效宣称所依据的文献资料、研究数据或者产品功效评价资料的摘要，接受社会监督。”

此次上海市市场监督管理局的处罚书上显示，2019年10月至12月，为推广特润修护肌透精华露产品，就是俗称的“小棕瓶”，雅诗兰黛（上海）商贸有限公司通过多个渠道对外发布主要内容为“年轻指数+77%”和“柔润+17% 平滑+20% 透亮+15%”等表示产品功效的视频或者平面广告，并附以小字标注。广告中的小字标注不足以使消费者充分知悉相关产品功效的真实含义及前提条件，且广告内容对消费者的购买行为有实质性影响。

根据相关规定，责令当事人停止发布违法广告，并处广告费用一倍罚款，共计238万余元。

中国是目前高端美妆产品的最大销售地区，在中国市场中开展经营活动，就必须遵守中国化妆品监管要求。

广告与社会存在着相互联系、相互依赖、相互制约和相互影响的关系，是社会生活的一部分，广告所表现的行为准则和道德标准不该与整个社会发展方向背道而驰。

资料来源　作者根据公开行政处罚信息编写.

问题：

（1）本案例中存在哪些思政问题？

（2）试对上述问题进行你的思政研判。

（3）通过网上或图书馆调研等途径收集你进行思政研判所依据的规范或标准。

（4）本案例对消费者有哪些启示？

【训练要求】

同第1章“基本训练”中本题型的“训练要求”。

综合训练

▲ 案例分析

【训练项目】

案例分析-综。

【相关案例】

案例1

雀巢咖啡广告策划案

背景与情境：本策划案从背景分析入手，分析策划背景的三大元素——吸引力营销、年轻人的生活形态、CrossMedia，进而针对市场、自身状况和竞争对手进行分析，得出了雀巢咖啡的核心定位——NES生活方式。

在定位的指导下，结合当下年轻人的生活方式，我们提出传播主题——因为真实，所以精彩。以此理念为主线，分为认知期、深度了解期、刺激欲望期、升华期四个阶段，进行一系列广告及活动策划。

广告运动的执行和传播充分发挥了传统媒体和新媒体的特点，使得传播效果最大化。

本策划案充分运用了传统媒体的议程设置和信息告知功能，结合网络媒体的交互性，使得消费者能够充分参与到"NES生活方式"的广告运动中，不是简单的信息了解，而是互动式的体验和二次传播的乐趣，使得消费者接触、处理、传播的时间增加，CrossMedia的运用使得传播效果最大化。

一、市场环境分析

1.市场分析

（1）核心背景分析

中国具有3 000多年的饮茶历史，茶早已成为人们日常生活中的一部分，因此雀巢咖啡将茶作为一个主要竞争对手。

雀巢一直将18岁到35岁的年轻人作为主要的目标消费群体。其广告语"味道好极了"深入人心，人们把品尝雀巢咖啡当成是体验一种西方文化。

总结：咖啡利用年轻人对于西方文化的憧憬，吸引了许多消费者，但在中国尚未形成饮用习惯，还有很大的市场潜力。因此，怎样做大咖啡市场，让习惯喝茶的中国人也习惯喝咖啡，是目前雀巢咖啡的目标。

（2）SWOT分析

通过核心背景分析，我们得出了咖啡在中国还有很大的市场潜力。再由SWOT分析，我们需要得出雀巢咖啡在巨大的市场空间面前应如何扬长避短。

SWOT分析如图综-1所示。

2.竞争策略分析

（1）自身分析

①产品分析。雀巢在产品多样化上不断创新，消费者对于咖啡口味需求不同，雀巢开发出11种咖啡产品，其中袋装速溶咖啡和三合一袋装咖啡等深受欢迎；为满足消费者不同生活形态，雀巢推出礼品装、商务装、便携装等；雀巢红杯也成为具有标志性的雀巢符号。消费者主体地位很明显。

S	W
1. 雀巢速溶咖啡是世界领导品牌； 2. 雀巢咖啡品牌定位与年轻人生活形态相吻合； 3. 产品种类众多，品质无可挑剔，销售渠道完善	1. 咖啡市场本身占饮料市场的很小一部分，还很年轻； 2. 咖啡文化在中国传播处于成长期； 3. 咖啡文化和茶文化的碰撞
O	**T**
1. 中国咖啡市场上升空间巨大，消费增长速度快，正在成为世界上最大的咖啡市场之一； 2. 咖啡文化在中国的新兴消费群体中日渐兴起	1. 来自咖啡馆和茶饮品的竞争威胁，尤其是茶饮品在中国有很悠久的传统； 2. 咖啡价格相对较高； 3. 速溶咖啡本身缺少咖啡饮用氛围

图综-1 SWOT分析

②品牌定位。雀巢咖啡努力向18岁到35岁的年轻人展示其时尚、活泼、年轻的价值观和咖啡文化。

③品牌认知。1988年至今雀巢咖啡已占据中国咖啡市场80%的份额，连续3年被评为中国大学生的“至爱咖啡品牌”；2008年雀巢咖啡在“30年，谁改变我们的生活”品牌评选中获奖。许多消费者认为雀巢咖啡才是真正的咖啡。

④广告传播策略。20世纪80年代，推出产品说明广告，以“味道好极了”的广告语深入人心；90年代，推出生活形态广告，广告注重与年轻人生活形态相吻合，在“情”字上大做文章，广告语“好的开始”非常温馨，从而树立了雀巢咖啡形象。

（2）竞争者分析

略

3.消费者分析

（1）消费者定位

18岁到35岁的年轻人。

（2）群体特征

心理特征：生活中有理想且较为执着，有群体观念但有个性；追求品位，讲求内涵，体现自我价值；善于创新和自我完善，工作和娱乐都完全投入。

生活观：在精神层面上，追求精神品质的多元化，追求高端精神品质；在物质方面，享受较高物质生活；在日常生活中，懂得享受爱情和生活，热爱旅游，喜欢看电影，听音乐。社会责任感较高，关怀他人，乐于帮助别人。

消费观：追求时尚和新体验，有品牌偏好，关注自我感受并且自我意识强，追求高档、完美，消费取向易受身边人群影响，容易受情感的支配。

媒体使用习惯：依然受大众媒体影响较深，易受电视广告影响。工作、生活中较多接触地铁和楼宇中的视频及平面广告，并给予一定的注意力。网络已经成为他们生活的一部分，经常浏览博客等信息。

（3）生活形态诉求

生活定位：总结归纳他们的心理特征、生活观、消费观、媒体使用习惯等，提出并升华出基于他们生活、令他们向往的生活方式——NES生活方式。

NES生活方式定位：热爱都市的繁华和匆忙，同时也向往田园的宁静；享受着工作的高效与忙碌，也追求心灵的简约与健康；习惯生活中的压力，也懂得去释放，注重与朋友的交流，享受电影、音乐和人生；追求自我和个性，但也有很强的社会责任感，热爱生活，关怀他人；面对真实的自己，憧憬美好的未来。

总结：通过策略分析和消费者心理分析，我们决定在未来一年里，传播策略是生活形态诉求，总结出令现在年轻人向往的NES生活方式。将雀巢的广告及活动以NES生活方式作为主要诉求点，达到吸引消费者并引起共鸣的目的。

二、营销战略

略

三、营销策略

略

四、创意设计

灰姑娘惊现篇：对应第一阶段影视广告及活动，由广告引到线上——灰姑娘札记活动。

灰姑娘爱情篇：对应第二阶段影视广告及活动，推荐咖啡饮用场景，并引到线上活动——雀巢让我遇见你。

广告画面表现：略。

五、媒介计划

1.媒介目标

①通过所有媒体组合，获得的广告到达率为75%（1次）、55%（3次）和35%（5次）。

②通过线上和线下促销活动到达目标受众的总人数的75%。

③“NES生活方式”广告运动获得总到达率为75%。

④“NES生活方式”广告运动进行中每位目标受众获得的平均频次为20次。

⑤有效配合线下促销活动。

2.媒体选择

（1）媒体选择标准

略

（2）媒体地点选择

略

（3）媒体时间选择

秋末至春末的半年时间为咖啡销售旺季，消费形态与此期间的气候有关。根据AC尼尔森对于速溶咖啡的调查，以北上广为例（北京和上海的销售旺季明显长于广州，销售额也高于广州）。

媒体投放时间集中在10月至次年2月，使销售旺季提前，从而拉长销售旺季的时间，考虑到广州市场的饮茶习惯对于咖啡销售的影响，媒体投放时间为11月到次年2月。

（4）媒体计划细则和说明

各类市场的媒体组合见表综-1。

表综-1　**各类城市市场的媒体组合**

级别	媒体				备注
全国媒体	电视	网络			
一类城市市场	电视	网络、公交站牌	楼宇	地铁	
二类城市市场	电视	网络、公交站牌	地铁	楼宇	电视：武汉、成都、西安地铁：南京
三类城市市场	网络	公交站牌、楼宇			

①电视媒体细则。

略

②户外媒体细则。户外媒体细则见表综-2和表综-3。

表综-2　**户外媒体细则（一）**

媒体	信任度	特点	喜欢的信息	喜欢的广告形式	效果
楼宇	低于电视、高于公交	追求愉快之感，受众追求实用	旅游、公益信息	高于现有生活语境的感性诉求	电梯内液晶电视
地铁	低于电视、与楼宇相同	影响力小，吸引力大	公益、旅游	画面、标题引人入胜的广告	车厢液晶电视
公交	低于楼宇		娱乐		站牌

表综-3　**户外媒体细则（二）**

媒体名称	形式	数量（个）	阶段	时间及方式
楼宇	电梯视频广告	12	前三阶段：9月1日到次年3月31日	认知期：9月6日到9月30日、10月4日到10月31日，周一至周五每天一个循环播放，周六周日重播
地铁	车厢视频广告	12	前三阶段：9月1日到次年3月31日	深入期：11月8日到11月30日、12月6日到12月31日，周一至周五每天一个循环播放，周六周日重播；刺激欲望期：次年1月16日到1月30日、2月14日到2月28日、3月14日到3月31日，每日一个循环播放
	站台平面广告	2	认知期：深入了解期	9月1日到10月31日《灰姑娘惊现篇》；11月1日到12月31日《灰姑娘爱情篇》
公交站牌	灯箱平面广告	2	同上	同上

③网络媒体细则。网络媒体细则见表综-4和表综-5。

表综-4　**网络媒体细则（一）**

媒体	信任度	特　点	喜欢的信息	喜欢的广告形式	效　果
博客	博客圈子，信任度高	交互性	公益信息	无声动画、静态图片	左侧通栏
网络视频	比电视广告差很多	娱乐为前提，互动为其次	影视、体育、综艺	娱乐视频广告	首页
论坛	低于博客	交互性	广泛	隐蔽性广告、与论坛契合度高的广告	讨论版话题

表综-5　**网络媒体细则（二）**

网络形式	形　式	数量（个）	时　间	备　注
博客	影视+平面	12+2	9月1日到次年3月31日	随故事发展阶段性投放
网络视频	影视	12	9月1日到次年3月31日	优酷、土豆、雀巢官网投放
论坛	讨论版话题	1	4月1日到5月31日	校内猫扑、新浪、BBS投放

六、广告预算

1.广告媒体预算

广告媒体预算见表综-6。

表综-6　**广告媒体预算**

媒介类别	预算价目（万元）	预算用途
电视媒体	600	NES、生活方式宣传、活动宣传
网络媒体	100	NES、生活方式宣传、活动宣传
楼宇媒体	150	NES、生活方式宣传
地铁媒体	300	NES、生活方式宣传、活动宣传
户外媒体	180	NES、生活方式宣传
总计	1 330	

2.营销活动预算

略

七、项目预估

1.策略可行性

（1）生活形态型广告，增加品牌魅力

通过广告带给消费者直接感官的刺激，向消费者描述高于现有生活语境的场景，使消费者向往，并认为拥有雀巢陪伴的NES生活方式，才是适合年轻人的真实、美好、精彩的生活；通过生活形态广告，使雀巢咖啡融入消费者生活中去，成为NES生活的美好代言人，和消费者建立品牌感情，认同和追求雀巢咖啡品牌散发的魅力。

（2）吸引力营销的巧妙运动

悬念式广告：利用大众的猎奇心理。悬念式广告能够造成悬念，吸引大众的眼球，将大众从电视广告引导到网络上，深入参与广告活动。

故事型的系列广告：消费者在记忆广告内容时，是以情节记忆为主的，故事型的广告符合消费者记忆过程，能够吸引消费者忘却广告本身而专注于故事，弱化广告的商业性。

活动与广告相辅相成：体验升级，每一阶段的广告，都有网络和实体活动与之配合，使该阶段的电视、分众媒体广告和线上活动相辅相成，充分调动消费者的参与热情，并通过网络和实体活动的配合，让广告自然过渡到下一阶段，保证消费者不断升级体验过程。

（3）线上互动线下促销

线上的互动活动能够将消费者引导到线下的促销活动，形成购买。线下的促销购买体验又能够参与到线上的互动活动中去，形成口碑，进行二次传播，带动参与线上活动的消费者线下购买，形成循环购买。

（4）CrossMedia的整合应用

以CrossMedia为主的网络和电视媒体与分众媒体配合，保证消费者全方位包围在“NES生活方式”中。

2.效果预测

因为渗透到消费者生活中的“NES生活方式”传播深度不同，对消费者了解的NES生活方式要进行如下界定：

认知：刚刚对“NES生活方式”了解。了解NES生活方式的内容，能够记住广告中一两个咖啡饮用场景，尝试购买雀巢咖啡，但还未形成态度。

喜爱：了解“NES生活方式”并且认同，向往广告中的生活场景，参与了部分线上活动，购买了雀巢咖啡并且打算多次购买。

偏爱：了解“NES生活方式”的内容，认同并打算在生活中尝试NES生活方式，喜欢并且能够说出广告中的一两个咖啡饮用场景，已经将雀巢咖啡列入日常饮品中。

享受：喜爱并且享受“NES生活方式”，雀巢咖啡的忠实饮用者。

分享：喜爱并且享受“NES生活方式”，乐于和周围人分享饮用雀巢咖啡的心情，以及“NES生活方式”给生活所带来的美好。

建议：对于“NES生活方式”广告运动进行评估，以测定其效果。

第一次：在深入了解期之后，2010年1月初掌握消费者对于“因为真实，所以精彩!”的主题的认知度，了解消费者对“NES生活方式”的认知程度和喜爱度。与广告活动结束后的效果测评比较。

第二次：在2010年5月末升华期快要结束时进行，最后的测试说明“NES生活方式”广告运动在消费者心目中的地位。

调查研究方法：问卷调查、使用形态、购买决策、媒体使用、广告回忆、人口统计等。

3.危机公关处理

重要性：整个传播活动企业可能面对的风险有两种：使企业蒙受经济损失和影响企业形象事件。这两种风险有共同的特点，都具有突发性、危急性。如果能够预先设立危机管理体制就可以把危机的影响降到最小，转危为安。

潜在风险：实体派发活动造成的场面的混乱；电影、音乐、书籍的版权问题；派发电影票可能出现拥挤、倒票等问题。

控制手段：危机发生前，要有警惕性，建立危机预案，强化危机意识；危机发生后，迅速建立危机管理小组，对形势进行判断，做到事先预测、迅速反应、尊重事实、承担责任、坦诚沟通、灵活变通。

八、调查问卷（略）

资料来源　作者根据相关资料整理.

问题：试从广告决策的角度评点本案广告的可取之处及需要改进之处。

【训练要求】

同第1章“基本训练”中“案例分析”的“训练要求”。

案例2

雅居乐·清水湾广告策划案

——让生活“醉”起来

背景与情境：

一、背景分析

1.宏观环境分析

国外的旅游一直都是个热门行业，尤其是欧美地区。而国内随着人们观念的改变，旅游行业的竞争也日趋激烈。

2.微观环境分析

目前概况：

雅居乐·清水湾融合了绝佳的生态环境、绚丽的自然风光、神秘的民族风情以及超五星的国际酒店。

近年来，雅居乐·清水湾在完善自身设施、服务的同时也不断地开拓新的版图，成功打造了“去清水湾看真正的海”“享受第二人生”的雅居乐·清水湾品牌观念。其致力于为全国乃至全球的客户提供更优质的产品和服务，让客户感受到海南清水湾第二人生的悠闲生活。

发展状况及面临的问题：

就海南而言，雅居乐·清水湾无疑是近几年崛起的新贵，虽知名度不及浅水湾、三亚等著名旅游度假景点，不过其自身优越的设施条件和经营理念决定了其强大的竞争实力；但就世界而言，其还只能算一个小角色，并未在国际上打响知名度，无法和巴厘岛、夏威夷等一系列的国际知名度假胜地一较高低。

解决途径：

打造品牌核心、拓展国际市场，打造海南第一湾、中国第一湾，矢志打造“世界滨海度假新选择”。

目前我们要做的就是策划如何做好清水湾在全国市场以及国外市场的推广工作。

策划思路：

雅居乐·清水湾面对现状，准备在巩固本国市场的前提下，逐步进军世界市场。此案例的关键在于定位的“醉”。“醉”在于心灵的享受，侧重打造海南雅居乐·清水湾城市海滨生活带给人的轻松和愉悦心境。

二、市场分析

1.项目概况分析

（1）景观：

项目位于陵水黎族自治县东南部，距东线高速路英州出口4.8公里。海岸线长达12公里。清水湾风景最佳，可同时观赏到清水、白沙、奇岭、怪石。最奇妙的是其弧形海岸一半是礁岩，一半是沙滩，集合了海南东西两地截然不同的景观。

（2）交通：

略

（3）地段：

属市政规划重点发展区域，交通便利，市政配套设施较好。

（4）主要物业类型：

独立别墅、联排别墅、小高层、酒店式公寓。

（5）配套设施：

高尔夫球场、超五星级国际酒店群、顶级天然浴场、会所、学校、大型商业街、游艇码头等。

2.项目核心竞争力

略

3.项目客源分析

雅居乐·清水湾打造的是高档度假场所，目标受众主要是高端收入群体和社会精英，此人群的特征是层次广泛、需求多样化，在消费心理上趋于成熟，追求高品质的生活，并且热爱生活、享受生活。由于受价格限制，目标受众相对狭窄，根据目标受众的区域、社会地位、消费心理等差别，现将目标受众进行如下具体分类：

（1）本地客源：私营业主、高管、年轻成功人士。

（2）外地客源：外地驻海南的企业高层管理人员和外资企业驻海南的高层管理人士。

4.项目竞争者对手分析

略

5.SWOT分析

SWOT分析如图综-2所示。

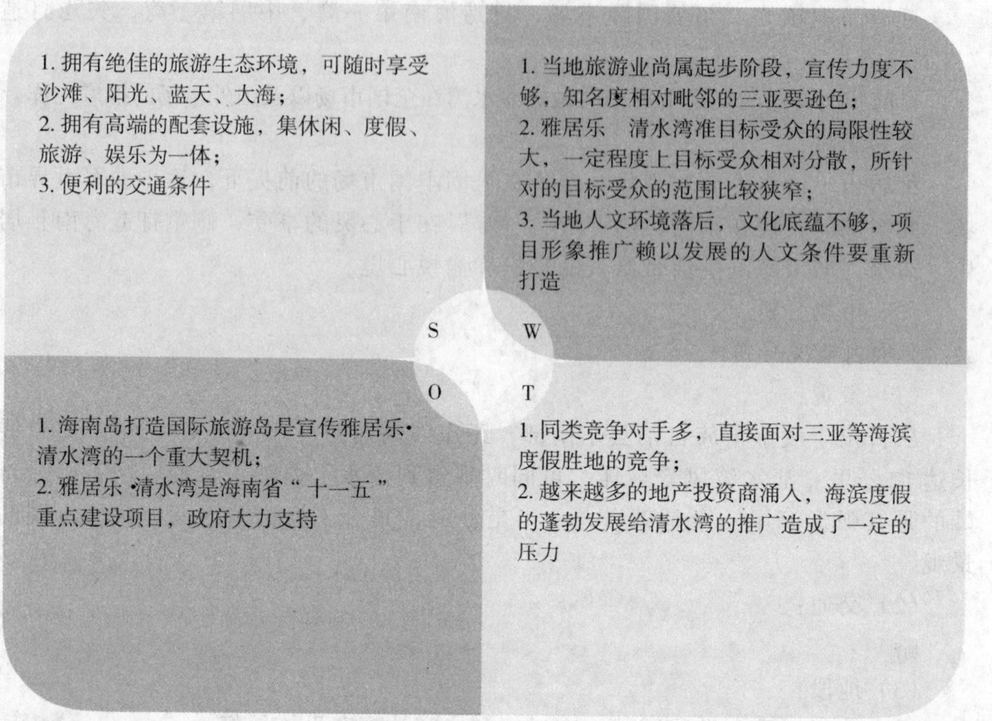

S

1. 拥有绝佳的旅游生态环境，可随时享受沙滩、阳光、蓝天、大海；
2. 拥有高端的配套设施，集休闲、度假、旅游、娱乐为一体；
3. 便利的交通条件

W

1. 当地旅游业尚属起步阶段，宣传力度不够，知名度相对毗邻的三亚要逊色；
2. 雅居乐　清水湾准目标受众的局限性较大，一定程度上目标受众相对分散，所针对的目标受众的范围比较狭窄；
3. 当地人文环境落后，文化底蕴不够，项目形象推广赖以发展的人文条件要重新打造

O

1. 海南岛打造国际旅游岛是宣传雅居乐·清水湾的一个重大契机；
2. 雅居乐·清水湾是海南省"十一五"重点建设项目，政府大力支持

T

1. 同类竞争对手多，直接面对三亚等海滨度假胜地的竞争；
2. 越来越多的地产投资商涌入，海滨度假的蓬勃发展给清水湾的推广造成了一定的压力

图综-2　SWOT分析

由此，加大宣传力度、推广品牌形象、为品牌注入诸多活力元素，是本案例必须解决的问题。我们将侧重营销传播层面的阐释，将雅居乐·清水湾的品牌形象用"醉"来诠释，注入特有的元素，将雅居乐·清水湾打造为国际旅游度假新选择。

营销策略：

略

广告策略：

（1）广告诉求定位

根据雅居乐·清水湾的特色，我们反复提炼出雅居乐·清水湾的广告诉求定位是突出其自然环境生态化、配套设施极品化。

（2）广告风格定位

用广告画面营造出悠闲静雅、绿色健康的氛围，展现雅居乐·清水湾的独有魅力。

（3）广告策略执行方案

在运用整合营销推广的同时，结合雅居乐·清水湾的优势，灵活运用已有资源和外部媒体为其量身制作的最佳传播方案，我们提出"预热传播期、体验活动期、重磅追击传播期"三个时期循序渐进，与整合营销传播相互渗透，实现媒体

的全方位组合，使其达到最佳效果。

（4）广告创意与表现

第一部分：活动网站设计

•网站更新。

网站活动宣传部分：

换装行动：改变音乐、颜色。

第二部分：网站广告设计社区网站广告部分：

网站选择：搜狐、新浪微博、天涯、猫扑等。

画面：以自然风光和精致住宅为主。

文案：以“醉”为主线。

视频广告部分：

•网络广告视频介绍：在了解“第二人生”生活方式的基础上详细介绍城市海岸生活的具体内容。

系列一：景篇——以介绍美丽而奇特的自然风光为主。

系列二：物篇——以介绍顶级的住宅和完备配套设施为主。

系列三：人篇——以介绍人性化的服务和黎族风情为主。

第三部分：报纸杂志平面广告设计

略

第四部分：户外形象设计

略

三、媒介策略与预算

1.媒介目标

根据活动的三个阶段，媒介的侧重点不同，所以相对应的媒介目标的偏向也存在差别。

（1）初期

及时传播活动信息，吸引目标受众的眼球。

（2）活动期

宣传雅居乐·清水湾“醉”品牌形象，提升公众地位，积极拓展国际市场。

（3）出击期

利用新媒体传播的契机，长时间在目标受众中产生深远效果，有效提升销售业绩。

2.媒介策略与媒体选择

（1）媒介策略

•经过前期取样分析调查发现，我们的主要受众媒体接触偏向于时事性、评论性、信息量较大的报纸。这群受众接收到的房地产信息主要来自报纸与短信。因此，奢侈品、航空、房产、旅游、经济类传媒应作为突破点。广告媒体投放以杂志、报纸为主，网络、电视、户外为辅。

•采取媒体整合策略，共同出击。同时根据受众群分布状况进行媒体选择。

·强调策略运用的差异度与创造性，在媒体的选择、应用上突出差异化，制定出新的传播方式。

①媒体投资的理性策略。海南雅居乐·清水湾目前处在高端的国内市场、相对较低的国际市场，所以我们要在稳住国内市场的同时开拓国际市场。

·一级市场：海南及周边区域。以电视广告、户外广告牌和网络广告综合营销为主；

·二级市场：省外（尤其是重点省会）及国外大范围。以大型活动策划和网络攻势为主。

②媒体行程设定。月份广告强度和投放比例见表综-7。

表综-7　**月份广告强度和投放比例**

广告强度和投放比例 / 月份	2012年1—5月（策划前期）	2012年6—7月（宣传期）	2012年8—10月（活动期）	2012年11月—2013年3月	2013年4—6月
广告强度	稳定	平稳中逐步加大	疯狂广告季	强度大，但逐渐减小	保持稳定
广告投放比例	—	30%	46%	24%	—

年底的广告投入是一年中最多的，其次是各类节假日到来之际，市场出现波动时会有变化。

（2）媒体具体投放

①报纸类：全国性财经报纸、本区域报纸。

·使用原则：作为树立本地形象的重要媒介手段贯穿全年。

·媒介选择——《海南日报》。

②杂志类：《航空港》《旅行者》。

·选用原因：专业性、更贴近目标群体。

·使用原则：选择全国性高端商务杂志，与报纸媒体一起推出形象宣传广告，增强价值认同度，营造项目的高端形象，建立起全国性的品牌知名度，吸引分众客户群。

③直邮与小众传媒。

·选用原因：细分市场后更利于锁定消费群。这类人群可以由我们来自主选择，更具针对性。

·使用原则：面向会员组织及消费者俱乐部等，通过直邮和小众传媒等方式进行传播，在短时期内密集介绍产品，让其进一步了解产品。

·媒介选择。

与移动、联通合作：其是国内两个电信行业巨头。

相关内容的宣传册：可以针对个人来设计。

④电视类。

·选用原因：电视的宣传更加直接，具有强烈的画面冲击力。这种宣传是文字难以代替的。

•使用原则：在项目认购及销售期适当选择本地电视台以及受众集中地区的电视台进行短期、高密度播出，迅速建立项目形象及传达细节主张。

•媒介选择：海南卫视、中央电视台。

⑤户外类。

•使用原则：长期投放户外大牌，冲击力强，塑造品牌形象，提示目标受众群。注意户外广告画面的更换时间安排，使户外广告跟随品牌推广和销售节奏。配合其他旅游区车身广告等。

•媒介选择：户外创意广告牌、路牌标识、礼品包装、墙体广告等。

⑥网络类。

•选用原因：成本低、传播快、效果好。

•使用原则：使用百度关键字搜索服务，让雅居乐·清水湾项目成为搜索前几名；合理利用阿里巴巴等网站数据库，通过短信数据库实现客户锁定。

•媒介选择：新浪网、百度。

（3）媒介投放与排期

略

（4）活动预算

略

（5）总预算

媒体费用：500万元。

活动费用：1 200万元。

流动资金：100万元。

总计：1 800万元。

资料来源　作者根据相关资料整理.

问题：试从广告决策的角度评点本案广告的可取之处及应改进之处。

【训练要求】

同第1章“基本训练”中“案例分析”的“训练要求”。

综合实训

▲ 实训操练

【训练项目】

实训操练–综。

开设广告媒体实训课：选择某一广告代理公司并签订合作协议，由该公司负责对学生进行广告代理业务的全面培训，培训时间为1周，每天6学时，连续5天，共30学时。

主要参考文献

[1] 中国广告协会. 中国广告年鉴2020年版 [M]. 北京：新华出版社，2021.

[2] 李方毅. 运营策略复盘 [M]. 北京：中国纺织出版社，2019.

[3] 贝尔奇. 广告与促销：整合营销传播视角 [M]. 郑苏晖，等译. 9版. 北京：中国人民大学出版社，2014.

[4] 丁红. 现代广告案例分析 [M]. 北京：清华大学出版社，2014.

[5] 兰斯，沃尔. 奥美广告创意52条法则 [M]. 张旭，贾治华，译. 北京：东方出版社，2012.

[6] 穆虹. 广告创意案例实践教程·快克篇 [M]. 北京：清华大学出版社，2020.

[7] 维尔斯，等. 广告学：原理与实务 [M]. 桂世河，等译. 9版. 北京：中国人民大学出版社，2013.

[8] 埃第尔，沃克，斯坦顿. 新时代的市场营销 [M]. 张平淡，牛海鹏，译. 13版. 北京：企业管理出版社，2004.

[9] 李虹林. 爆款文案写作与变现 [M]. 北京：当代世界出版社，2021.

[10] 陈培爱. 现代广告学概论 [M]. 北京：首都经济贸易大学出版社，2004.

[11] 高海友，宋华，龚学刚. 广告标题创作与赏析 [M]. 长春：北方妇女儿童出版社，2015.

[12] 倪宁. 广告学教程 [M]. 北京：中国人民大学出版社，2014.

[13] 黄河，江凡，王芳菲. 中国网络广告十七年（1997—2014）[M]. 北京：中国传媒大学出版社，2014.

[14] 奥格威. 一个广告人的自白 [M]. 纪念版. 林桦，译. 北京：中信出版社，2015.

[15] 丁俊杰，康瑾. 现代广告通论 [M]. 3版. 北京：中国传媒大学出版社，2013.

[16] 陈俊峰. 不一样的广告学 [M]. 北京：中国电力出版社，2013.

[17] 苗杰. 现代广告学 [M]. 5版. 北京：中国人民大学出版社，2011.

[18] 艾奇逊. 亚太地区最成功的广告策略 [M]. 闾佳，译. 北京：机械工业出版社，2005.

[19] 张艳. 全媒体客户中心管理 [M]. 成都：成都时代出版社，2016.

[20] 腾讯传媒研究院. 众媒时代 [M]. 北京：中信出版社，2016.

[21] 万达集团企业文化中心. 万达新媒体工作法 [M]. 北京：中信出版社，2017.

[22] 阿伦斯，等. 广告学 [M]. 丁俊杰，等译. 北京：中国人民大学出版社，2014.

[23] 惠特曼. 吸金广告：史上最赚钱的文案写作手册 [M]. 焦晓菊，译. 南京：江苏人民出版社，2014.

[24] 叶明桂. 如何把产品打造成有生命的品牌 [M]. 北京：中信出版社，2018.

[25] 朱冰. 微文案：碎片时代的文案创意手册 [M]. 北京：中信出版社，2018.